Glücklicher im Beruf …

Martin-Niels Däfler
Ralph Dannhäuser

Glücklicher im Beruf ...

... mit der Kompass-Strategie

2. aktualisierte Auflage

Martin-Niels Däfler
Aschaffenburg
Bayern, Deutschland

Ralph Dannhäuser
on-connect Ralph Dannhäuser e.K.
Filderstadt
Baden-Württemberg, Deutschland

ISBN 978-3-658-22870-5   ISBN 978-3-658-22871-2 (eBook)
https://doi.org/10.1007/978-3-658-22871-2

Die Deutsche Nationalbibliothek verzeichnet diese Publikation in der Deutschen Nationalbibliografie; detaillierte bibliografische Daten sind im Internet über http://dnb.d-nb.de abrufbar.

© Springer Fachmedien Wiesbaden GmbH, ein Teil von Springer Nature 2016, 2019
Das Werk einschließlich aller seiner Teile ist urheberrechtlich geschützt. Jede Verwertung, die nicht ausdrücklich vom Urheberrechtsgesetz zugelassen ist, bedarf der vorherigen Zustimmung des Verlags. Das gilt insbesondere für Vervielfältigungen, Bearbeitungen, Übersetzungen, Mikroverfilmungen und die Einspeicherung und Verarbeitung in elektronischen Systemen.
Die Wiedergabe von Gebrauchsnamen, Handelsnamen, Warenbezeichnungen usw. in diesem Werk berechtigt auch ohne besondere Kennzeichnung nicht zu der Annahme, dass solche Namen im Sinne der Warenzeichen- und Markenschutz-Gesetzgebung als frei zu betrachten wären und daher von jedermann benutzt werden dürften.
Der Verlag, die Autoren und die Herausgeber gehen davon aus, dass die Angaben und Informationen in diesem Werk zum Zeitpunkt der Veröffentlichung vollständig und korrekt sind. Weder der Verlag noch die Autoren oder die Herausgeber übernehmen, ausdrücklich oder implizit, Gewähr für den Inhalt des Werkes, etwaige Fehler oder Äußerungen. Der Verlag bleibt im Hinblick auf geografische Zuordnungen und Gebietsbezeichnungen in veröffentlichten Karten und Institutionsadressen neutral.

Springer ist ein Imprint der eingetragenen Gesellschaft Springer Fachmedien Wiesbaden GmbH und ist ein Teil von Springer Nature
Die Anschrift der Gesellschaft ist: Abraham-Lincoln-Str. 46, 65189 Wiesbaden, Germany

Das Glück kommt zu denen, die lachen.
Sprichwort aus Japan

Vorwort zur 2. Auflage

Seit dem Erscheinen von „Glücklicher im Beruf" sind etwa zwei Jahre vergangen – man sollte meinen: ein vergleichsweiser kurzer Zeitraum, in dem sich nicht all zu viel verändert hat. Weit gefehlt! Tatsächlich hat sich an der Oberfläche nichts dramatisch gewandelt. Unsere Jobs gleichen mehr oder weniger noch immer denen, die wir bislang hatten. Was sich jedoch zunehmend ändert, ist die Gefühlslage. Gabriele Fischer (2018, S. 4), Chefredakteurin des Wirtschaftmagazins brand eins, schreibt in ihrem Editorial vom März 2018:

> Obwohl die Konjunktur gut ist (…), suggeriert die Geräuschkulisse im Internet und Medien: Die guten Zeiten sind bald vorbei. Alles wird schlechter, wenn erst Roboter die ganze Arbeit machen, die nächste Welle der Globalisierung uns überrollt und Hacker im Netz die Macht übernehmen.

Das Stichwort lautet „Digitale Transformation". Algorithmen, künstliche Intelligenz, Robotik und Genetik verändern klassische Geschäftsmodelle, Berufsbilder sowie unsere Gesellschaft in einer nie dagewesenen Form und Geschwindigkeit. Das McKinsey Global Institute schätzt, dass weltweit bis zum Jahr 2030 800 Mio. Jobs wegfallen könnten (vgl. Manyika et al. 2017). Die Folge solcher Schreckensmeldungen: Zahlreiche Menschen machen sich trotz einer immer noch guten Wirtschaftslage Sorgen um ihre (berufliche) Zukunft.

Auch wenn wir letztlich nicht wissen, ob die Prognosen von Millionen bedrohter Stellen tatsächlich so eintreffen werden, so müssen wir doch davon ausgehen, dass sich vieles von dem ändern wird, was uns heute noch gewohnt ist. Ungefähr zur Jahrtausendwende hat sich nämlich etwas Entscheidendes geändert: Veränderungen vollziehen sich nicht mehr linear, sondern exponentiell. Dennoch ist dies kein Grund, ängstlich in die Zukunft zu schauen. Entscheidend ist es, sich fit für die Arbeitswelt 4.0 zu machen. Und damit ist unser Buch aktueller denn je, liefert es doch das Rüstzeug, um erfolgreich und glücklich im Beruf zu werden. Genau dies wünschen Ihnen

Aschaffenburg Martin-Niels Däfler
Filderstadt Ralph Dannhäuser
im Juni 2018

Danksagung

Es sind nicht nur die Autoren, die an der Entstehung eines Buches beteiligt sind. Viele liebe Menschen haben daran ihren Anteil – ohne sie wäre es nicht möglich, ein solches Projekt zu realisieren. So schulden wir einigen Personen unseren herzlichsten Dank; zunächst dem Team im Springer Verlag, allen voran unserer höchst engagierten und kompetenten Lektorin Eva-Maria Fürst, aber natürlich auch allen ihren Kollegen, die im Hintergrund mitgewirkt haben.

Wir bedanken uns bei unseren Gastautoren und Interviewpartnern für ihre kenntnisreichen Beiträge, namentlich Hans Fenner, Jochen Schneider, Philipp Mühlenkord sowie Dr. Claudia Kuller. Tim Schlenzig, Autor des Blogs „myMonk.de", danken wir herzlich für die freundlich erteilte Abdruckgenehmigung der 85 Fragen. Einen besonderen Dank übermitteln wir auf diesem Weg an

Gerhard Kenk, der uns die Umfrage programmiert und in vielfältiger Weise unterstützt hat.

Tippfehler, schräge Formulierungen, inhaltliche Lücken und manch andere Ungereimtheiten haben Mareike Schüller und Anette Villnow entdeckt: Besten Dank! Die originellen Illustrationen auf dem Cover und im Innenteil verdanken wir unserer Grafikerin Monika Harling.

Und schließlich umarmen wir unsere Frauen Caroline Däfler sowie Meike Dannhäuser: Ihr habt nicht nur das Manuskript mehrfach kritisch gelesen und uns so manche Idee geliefert. Ihr habt vor allem wahnsinnig viel Geduld mit uns gehabt, nicht genörgelt, wenn wir abends nicht mit euch auf der Couch, sondern am Schreibtisch gesessen haben. In den unvermeidlichen Tiefphasen habt ihr uns aufgemuntert, uns Ärger vom Hals gehalten und dafür gesorgt, dass wir glücklich sind. Danke für alles!

Danksagung

Es sind nicht nur die Autoren, die an der Entstehung eines Buches beteiligt sind. Viele liebe Menschen haben daran ihren Anteil – ohne sie wäre es nicht möglich, ein solches Projekt zu realisieren. So schulden wir einigen Personen unseren herzlichsten Dank; zunächst dem Team im Springer Verlag, allen voran unserer höchst engagierten und kompetenten Lektorin Eva-Maria Fürst, aber natürlich auch allen ihren Kollegen, die im Hintergrund mitgewirkt haben.

Wir bedanken uns bei unseren Gastautoren und Interviewpartnern für ihre kenntnisreichen Beiträge, namentlich Hans Fenner, Jochen Schneider, Philipp Mühlenkord sowie Dr. Claudia Kuller. Tim Schlenzig, Autor des Blogs „myMonk.de", danken wir herzlich für die freundlich erteilte Abdruckgenehmigung der 85 Fragen. Einen besonderen Dank übermitteln wir auf diesem Weg an

Gerhard Kenk, der uns die Umfrage programmiert und in vielfältiger Weise unterstützt hat.

Tippfehler, schräge Formulierungen, inhaltliche Lücken und manch andere Ungereimtheiten haben Mareike Schüller und Anette Villnow entdeckt: Besten Dank! Die originellen Illustrationen auf dem Cover und im Innenteil verdanken wir unserer Grafikerin Monika Harling.

Und schließlich umarmen wir unsere Frauen Caroline Däfler sowie Meike Dannhäuser: Ihr habt nicht nur das Manuskript mehrfach kritisch gelesen und uns so manche Idee geliefert. Ihr habt vor allem wahnsinnig viel Geduld mit uns gehabt, nicht genörgelt, wenn wir abends nicht mit euch auf der Couch, sondern am Schreibtisch gesessen haben. In den unvermeidlichen Tiefphasen habt ihr uns aufgemuntert, uns Ärger vom Hals gehalten und dafür gesorgt, dass wir glücklich sind. Danke für alles!

Inhaltsverzeichnis

Bestandsaufnahme	1
Sechs Thesen zum Thema „Glück im Beruf"	23
Basislager: Wie zufrieden bin ich im Beruf? – Der Selbsttest	39
Nord-Strategie: So verbessere ich meine materielle Zufriedenheit	51
Ost-Strategie: So verbessere ich meine immaterielle Zufriedenheit	111

Exit-Strategie: So finde ich einen neuen Job   283

Schlusswort   367

Literatur   369

Bestandsaufnahme

Glück und Zufriedenheit, Job und Beruf – Über was sprechen wir überhaupt

Was ist Glück? Seit der Antike (und vermutlich schon davor) haben sich Menschen diese Frage gestellt. Wir wollen den Diskurs an dieser Stelle nicht fortsetzen, sondern einen ganz pragmatischen Blick auf das Thema Glück werfen. Glück ist eigentlich ein Phänomen der Neuzeit. Bis weit ins 20. Jahrhundert hinein beschäftigte sich nur eine Minderheit – Philosophen, Gelehrte, Kleriker – mit dem Thema Glück; die meisten Bürger waren froh, wenn sie eine Arbeit hatten, die ihnen so viel einbrachte, dass ihre Familie nicht hungern und frieren musste. Das war Glück. Je mehr sich der Mensch jedoch von der Last der Arbeit befreite, je aufgeklärter er wurde, je mehr Möglichkeiten sich ihm boten, desto bedeutsamer wurde die Idee des persönlichen Glücks. Heute haben Biologen, Neurologen, Soziologen, Philosophen, Theologen… jeweils ganz verschiedene Definitionen von Glück – genauso wie jeder Mensch eine individuelle Vorstellung davon hat, was ihn glücklich macht.

Betrachten wir den Begriff „Zufriedenheit": Im Alltag gebrauchen wir ihn oft als Synonym für Glück (auch wir tun dies im weiteren Verlauf), wohl wissend, dass sich streng genommen eine klare Unterscheidung treffen lässt. Stefan Klein (2013, S. 357 f.) bringt es in seinem Buch „Die Glücksformel" auf den Punkt:

> Wenn wir unser Leben beurteilen, machen wir sehr oft den Fehler, Zufriedenheit mit Glück zu verwechseln. Was ist der Unterschied? Glück erleben wir im selben

Moment, in dem wir eine Erfahrung machen. Glück gibt es also nur in der Gegenwart. Zufriedenheit ist das, was wir davon im Kopf behalten, entsteht also in der Rückschau. Glück verhält sich zu Zufriedenheit wie ein Kinofilm zu einer Filmkritik.

Damit haben wir also geklärt, wodurch sich Glück und Zufriedenheit voneinander abgrenzen lassen. Dies bringt uns zur nächsten Frage: Was ist eigentlich der Unterschied zwischen Job und Beruf? Wer im Duden nachschlägt, liest obige Definition (siehe Abb. 1).

Vergleichen wir die beiden Dudeneinträge miteinander, erkennen wir zum einen, dass beide Begriffe – ähnlich wie Glück und Zufriedenheit – synonym verwendet werden. Zum anderen wird aber auch der Unterschied deutlich:

Job, der	Be|ruf, der
Wortart: Substantiv, maskulin	*Wortart: Substantiv, maskulin*
• (umgangssprachlich) vorübergehende [einträgliche] Beschäftigung (zum Zweck des Geldverdienens) • (umgangssprachlich) Arbeitsplatz, Stellung • (umgangssprachlich) berufliche Tätigkeit; Beruf • (umgangssprachlich) Aufgabe • (EDV) bestimmte Aufgabenstellung für den Computer	• [erlernte] Arbeit, Tätigkeit, mit der jemand sein Geld verdient; Erwerbstätigkeit • (gehoben veraltend) Berufung, innere Bestimmung

Abb. 1 Duden-Definitionen von „Beruf" und „Job". (Duden 2015)

Beruf, das ist etwas, was man unabhängig vom gegenwärtigen Arbeitgeber erlernt hat und was etwas mit den eigenen Interessen („Berufung") zu tun hat. „Job" hingegen ist stärker in der Gegenwart verhaftet. Der Begriff beschreibt meistens das, womit wir aktuell unser Geld verdienen. Wir wollen es mit der Wortverwendung so handhaben wie bei Glück und Zufriedenheit: Wir passen uns dem alltäglichen Sprachgebrauch an und werden Beruf und Job synonym verwenden.

Was bedeutet das nun für unser Thema? Lange haben wir nach einer prägnanten Formulierung gesucht, die unser Verständnis von „Glück(lich) im Beruf" auf den Punkt bringt. Wir haben uns schließlich für diese pragmatische Definition entschieden:

> Glücklich im Beruf zu sein bedeutet, montags morgens meistens gern zur Arbeit zu gehen, weil man im Großen und Ganzen zufrieden mit dem ist, was man zum Gelderwerb tut.

Wie glücklich sind Beschäftigte in ihrem Beruf in Deutschland? – Was Studien herausgefunden haben

Auf der Suche nach wissenschaftlich fundierten Antworten auf die Frage nach dem Glücksbefinden im Beruf haben wir viele Studien analysiert. Dabei haben wir uns auf aktuelle Untersuchungen beschränkt. Die zentralen Erkenntnisse unserer Recherchen fassen wir im Folgenden zusammen.

„Gallup Engagement Index 2016" von Gallup

In der seit dem Jahr 2001 jährlich durchgeführten Erhebung des Beratungsunternehmens Gallup wird die emotionale Bindung der Mitarbeiter an ihren Arbeitgeber ermittelt. Demnach leisteten im Jahr 2016 70 % der Beschäftigten in Deutschland Dienst nach Vorschrift und 15 % hatten innerlich bereits gekündigt – diese Werte haben sich in den letzten Jahren kaum verändert (vgl. Gallup 2017, Tödtmann 2015 und Kestel 2015). Einfacher formuliert: Sieben von zehn Mitarbeitern sind emotional nicht an ihren aktuellen Arbeitgeber gebunden. Die überwiegende Mehrheit fühlt sich offensichtlich nicht wohl am Arbeitsplatz. Die Ursache? Christina Kestel (2015) bringt es auf den Punkt:

Die Frage nach dem Grad der Bindung der Mitarbeiter an ihr Unternehmen steht und fällt mit der Qualität der Führung. […] Der alte Spruch, Mitarbeiter kommen wegen des Jobs und gehen wegen des Chefs, wird auch in dieser Umfrage durch neue Zahlen untermauert: 42 Prozent der emotional nicht Gebundenen erwogen in den vergangenen 12 Monaten ihr Unternehmen wegen ihres Vorgesetzten zu verlassen.

Bei der Fluktuationsneigung zeigt sich ein klares Bild: Die Hälfte der Dienst-nach-Vorschrift-Arbeiter hat resigniert und strebt keine berufliche Karriere mehr in ihrer derzeitigen Firma an; 32 Prozent planen, in einem Jahr nicht mehr da zu sein, 42 Prozent spätestens in drei Jahren.

„Arbeiten und Leben in Deutschland 2015" von XING und Forsa

Im Januar 2015 führten das Social-Business-Netzwerk XING und das Meinungsforschungsinstitut Forsa die Umfrage „Arbeiten und Leben in Deutschland 2015" durch (vgl. Christoffer 2015; Brandt 2015). Von den mehr als 1000 Befragten waren 83 % mit ihrem Job zufrieden; bei den Führungskräften waren sogar 43 % sehr zufrieden. Trotz dieser hohen Werte gaben 53 % der Befragten an, nach mehr Erfüllung in ihren Aufgaben zu suchen, und 34 % wären sogar zu einem Jobwechsel bereit.

Was ist den Befragten bei einem Jobwechsel wichtig? Unangefochten auf dem ersten Platz steht mit 98 % eine „positive Arbeitsatmosphäre". Auf Rang zwei folgt mit 93 % das Verhalten des Vorgesetzten. Erst an dritter Stelle findet sich die Höhe des Gehalts (85 %). Danach folgt mit knappem Abstand (81 %) die Vereinbarkeit von Familie und Beruf.

„Kompass Neue Arbeitswelt 2015" von XING und Statista

Für ihre Studie haben XING und das Meinungsforschungsinstitut Statista im März und April 2015 4000 Beschäftigte aller Berufsklassen befragt. Die wichtigsten Ergebnisse lauten (vgl. XING 2015a):

- 55 % der Befragten bewerten die Kommunikation ihrer Chefs als gut oder sehr gut.

- 52 % gaben an, dass ihnen ihr Vorgesetzter Wertschätzung entgegenbringt.
- 46 % können von ihrem Gehalt gut leben; vier von zehn halten ihr Gehalt für angemessen.
- 44 % würden zugunsten eines höheren Gehalts auf mehr Flexibilität in der Arbeitsgestaltung verzichten.
- 67 % ist Sicherheit im Job wichtiger als Selbstbestimmung.

„Fachkräfte-Studie 2014" von Universum

Das internationale Forschungs- und Beratungsunternehmen Universum befragte im Jahr 2014 deutschlandweit mehr als 5000 Fachkräfte ohne Hochschulabschluss nach ihrem idealen Arbeitgeber. Wichtigstes Ergebnis: Jobsicherheit ist für die Fachkräfte das bedeutsamste langfristige Karriereziel, noch vor einer ausgewogenen Work-Life-Balance.

Ein attraktiver Arbeitgeber ist nach Auskunft der Befragten gekennzeichnet durch: ein angemessenes Grundgehalt, ein hohes Einkommen in der Zukunft und Anerkennung von Leistung. Ebenfalls wichtig sind: eine sichere Anstellung, ein freundliches Arbeitsumfeld und Respekt für die Mitarbeiter. Ein inspirierender Manager ist für die meisten Umfrageteilnehmer jemand, der sie in ihrer Persönlichkeit entwickelt und fördert, einen guten Führungsstil hat, offen kommuniziert und klare Ziele vorgibt (vgl. Universum 2015).

„Global 50 Remuneration Planning Report 2014" von Towers Watson

Die Unternehmensberatung Towers Watson hat Lohn- und Bonus-Informationen für 50 Schlüsselpositionen in 58 Ländern weltweit untersucht und dabei ermittelt, dass deutsche Arbeitnehmer das beste Verhältnis aus Gehalt und Freizeit in Europa haben (vgl. Towers Watson 2015a und Endres 2015).

Facharbeiter und Manager auf der mittleren Ebene in Deutschland zählen im europäischen Vergleich zu den Spitzenverdienern – sie liegen auf dem fünften Platz nach der Schweiz, Dänemark, Luxemburg und Norwegen. Arbeitnehmer im mittleren Management schneiden noch besser ab; sie erreichen den dritten Platz hinter der Schweiz und Luxemburg. Nicht nur im europäischen Gehaltsvergleich liegen deutsche Arbeitnehmer ganz weit vorn, auch bei den Urlaubstagen sind sie in der Spitzengruppe anzutreffen. Nach einem Jahr Betriebszugehörigkeit haben deutsche Arbeitnehmer durchschnittlich 39 arbeitsfreie Tage (inklusive der gesetzlichen Feiertage) pro Jahr. Damit teilt sich Deutschland zusammen mit Schweden den fünften Platz. Betrachtet man Gehalts- und Urlaubsranking zusammen, dann zeigt sich, dass die deutschen Arbeitnehmer bei der Work-Life-Balance führend sind. Zwar verdienen die Facharbeiter und Manager der mittleren Ebene in Deutschland nicht so viel wie ihre Schweizer Kollegen, dafür müssen diese aber jährlich mit nur 27 arbeitsfreien Tagen auskommen.

„Kelly Global Workforce Index (KGWI) 2014" von Kelly OCG

Der Personaldienstleister Kelly OCG befragte im Jahr 2014 230.000 Personen aus 31 Ländern nach ihrer Zufriedenheit am Arbeitsplatz (vgl. Kelly 2014; Kettner 2015). Das zentrale Ergebnis: 60 % der Arbeitnehmer weltweit planen, sich einen neuen Job zu suchen. Befragt nach den Gründen, warum Arbeitnehmer einem Unternehmen den Rücken kehren, wurde als Hauptgrund (60 %) das Gehalt und andere finanzielle Faktoren genannt. 41 % der Studienteilnehmer sehen die fehlende Möglichkeit zur Weiterentwicklung als Trennungsanlass und 36 % eine schlechte Work-Life-Balance. Für 33 % ist eine miese Stimmung innerhalb der Belegschaft ein Kündigungsgrund. Mehr als ein Viertel (28 % der Befragten) macht das aktuelle Management dafür verantwortlich, dass man den Job wechseln möchte. Dem Stress möchten 26 % durch eine Kündigung entkommen.

„Personality Type & Career Achievement 2015" von Truity Psychometrics

Eine US-amerikanische Studie wollte wissen, inwieweit Persönlichkeit und Zufriedenheit im Job zusammenhängen. Kurz gesagt lautet die zentrale Erkenntnis: Am wenigsten glücklich waren jene, die viel Verantwortung trugen und viel verdienten. Die Studienautoren vermuten, dass die meisten karriereorientierten Menschen ihre Jobs aus den falschen Gründen wählen. Sie wünschen sich eine

Arbeit, die mit Status und Macht verbunden ist – ob sie ihnen auch gefällt, ist sekundär. Im Gegensatz dazu stehen jene, die ihren Job deshalb machen, weil sie ihn gern tun oder einen Sinn darin sehen. Sie sind eher bereit, auf die Karriere zu verzichten, blieben dafür aber glücklich (vgl. Owens 2015).

Am zufriedensten mit dem eigenen Job sind laut der Untersuchung Menschen mit einem hohen Maß an Empathie und gleichzeitig ausgeprägten Verantwortungsbewusstsein. Außerdem zeigt die Studie: Extrovertierte Personen sind in der Regel zufriedener mit ihrem Job; eine stärkere Ausprägung der Gefühle führt zu mehr Zufriedenheit, und wer an seinen Entscheidungen festhält, ist tendenziell zufriedener im Job (vgl. Warkentin 2015).

„Jobzufriedenheit 2014" von ManpowerGroup

In ihrer repräsentativen Befragung wollte die Manpower-Group (2014) herausfinden, wie es um die Zufriedenheit der Beschäftigten steht. Demnach waren 55 % der deutschen Berufstätigen zufrieden im Job – das sind drei Prozentpunkte mehr als 2013, aber noch deutlich weniger als 2012 (63 %).

Im Jahr 2014 gaben 46 % der Befragten an, dass vereinbarte Arbeitszeiten eingehalten werden. Fair bezahlt werden 45 % und 39 % sagen, dass ihr Unternehmen flexible Arbeitszeitmodelle anbietet. Über regelmäßige Weiterbildungen freuen sich 37 % der Befragten.

Familienfreundlichkeit bescheinigen 27 % ihrem Arbeitgeber. Von Angeboten zur Gesundheitsförderung profitieren nur 25 %. Noch weniger Befragte (18 %) können behaupten, dass ihre Karriere vom Arbeitgeber aktiv gefördert wird. Nur etwa ein Drittel (35 %) würde den aktuellen Arbeitgeber Freunden weiterempfehlen und 42 % planten einen Arbeitgeberwechsel.

„Jobzufriedenheit 2013" von Monster und GfK

Das Online-Karriereportal Monster und die Gesellschaft für Konsumforschung (GfK) haben in einer internationalen Umfrage unter mehr als 8000 Arbeitnehmern (549 davon aus Deutschland) im Jahr 2013 nach der Arbeitszufriedenheit gefragt (vgl. Monster 2013). Die Ergebnisse für Deutschland werden in Tab. 1 dargestellt.

Tab. 1 Ergebnisse der Umfrage „Jobzufriedenheit 2013". (Quelle: Monster 2013)

Ich liebe meinen Job – ich würde ihn auch ohne Bezahlung machen	5 %
Ich mag meinen Job sehr – was ich tue, macht mir Spaß – ich könnte ihn aber mehr mögen	30 %
Ich mag meinen Job – er ist für die jetzige Situation in Ordnung	50 %
Ich mag meinen Job nicht – ich könnte einen besseren haben	6 %
Ich mag meinen Job überhaupt nicht – aber er ist ein notwendiges Übel	5 %

Laut der Umfrage sind gerade die jungen Arbeitnehmer in Deutschland unglücklich im Berufsleben: So mag zwar nahezu die Hälfte von ihnen (46 %) den eigenen Job, ist davon aber nicht völlig überzeugt. Vielsagend sind auch die Daten im globalen Vergleich: Deutsche Arbeitnehmer (35 %) sind weniger euphorisch in Bezug auf ihren Beruf als die Kollegen im Ausland. Die Kanadier sind am Arbeitsplatz am glücklichsten: 64 % lieben oder mögen ihren Job. Dicht dahinter folgen die Niederlande (57 %), Indien (55 %), die USA (53 %), das Vereinigte Königreich (46 %) und Frankreich (43 %).

„Glücksfaktor Arbeit 2013" des Roman Herzog Instituts

Wissenschaftler werteten für das Roman Herzog Institut Daten des Sozio-ökonomischen Panels aus. Dabei zeigte sich, dass der Anteil der mit ihrem Leben Hochzufriedener stark variiert – während er unter Wissenschaftlern 60 % betrug, waren es unter Fachkräften in der Landwirtschaft nur knapp 29 %. Die Autoren weisen allerdings deutlich darauf hin, dass „nicht feststellbar [ist], ob auftretende Differenzen in der Lebenszufriedenheit ursächlich auf den Beruf zurückzuführen sind und in welchem Ausmaß die Arbeitsbedingungen, die Entlohnung, der Haushaltskontext, die familiäre Situation etc. die Daten beeinflussen" (Neumann und Schmidt 2013, S. 10).

„Leben und Arbeiten in Deutschland 2012" des GfK-Vereins mit der Financial Times Deutschland

In ihrer Studie befragten der GfK-Verein und die Financial Times Deutschland mehr als 2600 Berufstätige in Deutschland u. a. danach, welche Prioritäten sie im Spannungsfeld von Familie, Freizeit und Beruf setzen. Insgesamt sind die meisten Befragten bereit, der Arbeit zuliebe bei Freizeit und Familie Abstriche zu machen. Etwa zwei Drittel gaben an, vieles in Kauf zu nehmen, solange die Entlohnung stimmt. Knapp die Hälfte konzentriert sich ganz auf den Beruf und richtet die Freizeit dementsprechend darauf aus. Fast ebenso viele ordnen andere Bereiche des Lebens der Arbeit unter, wenn sie dadurch Karriere machen können. Fast ein Drittel würde für den Job auf Hobbys und 18 % auf (weitere) Kinder verzichten. Genauso viele sind bereit, Freunde zu vernachlässigen und weitere zehn Prozent riskieren sogar die Gesundheit, um berufliche Chancen wahrzunehmen (vgl. GfK 2012).

„Wohlfühl-Umfrage 2014" von Activia

In ihrer repräsentativen Online-Umfrage wollte der Lebensmittelkonzern Danone wissen, wie wohl sich die Deutschen fühlen (vgl. Activia 2014). Demnach sind nur 44 % mit ihrem Job zufrieden und nur etwas mehr (48 %) mit ihrer Work-Life-Balance. Auf Platz 1 der Faktoren, die das Wohlbefinden steigern, liegt ausreichend Schlaf (79 %), gefolgt von schönem Wetter (78 %), der Familie

(73 %) und dem Partner (72 %). 53 % der weiblichen Befragten gaben an, dass eine ausgewogene Ernährung ihr Wohlbefinden positiv beeinflusst. Für 44 % der Frauen ist Sex dafür entscheidend. Das ist bei den Männern anders: Etwa zwei Drittel (65 %) sagen, dass Sex einen positiven Einfluss auf ihr Wohlbefinden hat.

Wie glücklich sind Beschäftigte in Deutschland im Beruf? – Was unsere Umfrage ergeben hat

Im März 2015 haben wir mit Unterstützung des unabhängigen Informationsportals „Crosswater Job Guide" eine Umfrage zum Thema „Glücklich im Beruf" gestartet (siehe Abb. 2). Die Online-Befragung ist dauerhaft angelegt, hat also kein Enddatum.

> Wir würden uns sehr freuen, wenn Sie, geschätzter Leser, ebenfalls an unserer Umfrage teilnehmen. So ermöglichen Sie uns, kontinuierlich mit den aktuellsten Daten zu arbeiten und die Ergebnisse für unsere weiteren Forschungen zu nutzen. Die Umfrage ist anonym und dauert nur etwa eine Minute.
>
>
>
> www.gluecklich-im-beruf.de

Bestandsaufnahme 15

Wie glücklich sind Sie im Beruf?

Für ihr neues Buchprojekt wollen Prof. Dr. Martin-Niels Däfler und Ralph Dannhäuser wissen, wie glücklich die Bevölkerung in Deutschland im Beruf ist.

Bitte nehmen Sie sich **1 Minute** Zeit, um die folgenden Fragen zu beantworten.
Vielen Dank!

Glück und Zufriedenheit im Beruf

1. Wie zufrieden sind Sie in materieller Hinsicht (z. B. Entlohnung, Sozialleistungen, Urlaubstage) mit Ihrem gegenwärtigen Job?
   ○ ausgesprochen unzufrieden ○ recht unzufrieden ○ mal zufrieden, mal unzufrieden ○ zufrieden ○ ausgesprochen zufrieden

2. Wie zufrieden sind Sie in immaterieller Hinsicht (z. B. Betriebsklima, Anerkennung durch die Führungskraft, die Möglichkeit zur Selbstverwirklichung oder Entwicklungsperspektiven) mit Ihrem gegenwärtigen Job?
   ○ ausgesprochen unzufrieden ○ recht unzufrieden ○ mal zufrieden, mal unzufrieden ○ zufrieden ○ ausgesprochen zufrieden

3. Bitte vervollständigen Sie den Satz: "Ich bin glücklich im Beruf, wenn ..."

   _____ (freiwillige Angaben)

4. Bitte vervollständigen Sie den Satz: "Ich bin unglücklich im derzeitigen Job, weil ..."

   _____ (freiwillige Angaben)

5. Fühlen Sie sich in Ihrem Job meistens ... ○ unterfordert ○ genau richtig gefordert ○ überfordert

Berufliche Informationen

6. Ihr Geschlecht — ○ Weiblich ○ Männlich
7. Ihr Alter — ○ bis 25 Jahre ○ 26 bis 35 Jahre ○ 36 bis 45 Jahre ○ 46 bis 55 Jahre ○ über als 55 Jahre
8. Ihr Wohnort — Bitte auswählen
9. Ihre berufliche Position — Bitte auswählen
10. In welcher Branche sind Sie tätig? — Bitte auswählen
11. Wählen Sie Ihre Berufsgruppe aus — Bitte auswählen
12. Welche Ausbildungsstufe haben Sie erreicht? — Bitte auswählen
13. In welchem Fachgebiet haben Sie studiert (falls zutreffend) — Bitte auswählen
14. Wie lange üben Sie Ihren gegenwärtigen Job aus? — Bitte auswählen

Weitere Informationen optional (freiwillige Angaben)

Möchten Sie weitere Informationen (z. B. über die Ergebnisse der Umfrage) erhalten? ○ Ja ○ Nein
(freiwillige Angaben):

Anrede — Bitte auswählen
Vorname
Nachname
E-Mail-Adresse

[Fragebogen jetzt absenden >]

Eine Änderung der gemachten Angaben ist nach Absenden des Fragebogens nicht mehr möglich.

2015-10-07 10:28:35

Abb. 2 Fragebogen „Wie glücklich sind Sie im Beruf?". (Quelle: eigene Erstellung)

Zum Stichtag 15.10.2015 hatten insgesamt 1229 Personen an der Befragung teilgenommen, davon 41 % Frauen und 59 % Männer. Hinsichtlich der Altersklassen gab es folgende Verteilung:

- bis 25 Jahre: 11 %
- 26–35 Jahre: 30 %
- 36–45 Jahre: 27 %
- 46–55 Jahre: 24 %
- älter als 55 Jahre: 8 %

> Weitere statistische Angaben zur Studie sowie die zentralen Erkenntnisse unserer Befragung haben wir in einem eBook zusammengefasst, das Sie sich kostenfrei herunterladen können.
>
>
>
> www.gluecklich-im-beruf.de/eBook2016

Wie lauten nun die wichtigsten Ergebnisse unserer Befragung?

- Die durchschnittliche **materielle Zufriedenheit** der Befragten beträgt auf einer Skala von -5 (ausgesprochen unzufrieden) bis +5 (ausgesprochen zufrieden) +0,54 Punkte (siehe Abb. 3).

Bestandsaufnahme 17

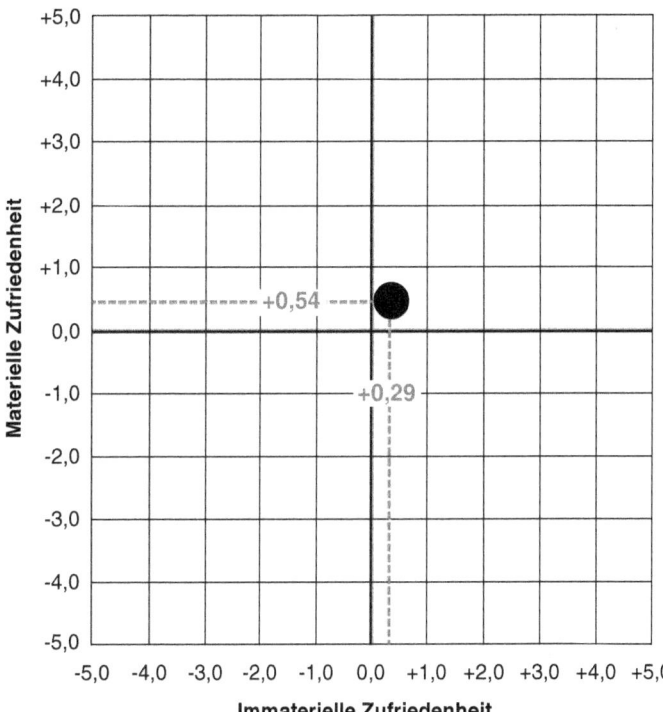

Abb. 3 Materielle und immaterielle Zufriedenheit der Befragten. (Quelle: eigene Erstellung)

- Die **immaterielle Zufriedenheit** ist mit einem durchschnittlichen Wert von +0,29 – ebenfalls auf einer Skala von −5 bis +5 – schlechter ausgeprägt als die materielle Zufriedenheit, liegt dennoch ganz leicht im positiven Bereich.

- Die **Verteilung in die einzelnen Kategorien** ergibt ein sehr differenziertes Bild (siehe Abb. 4):
  - Der Anteil materiell zufriedener und zugleich immateriell zufriedener Personen beläuft sich auf 36,9 %. Wir sprechen von den „Superstars" – auf die Bezeichnungen werden wir später noch detailliert eingehen.
  - Der Anteil materiell zufriedener, aber immateriell unzufriedener Personen beträgt 18,0 % („Söldner").
  - Der Anteil materiell unzufriedener, aber immateriell zufriedener Personen liegt bei 12,7 % („Surflehrer").
  - Der Anteil materiell unzufriedener und zugleich immateriell unzufriedener Personen („Sklaven") macht etwa ein Viertel (24,6 %) aus.

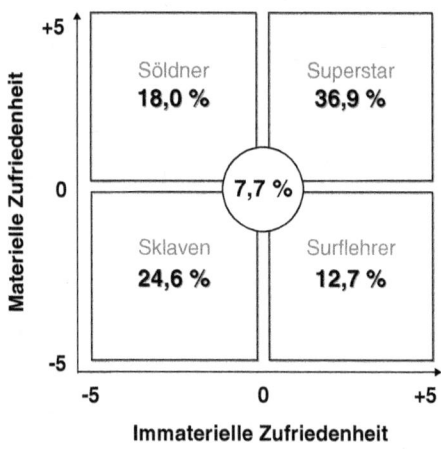

Abb. 4 Verteilung der Befragten nach Kategorien. (Quelle: eigene Erstellung)

- Der Anteil derjenigen, die sich nicht zweifelsfrei einer der vier vorgenannten Kategorien zuordnen lassen (wir sprechen vom „Niemandsland"), weil sie bei beiden Dimensionen mit „mal zufrieden/mal unzufrieden" geantwortet haben, beträgt 7,7 %.

- Was die **Geschlechter** betrifft, so gab es keine signifikanten Unterschiede, gleichwohl zeigt sich, dass Frauen in materieller Hinsicht (+0,26) unzufriedener sind als Männer (+0,73). Auch bei der immateriellen Dimension haben die Frauen (+0,12) schlechtere Angaben gemacht als die Männer (+0,40).
- Betrachtet man die **Altersgruppen,** so ist zu erkennen (siehe Tab. 2), dass die Gruppe der 26- bis 35-Jährigen am unzufriedensten ist, und zwar sowohl in der materiellen

Tab. 2 Ergebnisse der Umfrage „Glücklich im Beruf". (Quelle: eigene Erstellung)

Kategorie	Materielle Zufriedenheit		Immaterielle Zufriedenheit	
	Absoluter Wert (auf einer Skala von -5 bis +5)	%-Anteil Unzufriedener und ausgesprochen Unzufriedener	Absoluter Wert (auf einer Skala von -5 bis +5)	%-Anteil Unzufriedener und ausgesprochen Unzufriedener
Gesamtdurchschnitt	+0,54	28 %	+0,29	31 %
Männer	+0,73	25 %	+0,40	31 %
Frauen	+0,26	31 %	+0,12	33 %
bis 25 Jahre	+0,35	28 %	+0,53	25 %
26 – 35 Jahre	+0,02	33 %	-0,18	36 %
36 – 45 Jahre	+0,66	27 %	+0,23	32 %
46 – 55 Jahre	+0,97	22 %	+0,53	31 %
älter als 55 Jahre	+1,22	21 %	+1,44	20 %

Kategorie (+0,02) als auch in der immateriellen (−0,18). Ganz anders die über 55-Jährigen – sie schneiden in beiden Dimensionen am besten ab.

Für uns überraschend waren die Antworten auf die Frage, wie man sich im Job gefordert fühlt. 31,3 % gaben an, dass sie sich unterfordert, 8,5 %, dass sie sich überfordert und 60,2 %, dass sie sich genau richtig gefordert fühlen (siehe Abb. 5).

In zwei Sätzen formuliert zeigt unsere Umfrage, dass fast zwei Drittel (63 %) der Befragten unzufrieden im Job sind. Und mehr als jeder Dritte (39,8 %) fühlt sich nicht richtig gefordert. Ganz egozentrisch interpretiert heißt das, dass es wohl eine hinreichend große Menge an Menschen gibt, für die unser Buch von Relevanz ist. Etwas allgemeiner formuliert bedeutet das: **Die Mehrheit der in Deutschland Berufstätigen ist weit davon entfernt, glücklich im Beruf zu sein.**

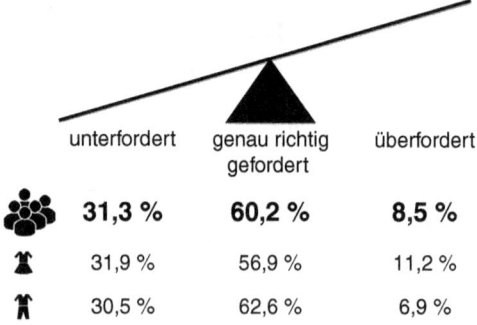

Abb. 5 Ausmaß der Forderung im Job. (Quelle: eigene Erstellung)

Ganz so unglücklich sind wir eigentlich gar nicht – Ein kurzes Zwischenfazit

Fassen wir die Erkenntnisse unserer Bestandsaufnahme kurz zusammen: Wir wollen es mit den Begrifflichkeiten ganz pragmatisch halten und nicht streng zwischen Glück und Zufriedenheit sowie zwischen Beruf und Job differenzieren. Wir werden die jeweiligen Begriffspaare (auch aus stilistischen Gründen) synonym verwenden, obwohl wir uns der Tatsache bewusst sind, dass es inhaltliche Unterschiede gibt. Glücklich im Beruf zu sein, haben wir daher auch nicht zu starr definiert, sondern es letztlich offen gelassen, was es für den Einzelnen bedeutet. Denn jeder hat andere Vorstellungen davon, was ihn/sie glücklich macht. So ist es das Gefühl, (meistens) gern zur Arbeit zu gehen, was wir unter Glück im Beruf verstehen. Dies mag sehr bescheiden klingen, deckt sich aber völlig mit den Erkenntnissen unserer Metaanalyse sowie den Ergebnissen aus unserer Umfrage: Arbeitnehmer haben gar keine überzogenen oder unrealistischen Anforderungen an ihren Job – sie wollen eigentlich nur eine gute Stimmung am Arbeitsplatz und in Ruhe ihre Aufgaben erledigen können. Das ist auch oft der Fall. Zumindest zeigen unsere Auswertungen, dass die in Deutschland Berufstätigen nicht ganz so unglücklich im Beruf sind, wie dies manche Schlagzeile oder Stammtischbemerkung vermuten lässt.

Allerdings erkennen wir auch ganz klar: Zahlreiche Menschen leiden – mitunter massiv – an den Bedingungen, die sie im Job vorfinden. An erster Stelle stehen Vorgesetzte bzw. deren Führungsverhalten. Auch die betriebliche Informations- und Kommunikationspolitik, unklare, teilweise widersprüchliche Anweisungen, unsinnige Prozesse und manch anderer systemimmanenter Unsinn werden angeprangert. Es gibt also viel zu beklagen. Nun, sonst hätten wir unser Buch ja auch nicht schreiben müssen. Bevor wir konkret werden, wollen wir Ihnen im nächsten Kapitel in Form von sechs Thesen noch die gedanklichen Grundlagen unserer Empfehlungen erläutern.

Sechs Thesen zum Thema „Glück im Beruf"

Alle Tipps und Hinweise, die Sie in den folgenden Kapiteln lesen werden, basieren auf einigen Grundannahmen. Diese haben wir thesenartig zusammengefasst und werden bei den einzelnen Strategien darauf zurückkommen.

These 1: Nicht Arbeit, sondern Arbeitslosigkeit macht unzufrieden

Jean Heuser (2013) schrieb in der „ZEIT":

> Lange gingen Ökonomen davon aus, dass Arbeit reine Last sei: Statt ihre Freizeit zu genießen, litten die Menschen acht oder zehn Stunden am Tag – und für dieses Übel wurden sie bezahlt. Eine traurige Theorie war das und gottlob eine falsche. Heute erforschen Wirtschaftswissenschaftler, in welchem Maße der Beruf ihr Lebensglück beeinflusst und wie zufrieden Menschen sind. Und siehe da: Menschen, die sich als hochzufrieden bezeichnen, werden von anderen auch so wahrgenommen. Sie sind offener für positive Einflüsse, nehmen leichter Kontakt auf und blicken optimistischer in die Zukunft. Sogar ihre Immunabwehr ist besser, sie sind selten krank. Nimmt man die Erkenntnisse der Wissenschaft also ernst, ist für die modernen Industriegesellschaften eines gewiss: Nicht Arbeit macht unzufrieden, sondern Arbeitslosigkeit. Wenn überhaupt, sind bloß noch Gesundheit und Familienfrieden wichtiger, die Erwerbstätigkeit kommt als Faktor für Lebenszufriedenheit gleich dahinter.

Dieses ausführliche Zitat soll zu Beginn einen sehr bedeutsamen Aspekt klarmachen: Noch schlimmer, als unglücklich im Beruf zu sein, ist es, keine Arbeitsstelle zu haben (vgl. Maeck 2015). Die überwiegende Mehrheit der Arbeitslosen würde liebend gern einen Job annehmen, auch wenn er nicht ihren Idealvorstellungen entspricht. Insofern sollte uns bewusst sein: Wir jammern auf einem hohen Niveau. Dadurch wollen wir nicht das Leiden derjenigen schmälern, die aus welchen Gründen auch immer, ob selbstverursacht oder nicht, zutiefst unglücklich im Beruf sind. Ohne zynisch zu sein, wollen wir lediglich unmissverständlich zum Ausdruck bringen:

> Es ist in aller Regel besser, einen Job zu haben, in dem man unglücklich ist, als überhaupt keine Arbeit zu besitzen.

These 2: Glück (im Beruf) ist kein Dauerzustand

„Manche Menschen suchen naiv eine Tätigkeit, bei der ewiger Sommer herrscht. Aber so wie sich in der Natur Sommer und Winter abwechseln, so wechseln sich auch im Geschäft gute und weniger gute Zeiten ab. Dies gilt überall und für jedes Geschäft. Bitte glauben Sie nicht, dass es irgendeine Ausnahme für dieses Naturgesetz gibt." Das, was Bodo Schäfer (2014, S. 38) bildlich so schön formuliert hat, ist wohl eine der wichtigsten Einsichten, die erforderlich sind, um zufrieden mit dem (Berufs-)Leben zu sein: Die Sonne kann nicht immer strahlen. Ohne Ebbe keine Flut.

Grundsätzlich variiert das Glücksempfinden im Lebensablauf. Glücksforscher haben herausgefunden, dass das Glück einem U-förmigen Verlauf folgt (siehe Abb. 6): Wir sind mit etwa 20 Jahren am glücklichsten, dann kommt die Midlife-Crisis und ab ungefähr 45 geht es wieder aufwärts (vgl. Maeck 2015).

Die generelle Lebenszufriedenheit (und damit auch die Zufriedenheit im Job) hängt also stark vom Lebensalter ab. Hilke Brockmann, Professorin für Soziologie an der Jacobs University in Bremen, erklärt in einem Interview:

> Die Wertigkeiten verändern sich [in der zweiten Lebenshälfte]. Es geht nicht mehr so stark um Wettbewerb bei der Partnerwahl oder im Job, Konkurrenz macht unglücklich.

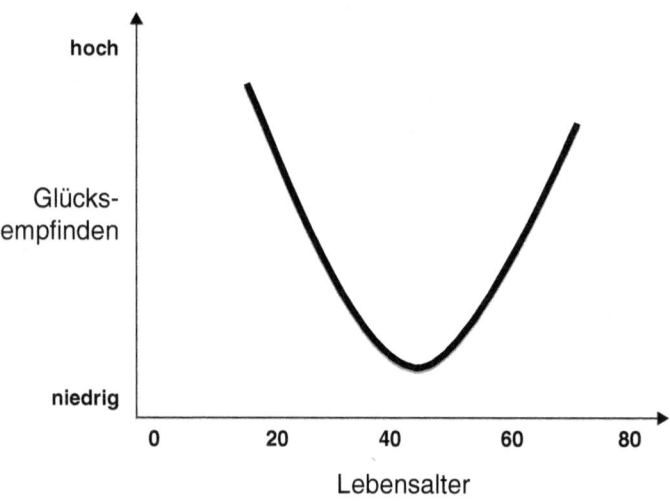

Abb. 6 Glücksempfinden im Lebensablauf. (Quelle: eigene Erstellung)

Fehler und Niederlagen werden eher akzeptiert, die Einsicht wächst, dass man sich im Leben umorientieren muss. Wenn beispielsweise bei der Karriere die gläserne Decke erreicht ist, investieren wir in andere Bereiche wie Freizeit oder das Zusammensein mit Freunden. Diese Gelassenheit macht glücklich und ist gewinnbringender. Gleichzeitig ist das Leben noch sehr lang, das schafft Freiräume, auch in späteren Jahren. (Maeck 2015)

Glücklich im Beruf zu sein, bedeutet also nicht, 100 % der Arbeitszeit selig lächelnd am Schreibtisch zu sitzen. Es wird immer wieder (Lebens-)Phasen, Momente und Situationen geben, die einem nicht behagen. Und auch im Traumjob muss man mitunter Dinge tun, die nicht unbedingt vergnügungssteuerpflichtig sind. Selbst weltberühmte Schauspieler und Sänger wissen das. So äußerte sich Cher einmal in einem Interview mit dem „Spiegel" (Hüetlin 2010): „Cher zu sein ist manchmal ein schmutziger Job. Aber irgendjemand muss ihn tun."

Nun sind wir keine Stars, wohl aber können wir ebenso lernen zu akzeptieren, dass es stets ein Mindestmaß an Tätigkeiten oder Aspekten in unserem Beruf gibt, die nicht mit unseren Idealvorstellungen kompatibel sind. Den meisten Berufstätigen ist dies auch klar. Ron Friedmann (2015) weist in seinem Beitrag „Fünf Irrtümer über den optimalen Arbeitsplatz" darauf hin, dass es auch gar nicht erstrebenswert ist, dauerhaft glücklich im Beruf zu sein.

Erstaunlicherweise hat Glück nämlich auch seine Schattenseiten. In euphorischer Stimmung arbeiten wir weniger sorgfältig, sind leichtgläubiger und nehmen eher Risiken in Kauf. Glück am Arbeitsplatz kann also auch kontraproduktiv sein. Außerdem haben sogenannte negative Emotionen wie Ärger, Scham und Verlegenheit durchaus einen Wert. Studien zeigen, dass solche Gefühle Mitarbeiter zu größerem Engagement anspornen können, indem sie ihre Aufmerksamkeit auf ernste Probleme lenken und sie dazu motivieren, etwas daran zu verbessern. Diese Verbesserungen führen dann wiederum zum Erfolg.

Die Mehrheit der Beschäftigten ist ja auch nicht extrem unglücklich im Job. Einige der eingangs aufgeführten Studien mögen dies zwar suggerieren, ganz so niedergeschlagen ist das Arbeitsvolk jedoch nicht, wie unsere Bestandsaufnahme gezeigt hat. Es ist wie beim Fernsehen schauen: Man sieht einen guten Film, der einem gefällt, nur die Werbepausen nerven. Mit der Hauptsache (dem Film) ist man also glücklich, nur die Nebensache (die Slipeinlagen-Erdbeerjoghurt-Geländewagen-Werbeunterbrechungen) trübt die Freude. Allerdings läuft bei manch einem ein Film, der noch schlechter ist als die Werbespots.

These 3: Geld macht nicht (dauerhaft) glücklich

Viele Menschen denken: „Wenn ich 700 € mehr Gehalt im Monat hätte, dann wäre ich glücklich." Keine Frage: Ein höherer Lohnscheck hebt zweifelsfrei die Stimmung und ermöglicht einem einen besseren Lebensstil. Allerdings ist auch erwiesen, dass eine Gehaltserhöhung nur eine temporär befristete Wirkung auf unser Glücksempfinden hat. Wie wir in der nächsten These darlegen werden, gewöhnen wir uns nämlich recht schnell an neue Umstände – positive wie negative – und empfinden diese als „normal". Hier wollen wir jedoch nicht auf den Gewöhnungsaspekt eingehen, sondern verdeutlichen, dass Geld (egal ob in Form von Gehalt, Leistungszulage, extra Weihnachtsgeld oder Sonderzahlung) per se kein Faktor ist, der die Zufriedenheit steigern kann.

Diese Behauptung hat erstmals der Arbeitswissenschaftler und Psychologe Frederick Herzberg Ende der 1950er Jahre aufgestellt. Seine „Zwei-Faktoren-Theorie" (vgl. Herzberg 1968) besagt, dass es zwei Arten von Faktoren gibt, die uns im Job zufrieden machen. Unter den sogenannten „Hygienefaktoren" versteht Herzberg jene Umstände, die verhindern, dass wir unzufrieden werden, die jedoch nicht zur Zufriedenheit beitragen können.

Oftmals bemerken wir das Vorhandensein dieser Faktoren überhaupt nicht. Wir nehmen sie für selbstverständlich. Sind sie allerdings nicht vorhanden, empfinden wir dies als Mangel (siehe Tab. 3). Die Schlussfolgerung ist einfach: Die Faktoren der Unzufriedenheit sollten ebenso vermieden

Tab. 3 Zwei-Faktoren-Theorie – Hygienefaktoren und Motivatoren. (Quelle: eigene Erstellung)

Hygienefaktoren	Motivatoren
Entlohnung und Gehalt	Leistung und Erfolg
Personalpolitik, Führungsstil	Anerkennung
Arbeitsbedingungen einschließlich Autonomie und Unterstützung	Arbeitsinhalte
Zwischenmenschliche Beziehungen zu Mitarbeitern und Vorgesetzten	Verantwortung
Sicherheit der Arbeitsstelle	Aufstieg und Beförderung
Einfluss auf das Privatleben	Wachstum

werden wie Keime im Krankenhaus – daher auch der Name „Hygienefaktor". Schließlich setzen Sie doch auch voraus, dass es während Ihrer Meniskusoperation im OP-Saal hygienisch zugeht, oder? Allein ein keimfreies Klinikum macht Sie jedoch noch nicht gesund. Auf den Punkt gebracht: Gut ausgeprägte Hygiene-Faktoren machen nicht glücklich, sie machen „nur" nicht unglücklich.

Die zweite Kategorie von Faktoren bezeichnet Herzberg als „Motivatoren" (siehe Tab. 3). Diese beeinflussen unsere Zufriedenheit maßgeblich und stammen hauptsächlich aus den Arbeitsinhalten. Sind die Motivatoren schlecht ausgeprägt, muss dies allerdings nicht unbedingt zu Unzufriedenheit führen.

Wir wollen festhalten: Zufriedenheit im Job ist – zumindest langfristig gesehen – weniger eine Frage der Gehaltshöhe als die sinnvoller Arbeitsinhalte und der Möglichkeit persönlichen Wachstums. Nichtsdestotrotz ist eine faire (!) Entlohnung zweifelsfrei eine – von mehreren – Voraussetzungen, um überhaupt glücklich im Beruf werden zu können. Insofern ist es natürlich angebracht, dass wir uns ausführlich im Kapitel „Nord-Strategie" mit dem Thema „materielle Zufriedenheit" beschäftigen werden.

These 4: Die Umstände sind nicht verantwortlich für unser Glück

Stefan Klein, den wir schon zitiert haben, macht uns Mut (2013, S. 489): „Menschen können in fast jeder Lage glücklich sein. Die Umstände bestimmen das

Wohlbefinden viel weniger, als wir gewöhnlich meinen." Warum ist das so? Weil wir uns meistens schnell an Neues gewöhnen – egal, ob Positives oder Negatives: Wir sind Meister in der Anpassung. Und deshalb spielen die äußeren Umstände nur eine Nebenrolle, was unser Wohlbefinden betrifft. Wir erliegen zwar immer wieder dem Irrglauben, dass es uns besser ginge, wenn sich nur die Umstände ändern würden. Doch haben sie es tatsächlich getan, haben wir uns flugs an die neue Situation gewöhnt und sind so (un)glücklich wie zuvor.

Dennoch verändern sich Menschen. Allerdings erst dann, wenn es unangenehmer ist, beim Alten zu bleiben, als etwas Neues zu wagen. Deshalb versuchen sie eher, die Umstände passend zu machen als sich selbst. Doch das ist – wie Sie nun wissen – selten der Königsweg. Es kann zwar sehr sinnvoll sein, den Job zu wechseln – etwa, wenn man beim alten Arbeitgeber keine Aufstiegschancen mehr hat oder wenn man als Mobbingopfer keine Perspektive sieht. Doch muss man auch klar sagen: Ein Jobwechsel führt nicht zwangsläufig zu einer (deutlichen) Steigerung der Zufriedenheit. Meist ist man nach einiger Zeit wieder ähnlich frustriert wie zuvor.

Der Psychiater Professor Hans Förstl und Helwie Braunmiller (2009) erläutern in ihrem Buch „Glück, was ist das?", dass man sein persönliches Glücksniveau ohnedies nicht oder nur sehr schwer ändern kann. Sicherlich haben Sie schon einmal von Studien gehört, wonach sowohl Unfallopfer als auch Lottogewinner spätestens nach zwei Jahren wieder ihr vorheriges Zufriedenheitslevel erreicht haben. Nach schönen ebenso wie nach unschönen Erfahrungen kehrt man wieder zurück auf sein ursprüngliches Glücksniveau (siehe Abb. 7, gestrichelte Linie). In der Psychologie ist dieses „Gesetz" als die „hedonistische Adaption" bekannt – grafisch lässt sich der Zusammenhang wie in Abb. 7 gezeigt darstellen:

Was heißt das nun? Bereits die alten Römer und Griechen sowie fernöstliche Religionen wussten: Wir sollten uns weniger darauf konzentrieren, die Umstände zu ändern als uns selbst. Mit Vertrauen in die Zukunft ergebe sich alles Weitere von selbst – weil wir unterbewusst Situationen anziehen bzw. suchen, die uns glücklich machen (vgl. Klein 2013, S. 138). Ganz so einfach wird es dann wohl doch nicht im Alltag sein, dennoch wollen wir festhalten: Wer glücklich im Beruf werden möchte, der sollte dazu bereit sein, selbstkritisch in den Spiegel zu schauen und zu ergründen, was der eigene Anteil ist. Denn: Es gibt gar keine objektiv

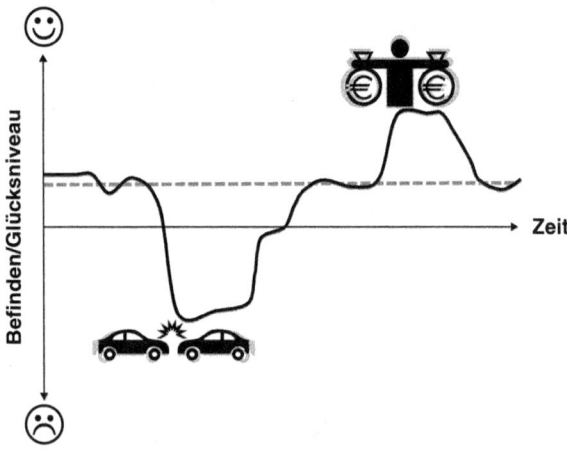

Abb. 7 Die hedonistische Adaption. (Quelle: eigene Erstellung)

belastenden Situationen – jeder Mensch „springt" auf andere Themen an. Damit werden wir uns ausführlich im ersten Abschnitt der Ost-Strategie (Stichwort „Resonanzgesetz") beschäftigen. Also: Hören wir auf damit, die Ursachen für unsere Unzufriedenheit ausschließlich bei den Umständen, bei anderen (Chef, Kollegen, Kunden...) zu suchen, und beginnen damit, uns selbst zu hinterfragen.

These 5: Ohne Eigenverantwortung wird sich nichts ändern

Sonja Lyubomirsky (2013), Professorin an der University of California, legt in ihrem Buch „Glücklich sein" dar: Glück hängt nur zu zehn Prozent von äußeren Umständen ab. 50 % tragen unsere genetischen Anlagen dazu bei – die können wir zwar nicht beeinflussen, wohl aber die verbleibenden 40 %, die durch unsere innere Einstellung determiniert werden. Damit wird nochmals die Hauptaussage von These 3 bestätigt. Gleichzeitig macht dieses Zitat noch etwas anderes deutlich: Unsere innere Einstellung ist ausschlaggebend für eine – wie auch immer geartete – Veränderung.

Der Veränderungsexperte Ilja Grzeskowitz (2014, S. 118, 120, 124 f.) bringt es auf den Punkt:

Sie sind für Ihre Ergebnisse und Ihr Leben verantwortlich. Niemand anderes wird Ihnen jemals eine Chance geben. Sie müssen sich diese Möglichkeiten selbst erschaffen und dann in die Tat umsetzen. [...] Doch weil viele Leute dafür nicht bereit sind, nutzen sie die Flucht in die Opferrolle als perfekte Begründung, warum sie nicht das geschafft haben, was sie sich vor langer Zeit einmal vorgenommen hatten […] Natürlich ist es einfach, sich in die Opferrolle zu flüchten und sich damit abzufinden, dass man ja doch nichts ändern kann. Doch es ist und bleibt eine Ausrede, um in der eigenen Komfortzone bleiben zu können […] Es erstaunt nicht, dass die Opfer- und Anspruchsmentalität fast immer zusammen auftreten, und somit ihre Wirkung noch vervielfachen.

Das zentrale Wort in Grzeskowitz' Ausführungen lautet „Opferrolle". Erleben wir uns als Gefangener der Umstände und ist unsere innere Einstellung dadurch gekennzeichnet, dass wir die Verantwortung für unser Wohlbefinden an andere abgeben, dann wird sich vermutlich nie etwas an der Situation ändern. Bezogen auf den Job heißt das: Wer von seinem Arbeitgeber oder seinen Chefs erwartet, dass sie die Dinge ändern, die einem nicht passen, der wird noch lange warten müssen. Sicher, es gibt auch Unternehmen wie die Wirtschaftsprüfungs- und Beratungsgesellschaft PwC, die erkannt haben, dass sie etwas tun müssen, um die Zufriedenheit ihrer Mitarbeiter hoch zu halten. In einem Beitrag für den „Harvard Business Manager" schreibt der PwC-Vorsitzende Bob Moritz (2015, S. 74): „Vor rund zwei Jahren begannen wir, unsere Manager nachdrücklich darauf hinzuweisen, wie wichtig Work-Life-Flexibilität ist. Bevor jemand eine neue Führungsposition übernimmt, fragen wir ihn, wie flexibel seine Mitarbeiter ihre Arbeitszeiten gestalten können und ob sie beispielsweise auch zu Hause arbeiten dürfen.

Unsere Manager sollen diese Flexibilität auch selbst vorleben, was manchen nicht leicht fällt." Löblich ist das, aber sicherlich noch ein Ausnahmefall. Die überwiegende Zahl von Firmen – egal aus welcher Branche – kommt über zaghafte Versuche, die (Arbeits-)Zufriedenheit ihrer Belegschaft zu steigern, nicht hinaus. Wenn man bösartig ist, könnte man die meisten dieser Maßnahmen in die Kategorie „Feigenblatt" einsortieren.

Thomas Sattelberger (2014, S. 52), ehemaliger Personalvorstand der Deutschen Telekom, stellt zutreffend fest:

> Wo das Unternehmen grenzwertige Belastungen zumutet, ist es eine Frage guter Führung, für eine gesunde Organisation zu sorgen. [...] Menschen sind vor allem in den Unternehmen gefährdet, die sich rasant und grundlegend verändern. Organisationen fördern dann häufig eine sozialdarwinistische Auslese und pochen auf Resilienz des Einzelnen.

So ist es: Die Verantwortung wird zurückgespielt: Bist du nicht zufrieden, dann ändere du etwas. So beklagenswert eine solche Einstellung ist, so weit verbreitet ist sie. Erwarten Sie also nicht, dass Ihr Arbeitgeber fundamentale Änderungen vornimmt, die sich positiv auf Ihre Zufriedenheit im Job auswirken.

Auch wenn Ihr Boss oder manche Ihrer Kollegen objektiv betrachtet ein emotional-sozialer Totalausfall sind und eine mehrjährige Psychotherapie benötigen würden – Sie können es nicht ändern. Sie können niemanden ändern. Nur sich! Ihr aktives Tun ist also erforderlich. Selten klingelt der Paketdienst und überreicht einem eine Kiste voller

Glück. Die Wahrheit ist: Kein anderer außer man selbst ist für das eigene Glück zuständig, weder im Privatleben noch im Beruf. Ausschließlich Sie selbst sind für Ihr Wohlergehen verantwortlich. Deshalb: Nehmen Sie Ihr Glück in die eigene Hand!

These 6: Veränderung ist kein Selbstzweck

Um die Thesen 3 und 4 etwas zurechtzurücken, wollen wir abschließend auf einen Aspekt hinweisen, der uns besonders am Herzen liegt. Sollte bei Ihnen der Eindruck entstanden sein, alles Unglück dieser (Berufs-)Welt ließe sich allein mit der „richtigen Einstellung" meistern, und ausschließlich Sie seien daran schuld, wenn Sie unzufrieden im Job sind, dann war dies natürlich nicht unsere Intention. Oft tragen andere/die Situation zu unserem Unbehagen bei – allein uns fehlt die Macht, dies zu ändern. Dann bleibt eben nur, die Lösung bei sich zu suchen. Hier nun wollen wir einhaken. Bitte tun Sie eines nicht und lesen unser Buch im Sinne eines Ratgebers „so werde ich ein besserer/gelassenerer/erfolgreicherer… Mensch". Sie sind gut, so wie Sie sind. Und wenn Sie keine Lust haben, sich zu verändern, dann ist das völlig okay.

Sich zu verändern, nur weil andere einem einreden, etwas anders machen zu müssen – das ist Unsinn. Wir stimmen der deutsch-israelisch-iranischen Journalistin Rebecca Niazi-Shahabi zu, die in ihrem Buch „Ich bleib' so Scheiße wie ich bin" völlig zu Recht schreibt (2013, S. 143):

Vielleicht sollten wir überhaupt die Vorstellung aufgeben, dass da tief in uns drinnen ein reineres Ich existiert, welches nur verschüttet ist unter den Trümmern unserer Vergangenheit. Ein Ich, welches wir nur mit viel Arbeit an uns selbst freilegen müssen, damit wir endlich authentisch und kreativ leben können. Der autonome, glückliche und von allen Traumata und Selbstzweifeln befreite Mensch ist ein theoretisches Konstrukt, eine Wahnvorstellung der Psychoindustrie und damit von uns selbst.

Allerdings muss man auch zweierlei sehen:

Erstens: Authentisch zu sein ist derzeit en vogue. Ratgeber und Seminare zu diesem Thema boomen. Sich so zu verhalten, wie es dem eigenen Wesen entspricht – das ist die Botschaft, die wir nur zu gern vernehmen und die von vielen Menschen als Vorwand gebraucht wird, um unbequeme Verhaltensweisen nicht ändern zu müssen. Hermina Ibarra, Professorin an der französischen Business School Insead, weist jedoch auf einen wichtigen Aspekt von Veränderungen hin (2015, S. 22):

> Wenn wir uns selbst als ‚unfertige', in ständiger Entwicklung begriffene Persönlichkeiten verstehen, kann uns das helfen, mit uns selbst in Einklang zu sein und dennoch flexibel auf die sich ständig verändernden Bedürfnisse unseres Arbeitsumfeldes reagieren zu können. […] So widerspricht der Wunsch, seinem ‚wahren Ich', treubleiben zu wollen, beispielsweise der Erkenntnis, dass wir Menschen uns vor allem über neue Erfahrungen weiterentwickeln und dabei Facetten unserer Persönlichkeit entdecken können, denen wir aus uns heraus nie auf die Spur gekommen wären.

Zweitens: Viele Menschen würden sich (ohne dass andere sie dazu „gezwungen" hätten) gern verändern, doch es gelingt ihnen nicht. Der innere Schweinehund hält stets Wache. Die wenigsten Menschen schaffen es, tatsächlich einen grundlegenden Wandel in ihrem Leben vorzunehmen. Wir sind Meister darin, Ausreden zu erfinden, warum wir nun doch nicht unsere Berufung zum Beruf machen oder warum wir dem Chef nicht endlich mal die Meinung sagen. Wir wählen oft den bequemen Weg und nehmen höchstens inkrementelle Änderungen vor. Es ist wie im vorhin zitierten Beispiel mit dem Fernsehen: Obwohl uns bei „Stirb langsam" oder „DSDS" die Werbung missfällt, sind wir oft zu bequem, um aufzustehen und den Fernseher auszuschalten.

Veränderungsresistenz hat viel mit unserer Angst zu tun. In aller Regel scheuen wir das Risiko mehr, als wir das Glück suchen. Verluste schmerzen uns mehr, als Gewinne in gleicher Höhe Freude bereiten (vgl. Klein 2013, S. 71). Vielleicht gelingt es uns ja mit dem im nächsten Kapitel folgenden Selbsttest, Ihnen die Augen zu öffnen, in Ihnen einen Veränderungsfunken zu entzünden und Sie aus Ihrer Komfortzone herauszuholen? Vielleicht schaffen wir es, Ihnen klarzumachen: Die negativen Gefühle, die Sie hinsichtlich Ihres Jobs haben, sind nichts anderes als eine SMS Ihres Bauchs. Irgendetwas stimmt nicht. Nehmen Sie diese Nachricht ernst und ermitteln Sie im folgenden Kapitel Ihren Job-Zufriedenheitsgrad.

Basislager: Wie zufrieden bin ich im Beruf? – Der Selbsttest

Mit unserem Job-Zufriedenheits-Test finden Sie heraus, wie glücklich im Beruf Sie alles in allem sind. Der Test ist einfach aufgebaut. Es dauert nur wenige Minuten, bis Sie sich in unserem „4S-Modell der Arbeitszufriedenheit" einordnen können und auf diese Weise erfahren, welcher Typ von Arbeitnehmer Sie sind und welche unserer drei Kompass-Strategien die richtige für Sie ist.

Wir unterscheiden zwischen zwei Dimensionen der Zufriedenheit – die eine betrifft die **materielle Zufriedenheit,** also Entlohnung, Sozialleistungen, Urlaubstage usw. Die andere fasst alle **immateriellen Zufriedenheitsaspekte** zusammen, wie etwa Anerkennung durch den Vorgesetzten, die Möglichkeit zur Selbstverwirklichung oder der Zusammenhalt unter den Kollegen. Je nach Ausprägung der beiden Dimensionen ergeben sich insgesamt vier grundsätzlich unterschiedliche Typen von Arbeitnehmern (siehe Abb. 8). Ziel ist es, zum „Superstar" zu werden, also in der Matrix in die nord-östliche Ecke vorzustoßen.

- Der Typ „**Sklave**" wird mies bezahlt, hat unmögliche Arbeitszeiten, bekommt ständig Druck, steht kurz vor dem Burn-out, muss langweilige Aufgaben erledigen, hat einen cholerischen Chef und Zombies als Kollegen.
- Der Typ „**Söldner**" kann sich zwar nicht über die Bezahlung beschweren und er hat auch genügend Urlaubstage sowie einen Firmenwagen zur Verfügung. Aber die Aufgaben, mit denen er beschäftigt ist, sind so interessant wie eine Live-Übertragung aus dem mongolischen Parlament. Nicht selten leidet er unter Bore-out. Oft genug ist auch das Gegenteil der

Basislager: Wie zufrieden bin ich im Beruf? – Der Selbsttest

Mit unserem Job-Zufriedenheits-Test finden Sie heraus, wie glücklich im Beruf Sie alles in allem sind. Der Test ist einfach aufgebaut. Es dauert nur wenige Minuten, bis Sie sich in unserem „4S-Modell der Arbeitszufriedenheit" einordnen können und auf diese Weise erfahren, welcher Typ von Arbeitnehmer Sie sind und welche unserer drei Kompass-Strategien die richtige für Sie ist.

Wir unterscheiden zwischen zwei Dimensionen der Zufriedenheit – die eine betrifft die **materielle Zufriedenheit,** also Entlohnung, Sozialleistungen, Urlaubstage usw. Die andere fasst alle **immateriellen Zufriedenheitsaspekte** zusammen, wie etwa Anerkennung durch den Vorgesetzten, die Möglichkeit zur Selbstverwirklichung oder der Zusammenhalt unter den Kollegen. Je nach Ausprägung der beiden Dimensionen ergeben sich insgesamt vier grundsätzlich unterschiedliche Typen von Arbeitnehmern (siehe Abb. 8). Ziel ist es, zum „Superstar" zu werden, also in der Matrix in die nord-östliche Ecke vorzustoßen.

- Der Typ „**Sklave**" wird mies bezahlt, hat unmögliche Arbeitszeiten, bekommt ständig Druck, steht kurz vor dem Burn-out, muss langweilige Aufgaben erledigen, hat einen cholerischen Chef und Zombies als Kollegen.
- Der Typ „**Söldner**" kann sich zwar nicht über die Bezahlung beschweren und er hat auch genügend Urlaubstage sowie einen Firmenwagen zur Verfügung. Aber die Aufgaben, mit denen er beschäftigt ist, sind so interessant wie eine Live-Übertragung aus dem mongolischen Parlament. Nicht selten leidet er unter Bore-out. Oft genug ist auch das Gegenteil der

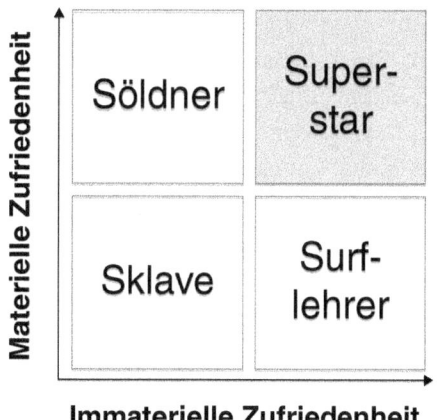

Abb. 8 Das „4S-Modell der Arbeitszufriedenheit". (Quelle: eigene Erstellung)

Fall und der Burn-out ist nur noch eine Frage von Wochen. Er arbeitet mit Kollegen, die es ihm überflüssig machen, Feinde zu haben, und der Vorgesetzte ist ein „Vollpfosten".

- Der Typ „**Surflehrer**" hat paradiesische Arbeitsbedingungen – super liebe, hilfsbereite Kollegen, nette Kunden, einen verständnisvollen Chef und vor allem eine Aufgabe, die ihm Spaß macht. Aber die Entlohnung ist auf Hartz-IV-Niveau. Von betrieblichen Sozialleistungen kann er nur träumen.
- Der Typ „**Superstar**" hat alles, was das Herz begehrt. Eine nahezu perfekte Arbeitsumgebung, einen mehr als gerechten Lohn, spannende Aufgaben und das alles in einer Unternehmenskultur, die bei Amazon fünf Sterne bekommen würde.

Klar, diese kurze Typologie war überspitzt formuliert, aber Sie wissen natürlich genau, was wir meinen. Welcher Typ sind Sie? Ihre „Position" innerhalb der Matrix gibt einen deutlichen Hinweis darauf, mit welcher Strategie (siehe Abb. 9) Sie mehr Glück im Beruf empfinden werden, nämlich entweder mit

- der **Nord-Strategie** (die materielle Zufriedenheit verbessern) oder

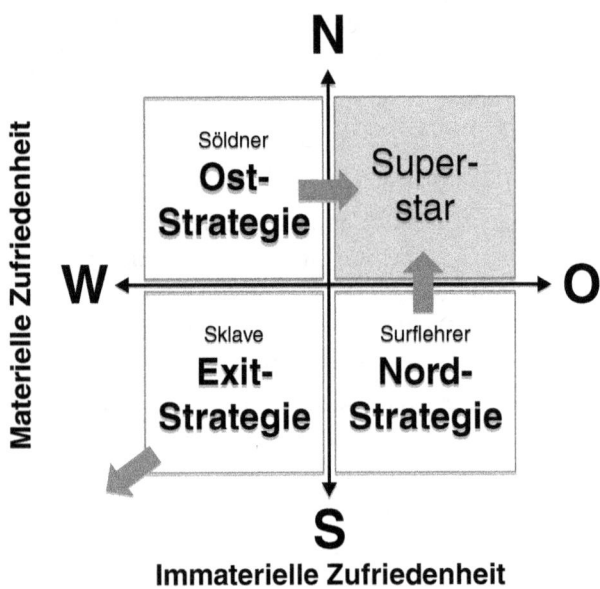

Abb. 9 Die drei „Kompass-Strategien". (Quelle: eigene Erstellung)

- der **Ost-Strategie** (die immaterielle Zufriedenheit steigern) oder
- der **Exit-Strategie** (einen neuen Job suchen).

Nun zum Test selbst. Wir haben für beide Dimensionen Kriterien definiert, wobei wir unter materiellen Faktoren mehr verstehen als nur die Entlohnung – dazu zählen für uns all jene Aspekte des Berufslebens, die sich in gewisser Weise mit Geld beheben/kompensieren lassen.

Bitte kreuzen Sie für jedes Kriterium an, wie zufrieden Sie damit alles in allem sind. Die Symbole haben folgende Bedeutung:

− − = ausgesprochen unzufrieden
− = recht unzufrieden
0 = mal zufrieden, mal unzufrieden
+ = zufrieden
+ + = ausgesprochen zufrieden

Wenn Sie bei beiden Dimensionen, also materielle und immaterielle Zufriedenheit, Ihre Kreuze gesetzt haben, addieren Sie bitte die Anzahl der Kreuze in der jeweiligen Spalte und multiplizieren die Summe mit dem angegebenen Faktor. Die sich daraus ergebenden Werte addieren Sie nun und teilen das Ergebnis durch 8 (materielle Zufriedenheit) bzw. durch 6 (immaterielle Zufriedenheit). Die beiden Zahlen, die Sie dann erhalten, bestimmen Ihre Position in der Job-Zufriedenheits-Matrix.

Weil das jetzt vielleicht komplizierter klang, als es in Wirklichkeit ist, zunächst ein fiktives Beispiel (siehe Tab. 4, 5 und 6).

Tab. 4 Selbsttest – Dimension „Materielle Zufriedenheit". (Beispiel, eigene Erstellung)

Kriterium/Merkmal	- -	-	0	+	+	+
1. Guter Verdienst		x				
2. Entlohnung/Freizeitausgleich für Überstunden		x				
3. Gute Sozialleistungen (z. B. Bezuschussung Kantinenessen, Betriebssport ...)	x					
4. Gute Zusatzleistungen (z. B. Urlaubsgeld, Firmenwagen ...)			x			
5. Angemessene Arbeitszeiten (d. h. keine zu lange tägliche/wöchentliche Arbeitszeit, sodass genügend Freizeit verbleibt; keine ständige Erreichbarkeit gefordert, ausreichend Urlaubstage, Möglichkeit zu Sabbaticals, Möglichkeit zur Teilzeitarbeit)				x		
6. Angenehme Arbeitszeiten (z. B. nicht zu früher Arbeitsbeginn, ausreichende Pausenzeiten, Möglichkeit, eigene Arbeitszeit flexibel zu gestalten)					x	
7. Gute Arbeitsbedingungen (z. B. moderne Technologien, zeitgemäße Büroeinrichtung, Klimatisierung am Arbeitsplatz, Möglichkeit zur Heimarbeit)					x	
8. Gute Aufstiegs-/Entwicklungschancen (z. B. klarer Karriere-plan, zunehmende Verantwortungsübernahme bei längerer Betriebszugehörigkeit, Möglichkeit, in anderen Niederlassungen/in anderen Abteilungen zu arbeiten,			x			

(Fortsetzung)

Tab. 4 (Fortsetzung)

Kriterium/Merkmal	- -	-	0	+	+ +	
jährliches Budget für eigene Fortbildung)						
Summe an Kreuzen in jeweiliger Spalte	1	3	1	2	1	
multipliziert mit ...	- 5	- 2,5	0	2,5	5	
... ergibt	- 5	- 7,5	0	5	5	-2,5
					Summe	-2,5
geteilt durch 6 (= Ihre durchschnittliche materielle Zufriedenheit)						-0,5

Bitte tragen Sie nun die beiden Werte in die Abb. 10 ein. Auf diese Weise können Sie ersehen, wo Sie sich in der „Job-Zufriedenheits-Matrix befinden".

- Wenn Sie sich im Quadranten **unten links** wiederfinden, dann ist die Exit-Strategie die richtige für Sie.
- Wenn Sie sich im Quadranten **oben links** wiederfinden, dann ist die Ost-Strategie die richtige für Sie.
- Wenn Sie sich im Quadranten **unten rechts** wiederfinden, dann ist die Nord-Strategie die richtige für Sie.
- Wenn Sie sich im Quadranten **oben rechts** wiederfinden, dann freuen Sie sich und verschenken dieses Buch an jemanden, der es nötiger hat als Sie.

Egal, in welchem der Quadranten Sie zuhause sind: Legen Sie nun los und werden glücklich im Beruf, indem Sie sich mit der für Sie zutreffenden Strategie beschäftigen.

Tab. 5 Selbsttest – Dimension „Materielle Zufriedenheit". (Vorlage, eigene Erstellung)

Kriterium/Merkmal	- -	-	0	+	+ +	+
1. Guter Verdienst						
2. Entlohnung/Freizeitausgleich für Überstunden						
3. Gute Sozialleistungen (z. B. Bezuschussung Kantinenessen, Betriebssport ...)						
4. Gute Zusatzleistungen (z. B. Urlaubsgeld, Firmenwagen ...)						
5. Angemessene Arbeitszeiten (d. h. keine zu lange tägliche/ wöchentliche Arbeitszeit, sodass genügend Freizeit verbleibt; keine ständige Erreichbarkeit gefordert, ausreichend Urlaubstage, Möglichkeit zu Sabbaticals, Möglichkeit zur Teilzeitarbeit)						
6. Angenehme Arbeitszeiten (z. B. nicht zu früher Arbeitsbeginn, ausreichende Pausenzeiten, Möglichkeit, eigene Arbeitszeit flexibel zu gestalten)						
7. Gute Arbeitsbedingungen (z. B. moderne Technologien, zeitgemäße Büroeinrichtung, Klimatisierung am Arbeitsplatz, Möglichkeit zur Heimarbeit)						
8. Gute Aufstiegs-/Entwicklungschancen (z. B. klarer Karriere-plan, zunehmende Verantwortungsübernahme bei längerer Betriebszugehörigkeit, Möglichkeit, in anderen Niederlassungen/in anderen Abteilungen zu arbeiten,						

(Fortsetzung)

Tab. 5 (Fortsetzung)

Kriterium/Merkmal	- -	-	0	+	+ +	
jährliches Budget für eigene Fortbildung)						
Summe an Kreuzen in jeweiliger Spalte						
multipliziert mit ...	- 5	- 2,5	0	2,5	5	
... ergibt			0			
					Summe	
geteilt durch 8 (= Ihre durchschnittliche materielle Zufriedenheit)						

Tab. 6 Selbsttest – Dimension „Immaterielle Zufriedenheit". (Vorlage, eigene Erstellung)

Kriterium/Merkmal	- -	-	0	+	+ +
1. Sinnvolle, interessante oder abwechslungsreiche Arbeitsinhalte					
2. Selbstbestimmtes Arbeiten, ausreichend Freiräume, Möglichkeiten, sich einzubringen oder Verantwortung zu übernehmen					
3. Zielvorgaben (realistisch), Umsatz-/Erfolgsziele (angemessen), nicht zu viel Leistungsdruck, angemessene Arbeitsbelastung/Work-Life-Balance (weder Über- noch Unterforderung)					
4. Vorgesetzter (z. B. zeigt Anerkennung, nimmt sich Zeit, ist fair/berechenbar, führt regelmäßige Feedbackgespräche, kommuniziert verständlich)					
5. Freundliche Kollegen (z. B. sind kompetent, hilfsbereit, keine Konkurrenz, keine Konflikte)					
6. Umfassende Unternehmenskommunikation (z. B. regelmäßige Mitarbeiterinformation, Firmenstrategie ist bekannt)					
Summe an Kreuzen in jeweiliger Spalte					
multipliziert mit ...	-5	-2,5	0	2,5	5
... ergibt			0		
					Summe
geteilt durch 6 (= Ihre durchschnittliche materielle Zufriedenheit)					

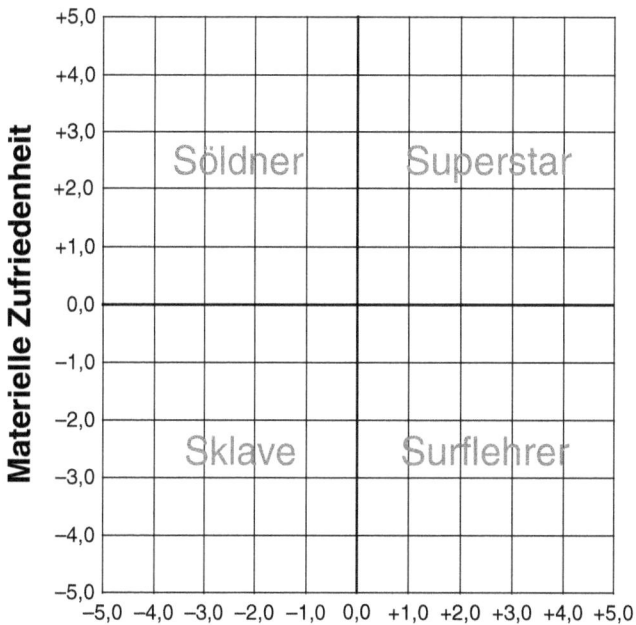

Abb. 10 Formular zur Einordnung in das „4S-Modell der Arbeitszufriedenheit". (eigene Erstellung)

Nord-Strategie: So verbessere ich meine materielle Zufriedenheit

Mitarbeiter anständig zu bezahlen, lohnt sich auch für Unternehmen. Der Ökonom und Nobelpreisträger Paul Krugman schrieb in der „New York Times" (zitiert nach Werner 2015): „Wenn man Arbeiter besser bezahlt, bleiben sie länger im Unternehmen, die Moral ist besser und sie sind produktiver." Man kann zwar darauf hoffen, dass der eigene Arbeitgeber das auch so sieht, aber selbstverständlich ist es nicht. Eher ist das Gegenteil der Fall! Unsere Befragung hat gezeigt: Etliche Arbeitnehmer sind höchst unzufrieden mit den materiellen Leistungen ihrer Firma. Stellvertretend zeigt das die obige Auswahl an Zitaten (siehe Abb. 11).

In materieller Hinsicht zufriedene Mitarbeiter hat der US-amerikanische Unternehmer Dan Price. Er analysierte

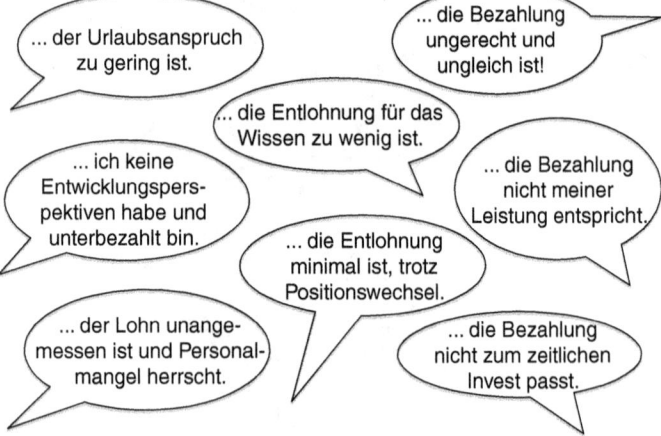

Abb. 11 Zitate zum Thema „unfaire Entlohnung" aus der Studie „Glücklich im Beruf?". (Quelle: eigene Erstellung)

im Jahr 2015 das Gehaltsgefüge und -gefälle seines eigenen Unternehmens und stellte fest, dass sein Personal zu wenig verdient. Er beschloss, das zu ändern. Seitdem bekommt jeder seiner 120 Angestellten ein Jahresgehalt von mindestens 70.000 US-Dollar. Zur Finanzierung der Mehrkosten senkte er sein eigenes Gehalt um 90 %; die fehlende Summe will er aus den Gewinnen seines Unternehmens bestreiten (vgl. Cohen 2015; Waechter 2015a). Warum gerade 70.000 US-Dollar? Weil die Princeton-Professoren Daniel Kahneman und Angus Deaton herausgefunden haben, dass ein Mensch etwa ein Einkommen von 70.000 US-Dollar benötigt, um glücklich zu sein. Wer noch mehr erhält, freut sich zwar auch, aber ein zusätzlicher Einkommensanstieg hat nur einen marginalen Einfluss auf die Zufriedenheit von Menschen (vgl. Kahneman und Deaton 2010; Waechter 2015a).

Nun kann man darauf hoffen, dass der eigene Vorgesetzte ein ähnliches Erweckungserlebnis hat wie Dan Price, aber dies dürfte der Wahrscheinlichkeit gleichkommen, dass der nächste Papst eine Frau sein wird. Ihnen bleibt also nichts anderes übrig, als sich selbst um ein höheres Gehalt zu kümmern. In diesem Kapitel zeigen wir Ihnen, was Sie dazu tun können. Wir unterscheiden dabei drei verschiedene Stoßrichtungen:

1. Der direkte Weg: Nach mehr Gehalt fragen.
2. Wenn der Chef blockt: Möglichkeiten, dennoch am Monatsende mehr übrig zu haben.
3. Langfristig die beste Wahl: In die eigene Qualifikation investieren.

Gehaltsverhandlung – Meine Taktik zu mehr Gehalt

Die nächstliegende Idee, um seine materielle Zufriedenheit zu verbessern, besteht darin, nach mehr Gehalt zu fragen. Doch so einfach ist es leider nicht. Klar, man kann es so machen, wie es Gunther Gabriel in seinem bekannten Lied besingt (zitiert nach songtexte.com):

> Mein Name ist Bruno Wolf und ich bin seit 15 Jahren hier
> und ich habe meine Arbeit getan
> Tag für Tag, und ich habe meinen Mund gehalten
> Aber heute, heute muss es raus:
> Hey Boss, ich brauche mehr Geld!
> Jeden Morgen fahre ich mit dem Fahrrad in Betrieb
> und schaffe mich und tue meine Pflicht
> Und wer da glaubt, dass ich da nur eine ruhige Kugel schieb'
> bei mir da gibt es solche Sachen nicht
> Ich bin doch einer, der die Firma stützt und der sie hält
> der nie auf krank macht oder so, der sich noch richtig quält
> Hey! Hey! Hey Boss, ich brauche mehr Geld!
> Hey! Hey! Hey Boss, ich brauche mehr Geld!

Die Aussicht, Erfolg mit dieser Strategie zu haben, dürfte aber überschaubar sein. Aus diesem Grund schlagen wir ein Vorgehen in vier Schritten vor. Entscheidend dabei ist eine objektive und unvoreingenommene Einstellung. Um es ganz deutlich zu sagen: Viele Menschen denken, dass sie zu schlecht/zu gering bezahlt werden. Doch aus neutraler Perspektive ist dem oft nicht so. Das liegt einerseits daran, dass Menschen dazu neigen, ihr eigenes Können zu überschätzen. Wie sonst kommt es zum Beispiel, dass 84 % der französischen Männer meinen, überdurchschnittlich gute Liebhaber zu sein, obwohl es ja eigentlich genau 50 % sein müssten? Ähnlich verhält es sich mit den 90 % der Schweden, die glauben, überdurchschnittlich sichere Autofahrer zu sein (vgl. Dobelli 2011, S. 14). Anderseits fehlt uns in der Regel ein seriöser Vergleichsmaßstab bzw. ist es schlichtweg unmöglich, den „wahren Wert" der eigenen (Arbeits-)Leistung zu quantifizieren.

Was wir damit ausdrücken wollen: Selbstverständlich sollen Sie Ihr legitimes Interesse nach einer höheren, zumindest angemessenen Entlohnung durchsetzen. Dabei wollen wir Ihnen helfen. Allerdings sollte auch klar sein, dass die Summe sämtlicher materieller Leistungen, die Sie erhalten, marktgerecht ist, dass sie also in einem fairen Verhältnis zu dem steht, was Sie dafür an Arbeitseinsatz/ Ergebnissen liefern.

Schritt 1: Analyse und Strategie: Wo stehe ich und wo will ich hin?

Eigentlich sind es nur zwei Gründe, weshalb man unzufrieden mit dem ist, was einem am Monatsende vom Arbeitgeber aufs Konto überwiesen wird:

- Sie sind der Ansicht, dass aufgrund Ihrer Leistung/Verantwortung oder im Vergleich zu Ihren Kollegen ein höheres Gehalt gerechtfertigt wäre.
- Oder Sie benötigen wegen Ihrer privaten Situation mehr Geld.

Wenn Sie den Eindruck haben, dass Ihnen aufgrund Ihrer Leistung, Ihrer Verantwortung oder Ihres positiven Beitrags zum Betriebsergebnis eigentlich mehr Gehalt zustehen sollte, dann ist dies eine plausible und nachvollziehbare Begründung, mit der Sie Ihre Forderungen auch begründen können. Im Übrigen ist dies auch das wichtigste Argument, mit dem Sie Ihren Chef überzeugen können, Ihnen mehr Gehalt zu zahlen. Das liegt am unternehmerischen Prinzip: Ihr Arbeitgeber möchte Arbeitsleistung von Ihnen, um seinen Gewinn zu maximieren. Im Gegenzug bekommen Sie eine Entlohnung dafür. So einfach ist das. Wie Sie Ihre Gehaltsforderung strategisch vorbereiten, zeigen wir Ihnen in Schritt 2.

Es kann auch sein, dass Sie in Erfahrung gebracht haben, wie hoch die Entlohnung Ihrer hierarchiegleichen Kollegen ist. Das Problem dabei ist, dass es oft auch individuelle Einflussfaktoren gibt, die einen objektiven Vergleich sehr schwer machen, wie etwa Alter, Betriebszugehörigkeit, Besitzstände, individuelle Vereinbarungen, außergewöhnliche Leistungen oder eine besondere (persönliche) Beziehung zum Chef. Dennoch haben Sie das Gefühl, dass Sie mindestens so viel oder sogar mehr verdienen sollten wie Ihre Kollegen. Unabhängig davon, ob dem so ist oder nicht: Solche Punkte sollten Sie in der Gehaltsverhandlung besser nicht als Argument anführen.

Aber mal ehrlich: Schätzen Sie sich und Ihre Leistung wirklich „richtig" ein? Können Sie sachlich beurteilen, ob Kollege Schmidthuber tatsächlich weniger hart arbeitet als Sie? Außerdem: Wissen Sie, welche Kriterien Ihrem Arbeitgeber am wichtigsten sind? Und noch ein

Denkanstoß: Sich mit anderen zu vergleichen führt meist unmittelbar zu Frustrationen. Francois Lelord (2010, S. 27) drückt dies mit wenigen Worten in seinem Buch „Hectors Reise" so aus:

> Vergleiche anzustellen ist ein gutes Mittel, um sich sein Glück zu vermiesen.

Wie eingangs erwähnt, kann der Wunsch nach mehr Gehalt seine Ursache auch darin haben, dass man aus persönlichen Motiven auf eine Gehaltserhöhung drängt. Es gibt viele private Situationen, die dazu führen, mehr Geld verdienen zu wollen oder zu müssen, (wie etwa Hausbau, allgemeiner Vermögensaufbau, Altersvorsorge oder Ähnliches.) Vielleicht wollen Sie auch endlich Ihren VW Passat gegen einen Audi R8 eintauschen oder mal mit der ganzen Familie auf die Malediven fliegen, statt immer nur am Gardasee zu campen?

Neben diesen „konsumbasierten" Gründen gibt es auch ernstere Anlässe, wie z. B.: Nachwuchs in der Familie, unvorhergesehene Kosten infolge einer Krankheit, Schuldenabbau, Suchtprobleme, Finanzierung des Studiums Ihrer Kinder etc. So nachvollziehbar diese Motive für eine Gehaltssteigerung sein mögen: Führen Sie diese nie in der Verhandlung an! Denn: Für Ihren Chef spielt all das überhaupt keine Rolle, schließlich werden Sie für das bezahlt, was Sie leisten, und nicht dafür, um Ihren Lebensstil zu finanzieren.

Werden wir konkret: Im ersten Schritt geht es um eine saubere Analyse, also um die Beantwortung der Frage, ob Sie wirklich zu wenig verdienen. Was vor zehn bis 15 Jahren noch unmöglich erschien, ist heute nur die Sache einiger Mausklicks. Etliche Anbieter haben – zumeist kostenfrei – Vergleichstabellen online gestellt. Aus der Vielzahl an Angeboten haben wir drei für Sie herausgesucht.

Gehaltsvergleich.com

Auf Gehaltsvergleich.com finden Sie Angaben zu den marktüblichen Gehältern von rund 1200 Berufen aus insgesamt 60 Branchen. Sie erfahren anonym und kostenfrei, was andere im gleichen Job verdienen.

http://www.gehaltsvergleich.com/

Experteer

Experteer ist ein Online-Stellenmarkt und eine Lebenslaufdatenbank für hochqualifizierte Spitzenkräfte mit einem Jahresgehalt von über 60.000 €. Mit dem kostenlosen Online-Gehaltsvergleich finden Sie sofort Ihren Marktwert heraus.

Nord-Strategie: So verbessere ich meine … 59

http://www.experteer.de/salary_calculator

Sofern Ihr Gehaltsvergleich ergeben hat, dass bei Ihrem Gehalt noch Luft nach oben besteht, sollten Sie nun die konkreten Gründe dafür ermitteln. Eine Übersicht möglicher Ursachen liefert Tab. 7.

Mit dem Gehaltsvergleich und der Analyse der Ursachen, warum Ihr Gehalt zu niedrig ist, haben Sie sich eine

Tab. 7 Checkliste „Ursachen für zu niedriges Gehalt". (Quelle: eigene Erstellung)

Mögliche Ursache	
Zu niedrige Qualifikation	☐
Ungenügende Arbeitsleistung	☐
Schlechte/unbefriedigende Ergebnisse	☐
Fehlerhaftes Arbeiten/hohe Fehlerquote	☐
Angespanntes Verhältnis zu Chef und/oder Kollegen	☐
Hohe Fehlzeiten	☐
Schlechte Teamfähigkeit, mangelnde Integration	☐
Bisher nicht aktiv nach mehr Gehalt gefragt	☐
Geringe Flexibilität und Veränderungsbereitschaft	☐
Firma kann nicht mehr bezahlen	☐
Firma will nicht mehr bezahlen	☐
Schlechte wirtschaftliche Lage	☐
Schlecht verhandelt	☐

gute Ausgangsposition verschafft und können nun besser Ihren Strategie-Fahrplan zu mehr Gehalt aufstellen. Dafür sollten Sie zunächst (realistische) Ziele aufstellen, und zwar sowohl in kurz- als auch in langfristiger Hinsicht:

- Was möchte ich kurzfristig (in den nächsten zwölf Monaten) an Gehaltssteigerung erreichen?
- Wie soll sich mein Gehalt langfristig (in den nächsten fünf Jahren) entwickeln?

Notieren Sie Ihre Gehaltsziele in der oberen Zeile Ihres persönlichen Gehaltsziel-Strategie-Fahrplans (siehe Tab. 8). In der unteren Zeile ergänzen Sie die Punkte, die Sie durch die Checkliste „Ursachen für zu niedriges Gehalt" herausgefunden haben bzw. was Sie tun müssen, um sie zu beseitigen.

Die spannende Frage zum Schluss von Schritt 1 lautet: Mit welchen Argumenten erreiche ich eine

Tab. 8 Gehaltsziel-Strategie-Fahrplan. (Quelle: eigene Erstellung)

	In den nächsten 12 Monaten	**In den nächsten 5 Jahren**
Mein Ziel-Jahreseinkommen	€	€
Was ich dafür tun muss		

Gehaltssteigerung bei meinem Chef? Grundsätzlich haben Sie vier verschiedene Möglichkeiten, Ihren Gehaltswunsch sinnvoll zu begründen:

- Sie steigern die Leistung/den Umsatz/den Gewinn,
- Sie sparen Kosten,
- Sie bringen Ihre Kreativität ein oder
- Sie übernehmen mehr Verantwortung.

In Tab. 9 haben wir konkrete Beispiele/Formulierungsvorschläge für verschiedene Berufsgruppen zusammengestellt, die Ihnen als Anregung dienen können. Notieren Sie Ihre Erkenntnisse – idealerweise zwei/drei für jeden der vier Bereiche – in Tab. 10.

Wenn Sie sich klar darüber geworden sind, welche sachlichen Argumente dafür sprechen, mehr Gehalt einzufordern, dann haben Sie den ersten Schritt erfolgreich absolviert. Nun wird es ernst! Für Ihren Verhandlungserfolg ist es entscheidend, dass Sie sich sehr gut auf Ihr Gespräch vorbereiten. Dabei gilt es, zahlreichen Stolperfallen auszuweichen. Wo diese versteckt sind, weiß Hans Fenner ganz genau. Als Geschäftsführer und Trainer der Unternehmensberatung Capita-Consulting GmbH in Stuttgart kennt er die Todsünden im Gehaltspoker aus langjähriger Erfahrung. In seinem Gastbeitrag, der die Schritte 2 und 3 abdeckt, verrät er uns, worauf bei Gehaltsgespräch-Vorbereitung und -Durchführung zu achten ist.

Tab. 9 Möglichkeiten, eine Gehaltssteigerung zu begründen. (Quelle: eigene Erstellung)

Beispiele	Entwicklung, Marketing	Produktion, Beschaffung	Verkauf, Vertrieb, Außendienst	Verwaltung, Personal
Leistung steigern	Ich habe im Vergleich zum Vorjahr zwei zusätzliche Messen organisiert	Ich habe die Stückzahl pro Stunde bearbeiteter Teile um sieben Prozent gesteigert	Ich habe im letzten Quartal zwei neue Kunden gewonnen	Ich habe einen Großteil der Aufgaben von der Teilzeitkraft mit übernommen
Kosten sparen	Ich habe durch die Auswahl einer neuen Druckerei die Druckkosten um zwölf Prozent gesenkt	Ich habe die Ausschussquote um über ein Drittel reduziert	Ich habe meine Besuchsplanung optimiert und spare dadurch durchschnittlich eine halbe Stunde pro Tag	Ich habe das Urlaubsantragsformular vereinfacht, sodass die Bearbeitung pro Vorgang vier Minuten kürzer ist

(Fortsetzung)

Tab. 9 (Fortsetzung)

Beispiele	Entwicklung, Marketing	Produktion, Beschaffung	Verkauf, Vertrieb, Außendienst	Verwaltung, Personal
Kreativität einbringen	Ich habe einen Vorschlag für eine User-App gemacht	Ich habe gezeigt, wie wir die Transportverpackung sicherer machen können	Ich habe ein Konzept zur Bindung unserer jungen Kunden erarbeitet	Ich habe eine Idee präsentiert, wie wir uns für Bewerber attraktiver machen können
Verantwortung übernehmen	Ich habe die Kundenumfrage für Spanien völlig selbstständig abgewickelt	Ich habe mich freiwillig bei der internen Schulung unserer Auszubildenden engagiert	Ich habe das Marketing bei der Konzeption einer Kampagne für unser neues Produkt beraten	Ich habe in allen Abteilungsbesprechungen das Protokoll geführt

Tab. 10 Meine Argumente für mehr Gehalt. (Quelle: eigene Erstellung)

Leistung steigern	1.
	2.
	3.
Kosten sparen	1.
	2.
	3.
Kreativität einbringen	1.
	2.
	3.
Verantwortung übernehmen	1.
	2.
	3.

Schritt 2: Vorbereitung – Worauf sollte ich achten?

Mitarbeiter in materieller und immaterieller Hinsicht fair zu behandeln, wird bei Arbeitgebern ein zunehmend wichtigeres Thema. Einerseits werden Unternehmen – vor allem bedingt durch die sozialen Medien – immer transparenter. Andererseits zwingt der Fach- und Führungskräftemangel die Firmen zu „Zugeständnissen", wenn sie im Wettbewerb um Arbeitskräfte mithalten wollen. Allerdings sind den Betrieben auch Grenzen gesetzt. Der in nahezu allen Branchen vorhandene, immense Konkurrenzdruck zwingt sie zu ständigen Anpassungen ihrer Strategie und zu permanenten Kostensenkungen. Vor diesem (volkswirtschaftlichen) Hintergrund muss das Thema Vergütung betrachtet werden.

Ob sich die Beschäftigten gerecht oder ungerecht entlohnt fühlen, hängt von vielen Faktoren ab, wie etwa der aktuellen Marktsituation des Arbeitgebers, den Anforderungen an die Mitarbeiter und deren Fähigkeiten, Erfahrungen, Selbsteinschätzungen und Vergleichsmöglichkeiten mit Kollegen und anderen Unternehmen. Hinzu kommt: Manche Mitarbeiter überschätzen ihre eigene Leistung und ihren Nutzen für den Arbeitgeber. Deshalb ist es für Unternehmen äußerst schwer, die Mitarbeiter so zu vergüten, dass sich jeder gerecht entlohnt fühlt.

Nichtsdestotrotz sollten Manager sich darum bemühen, ihre Mitarbeiter so fair wie möglich zu bezahlen und ihnen das Vergütungssystem zu erklären. Die Vergütung hängt nicht nur von der Leistung des Mitarbeiters ab, sondern von dem Nutzen dieser Leistung für das Unternehmen. Deshalb setzen sich die Vergütungen aus der individuellen Mitarbeiterleistung und dem daraus entstehenden Unternehmensnutzen zusammen. Ein Mitarbeiter der Firma A leistet vielleicht mehr als ein vergleichbarer Mitarbeiter einer Firma B, aber die Firma B konnte in den letzten Jahren einen viel höheren Gewinn erwirtschaften und deshalb gute Mitarbeiter mit höheren Vergütungen anwerben und im Unternehmen halten; Firma A ist das nicht gelungen.

Was heißt das nun für Sie? Ermitteln Sie vor jeder Gehaltsverhandlung Ihren aktuellen „Marktwert" und versuchen Sie, den Nutzen, den Sie Ihrem Arbeitgeber verschaffen, realistisch zu beurteilen. Erfahrene und objektiv denkende Mitarbeiter können ihre Leistung, ihren Marktwert und ihren Nutzen für den Arbeitgeber meist sehr gut taxieren. Leider überschätzen jedoch viele Mitarbeiter sowohl ihren Marktwert als auch ihren Nutzen für den Arbeitgeber. Wer mit seinen Gehaltswünschen überzieht, provoziert schnell den Abbruch der Verhandlung und nährt Zweifel an einer positiven, zukünftigen Zusammenarbeit. Um das zu vermeiden, sollten Sie Ihre Vorgesetzten regelmäßig um formelle Leistungsbeurteilungen und Beurteilungsgespräche bitten, mit deren Hilfe Sie während der Gehaltsverhandlung Ihren Nutzen für das Unternehmen darstellen können.

Vielfach scheuen sich Arbeitnehmer, eine konkrete Gehaltsforderung zu stellen bzw. ihren Gehaltswunsch in Zahlen zu fassen. Volker Kitz und Manuel Tusch (2015) meinen, dass das ein Fehler ist, denn so würde man die Wirkungen des Ankereffekts vergeben. Dieser besagt, dass wir in unklaren Situationen Orientierung suchen. Selbstredend sollten Sie Ihre Forderung jedoch nicht in astronomische Höhen schrauben in der Annahme, dass Sie dann einen großen Verhandlungsspielraum hätten. Nein, realistisch muss Ihr erster Vorschlag schon sein.

Auf den Punkt gebracht: Vor der Gehaltsverhandlung sollten Sie sich im Klaren darüber sein, dass Ihre angestrebte Gehaltssteigerung angemessen und aufgrund Ihrer Leistung gerechtfertigt ist, damit Sie während der Verhandlung bestimmt (aber natürlich höflich-freundlich) auftreten können. Sollten Sie selbst Zweifel an der Höhe Ihrer Gehaltsforderung haben, werden Sie Ihr Ziel kaum erreichen können. Sie müssen selbst überzeugt sein, bevor

Sie Ihren Vorgesetzten überzeugen können, sonst wirken Sie eher wie ein Bittsteller, der Mitleid erregt.

In Tab. 11 finden Sie zusammengefasst in Form einer Checkliste eine Übersicht der Punkte, die Sie inhaltlich für Ihre Gehaltsverhandlung vorbereiten sollten.

Tab. 11 Checkliste „Gehaltsverhandlung inhaltlich vorbereiten". (Quelle: eigene Erstellung)

Aufgabe	Ihre Notizen
☐ Ihren Marktwert ermitteln (z. B. bei Verbänden, Kollegen oder durch Internetrecherche) ☐ Nutzen Ihrer Arbeit für das Unternehmen ermitteln (Feedback, Beurteilungen) ☐ Gehaltsrahmen Ihrer Ebene ermitteln, an die Ihr Vorgesetzter gebunden ist ☐ Persönliches Ziel für die Gehaltsverhandlung definieren ☐ Gesprächseröffnung vorbereiten und die ersten drei Einstiegssätze formulieren ☐ Drei Argumente vorbereiten (persönliche Leistung und Nutzen für das Unternehmen) ☐ Leistungsbelege und Dokumente für das Gespräch vorbereiten (Beurteilungen, Feedback von Kunden …) ☐ Gehaltsoptionen vorbereiten (Gehalt, Einmalvergütung, Provision, stufenweise Anpassung, Aktien etc.) ☐ Interne und externe Alternativen entwickeln, falls Sie Ihr Ziel nicht erreichen (nicht ansprechen) ☐ Ausstiegkriterien festlegen für den Gesprächsabbruch (nicht ansprechen) ☐ Typische Reaktionen des Vorgesetzten vorausahnen (vorige Gespräche auswerten) ☐ Antworten für die typischen Reaktionen des Vorgesetzten vorbereiten (bereithalten) ☐ Gesprächsabschluss und drei konkrete Abschlussfragen vorbereiten	

Bevor Sie tatsächlich einen Gesprächstermin vereinbaren, sollten Sie die Gehaltsverhandlung mit einer Person Ihres Vertrauens simulieren und sich danach Feedback einholen. So entwickeln Sie eine gewisse Verhandlungssicherheit.

Schritt 3: Gehaltsverhandlung – Wie überzeuge ich im persönlichen Gespräch?

Angenommen, Sie haben Ihre inhaltliche Vorbereitung so weit abgeschlossen und das Gespräch ein- oder zweimal mit einem Vertrauten geübt, dann wird es nun ernst. Gehaltsverhandlungen sind voller Tücken, viel kann schiefgehen. In meiner Laufbahn als Führungskraft habe ich zahlreiche „Fehler" meiner Mitarbeiter erlebt. Damit Sie diese nicht begehen, habe ich im Folgenden eine Liste der häufigsten Fettnäpfchen zusammengestellt.

Fettnäpfchen 1: Gehaltsverhandlung unangekündigt erzwingen

Es gehört zu einer vertrauensvollen Zusammenarbeit, sich gegenseitig zu respektieren und persönliche Gespräche und deren Inhalt vorher anzukündigen, damit sich das Gegenüber ebenfalls adäquat auf das Gespräch vorbereiten kann. Überfallartige Gehaltsverhandlungen führen oftmals zu Verärgerung und zu Blockaden, selbst dann, wenn sie gerechtfertigt scheinen. Melden Sie deshalb Ihren Gesprächswunsch rechtzeitig bei Ihrem Chef an! Kommunizieren Sie in Ihrer Vorankündigung, worum es Ihnen konkret geht, und machen Sie zwei oder drei Terminvorschläge.

Volker Kitz und Manuel Tusch (2015) empfehlen einen ganz speziellen Zeitpunkt für die Gehaltsverhandlung: „Lassen Sie sich für Ihr Gespräch einen frühen Morgentermin geben. Dann ist der Chefkopf noch frei und klar, und Ihr Anliegen fällt auf frischen, fruchtbaren Gehirn-Boden." Wenn der Vorgesetzte jedoch eher ein Morgenmuffel ist, dann sollte man versuchen, den letzten Termin des Tages zu ergattern.

Fettnäpfchen 2: Eine Gehaltsverhandlung zum falschen Zeitpunkt anstreben

Meistens werden in den Unternehmen die Gehälter einmal im Jahr angepasst, wenn das folgende Geschäftsjahr geplant wird und die Budgets festgelegt werden. Bei Neueinsteigern kann ausnahmsweise auch nach dem Ende der Probezeit nachverhandelt werden, wenn die Einarbeitungsziele erreicht oder übertroffen oder wenn eine Nachverhandlung während des Einstellungsgesprächs vereinbart wurde.

Wenn es einem Unternehmen momentan finanziell nicht gut geht und Budgetkürzungen anstehen, ist dies der falsche Zeitpunkt, um nach einer Gehalterhöhung zu fragen. Es dennoch zu tun, zeugt von geringer Sensibilität und mangelnder Loyalität dem Arbeitgeber gegenüber.

Fettnäpfchen 3: Übertriebene Forderungen stellen

Vor jeder Gehaltsverhandlung sollte man sich realistische Optionen überlegen, die man in die Verhandlung einbringen kann, damit der Vorgesetzte eine gewisse Auswahl hat und in dem Vergütungsrahmen bleiben kann, der ihm vom Unternehmen vorgegeben wird. Je größer ein Unternehmen ist, desto präziser sind gewöhnlich die Gehaltsstufen für jede Ebene definiert und damit die Verhandlungsspielräume, die dem Vorgesetzten für die Einstiegsgehälter oder für Gehaltsverhandlungen zur Verfügung stehen.

Adrian Schimpf (2015), Konzernpersonalchef der Madsack Mediengruppe, gibt folgenden Rat, was das Auftreten beim Gehaltsgespräch betrifft:

> Forsch ist ja schön und gut, nassforsch nicht. Zwischen Selbstbewusstsein und Selbstüberschätzung verläuft ein schmaler Grat. Wer sich für besser als alle anderen hält und ein Drittel mehr Geld verlangt, signalisiert eine Attitüde à la „Ich bin ein Star – jetzt huldigt mir gefälligst". […] Das Unternehmen um einen Vorschlag zu bitten, muss nicht falsch sein. Bei Einstiegsjobs haben Arbeitgeber oft ohnehin einen klaren Rahmen, was sie zu zahlen bereit sind. Wenn der Personalchef aber fragt: „Wann würden Sie sich angemessen und fair entlohnt fühlen?" – dann sollte man sich nicht lange zieren und eine Zahl parat haben.

Fettnäpfchen 4: Forderungen ohne die Arbeitsleistung begründen

Wie bereits zuvor dargestellt: Viele Mitarbeiter begründen ihre Gehaltsforderung mit ihrer privaten Situation und dem damit verbundenen Geldbedarf oder mit ihrer langjährigen Firmentreue. Arbeitgeber können die Vergütung allerdings nur dann erhöhen, wenn die Leistung des Mitarbeiters zu einer Steigerung der Produktivität oder Wettbewerbsfähigkeit führt. Persönliche Bedürfnisse oder langjährige Unternehmenszugehörigkeit haben jedoch keinerlei Einfluss darauf.

Fettnäpfchen 5: Drohungen aussprechen, ohne eine Alternative zu haben

Manche Mitarbeiter wollen ihren Forderungen Nachdruck verleihen, indem sie Drohungen aussprechen, ohne eine konkrete Alternative zu haben. Wenn ein Mitarbeiter während einer Gehaltsverhandlung androht, das Unternehmen zu verlassen, weil er seine Gehaltserhöhung nicht bekommt, könnte der Vorgesetzte dies als Kündigung auffassen und diese akzeptieren. Drohen kann nur jemand, der die Macht hat, seine Drohung durchzusetzen. Aber selbst wenn man dies könnte, so sollte man doch seinen Vorgesetzten immer mit guten Argumenten überzeugen. Mitarbeiter, die ausschließlich mit dem Säbel rasseln, werden früher oder später ausgetauscht, weil man deren Loyalität dem Unternehmen gegenüber anzweifelt.

Fettnäpfchen 6: Sich mit vagen Versprechen zufriedengeben

Gewiefte Chefs versuchen häufig, Gehaltsforderungen erst einmal abzublocken: „Ja, Sie haben ja recht, aber derzeit können wir unmöglich was machen. In zwei Jahren wird es deutlich besser aussehen. Dann bekommen Sie eine ordentliche Gehaltserhöhung." Auch wenn das ehrlich gemeint sein sollte: Geben Sie sich nicht damit zufrieden, sondern vereinbaren Sie einen Stufenplan! Bitten Sie darum, konkrete Termine und Zahlen festzulegen, sodass Sie sukzessive Ihr Ziel erreichen (vgl. Prophet 2015).

Fettnäpfchen 7: Gehaltsverhandlung nicht konkret abschließen

Selbst wenn die Verhandlung aus Ihrer Sicht gut läuft und Sie Ihre Ziele (weitestgehend) durchsetzen konnten, ist noch nicht gewährleistet, dass das Gehaltsgespräch auch erfolgreich abgeschlossen wird. Viele Mitarbeiter vergessen nämlich, die besprochenen Inhalte bzw. erzielten Kompromisse zusammenzufassen und verbindlich zu formulieren, um auf diese Weise eventuell doch noch vorhandene Missverständnisse auszuräumen. Am Ende sollten Sie deshalb noch etwas in dieser Art sagen: „Prima, dass wir uns geeinigt haben. Ich habe verstanden, dass ich ab dem 1. September 150 € mehr Brutto-Gehalt bekomme und dass mir ab dem nächsten Jahr zwei zusätzliche Urlaubstage zur Verfügung stehen."

Fettnäpfchen sorgsam zu vermeiden, ist das eine. Das andere ist, seine Ziele auch bestmöglich zu erreichen.

Dies gelingt jedoch selten. Im Leben läuft es leider nicht immer so, wie man es sich wünscht – erst recht nicht bei Gehaltsverhandlungen. In den wenigsten Fällen werden Sie gleich im ersten Anlauf Ihre Maximalforderung durchsetzen können. Wie geht es dann weiter? Sofern Ihr Vorgesetzter nicht mit strikter Ablehnung reagiert, sondern lediglich seine Bedenken zu erkennen gibt, sollten Sie versuchen, mit Klärungsfragen mögliche Kompromisse auszuloten: „Sie sagen, derzeit sei keine Gehaltserhöhung machbar. Ab welchem Zeitraum glauben Sie, wieder die Gelegenheit dafür zu haben?"

Signalisiert Ihr Chef jedoch unmissverständlich, dass er nicht auf Ihre Forderungen/Wünsche eingehen wird, dann sollten Sie nicht auf „stur schalten" oder gar beleidigt reagieren, sondern probieren, das Gespräch fortzuführen. Bitten Sie Ihren Vorgesetzten, seinen Standpunkt zu erläutern. Unterbrechen Sie dabei nicht und haken nur dann nach, wenn Sie etwas nicht verstanden haben. Schädlich wäre es, sofort jedes Argument mit einem Gegenargument zu entkräften. Warten Sie, bis Ihr Gegenüber seine Ausführungen beendet hat, und versuchen Sie dann, mit offenen Fragen Handlungsspielräume zu eruieren. Verwenden Sie dafür die Optionen/Gründe, die Sie sich vorher überlegt haben. Eventuell wollen Sie an dieser Stelle auch ganz andere Vorschläge machen, wie etwa dass die Firma die Kosten für eine Weiterbildung übernimmt (siehe dazu Kapitel „Weiterbildung – Meine Investition in mehr Gehalt") oder dass Sie mit einem neuen Firmenhandy ausgestattet werden?

Kommen Sie damit immer noch nicht weiter oder wird Ihnen nur ein Vorschlag gemacht, der weit unter Ihrer

Wunschlösung liegt, dann ist es die beste Strategie, sich eine gewisse Bedenkzeit zu erbitten: „Geben Sie mir bitte eine Woche Zeit, um über Ihr Angebot nachzudenken." Sie können dann in aller Ruhe das Gespräch reflektieren und Ihre Entscheidung treffen: Wollen Sie akzeptieren oder versuchen nachzuverhandeln?

Noch ein Hinweis, der für alle Phasen des Gesprächsverlaufs gilt: Wenn das Gespräch zu eskalieren droht oder sich die Führungskraft im Ton vergreift, gar verletzend oder zynisch wird, dann ist viel Selbstbeherrschung erforderlich. Auch wenn es Ihnen sehr schwer fallen sollte: Lassen Sie sich nicht auf ein solches Niveau herab. Sprechen Sie in ruhigem Ton eventuelle Entgleisungen an: „Können wir bitte einen respektvollen Umgangston pflegen?" oder: „Herr Müller, ich bin es gewohnt, dass in unserem Unternehmen fair und sachlich diskutiert wird." Machen Sie sich klar: Wenn Sie sich auf einen „Kampf" einlassen, wird es keinen Gewinner geben, sondern es werden nur Gräben aufgerissen.

Mit diesen Hinweisen haben wir (fast) das Ende des dritten Schritts erreicht. Der typische Ablauf einer Gehaltverhandlung ist in Tab. 12 wiedergegeben. Notieren Sie in der rechten Spalte, welche Punkte Ihnen ganz konkret zu den einzelnen Schritten einfallen!

Um für künftige Gehaltsgespräche zu lernen, sollten Sie abschließend die gerade beendete Gehaltsverhandlung reflektieren:

- Was ist mir besonders gut gelungen und warum? (Selbstbewusstsein entwickeln)

Tab. 12 Typischer Ablauf einer Gehaltsverhandlung. (Quelle: eigene Erstellung)

Ablauf	Ihre Notizen
Begrüßung, Small-Talk	
Ihre persönlich Leistung voranstellen und Ihre Absicht benennen	
Drei wichtige Argumente anführen, warum Sie eine Gehaltserhöhung verdienen	
Berechtigte und begründete Gehaltsforderung stellen	
Reaktionen des Vorgesetzten abwarten und zielführend nutzen	
Ihre vorbereiteten Gehaltsoptionen anbieten	
Den Nutzen, den Sie dem Arbeitgeber bieten, wiederholen	
Verhandeln; eine Einigung erzielen	
Verhandlung konkret abschließen oder um Bedenkzeit bitten und Termin für Folgegespräch vereinbaren	
Die nächsten Schritte festlegen; verbindlich vereinbaren, was wer bis wann zu tun hat	
Fragen, ob es eine jährliche, automatische Gehaltsanpassung (Inflationsausgleich etc.?) gibt	
Ggf. fragen, wann Vergütung erneut überprüft/besprochen wird	
Für Gespräch bedanken und verabschieden	

- Was ist mir noch nicht so gut gelungen und warum? (Sensibilisieren für Verbesserungen)
- Was würde ich anders machen, wenn ich von vorne anfangen könnte? (Verbesserung umsetzen)

Die Ausführung zu Schritt 3 haben wir in Form der „10 Gebote erfolgreicher Gehaltsverhandlungen" (Abb. 12) zusammengefasst.

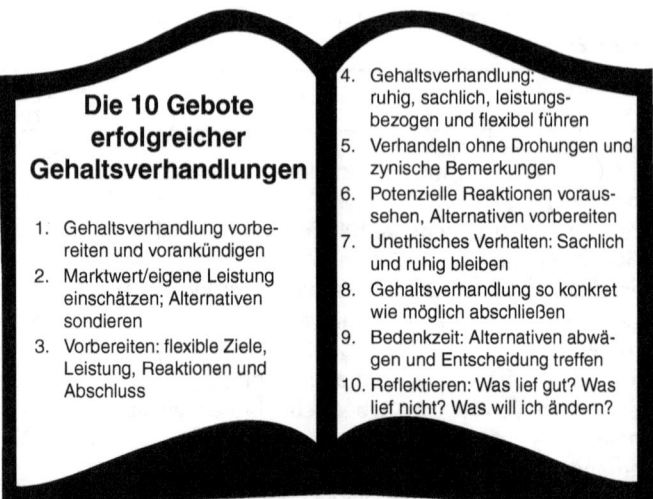

Abb. 12 Die 10 Gebote erfolgreicher Gehaltsverhandlungen. (Quelle: eigene Erstellung)

Schritt 4: Bestätigung – Wie vermittle ich meinem Chef ein gutes Gefühl?

Auch dieser letzte Schritt gehört zu einer erfolgreichen Gehaltsverhandlungs-Strategie. Nach dem Spiel ist gleichzeitig auch vor dem Spiel. Und das bedeutet, dass Sie sich nicht auf dem Erreichten ausruhen sollen, schließlich wollen Sie ja auch zukünftig Gehaltserhöhungen bekommen. Es geht also darum, im beruflichen Alltag immer wieder zu beweisen, dass Sie Ihr Geld wert sind. Das gelingt Ihnen natürlich am besten durch überzeugende Arbeitsergebnisse und dadurch, dass Sie die in der Gehaltsverhandlung hervorgebrachten Argumente mit Taten untermauern. Darüber hinaus können Sie auf vielerlei Art und Weise signalisieren, dass Sie im wahrsten Sinn des Wortes ein wertvoller Mitarbeiter sind. Dazu im Folgenden sieben Anregungen.

Anregung 1: Bestätigungsgespräch führen

Versuchen Sie, ca. sechs bis zwölf Wochen nach der Gehaltserhöhung einen Gesprächstermin bei Ihrem Vorgesetzten zu bekommen, bei dem Sie ihm verdeutlichen können, dass seine Entscheidung, Sie besser zu entlohnen, richtig war. Notieren Sie die Punkte, die die Erhöhung aus Ihrer und aus der Sicht Ihres Chefs gerechtfertigt haben, wie beispielsweise höheren Umsatz, mehr Gewinn, mehr Arbeitsstunden, Sonderschichten, bessere Qualität, schlankere Prozesse oder höhere Einsparpotenziale. Selbstverständlich müssen Sie auch die Fristigkeit beachten, denn manche Argumente können sich auf einen Zeitraum von einem Jahr beziehen. Dann wird es schwierig, nach 45 Tagen eine Bestätigung abzugeben. Allerdings könnten heruntergebrochene Zwischenergebnisse eine Möglichkeit sein, um Ihrem Chef ein gutes Gefühl zu vermitteln, dass er mit der Gehaltserhöhung die richtige Entscheidung getroffen hat.

Anregung 2: Bei Unklarheiten nachfragen

Viele Führungskräfte geben ihren Mitarbeitern zu wenige oder zu schwammige Anweisungen über die Aufgaben, die sie erledigen sollen. Aus Angst, dumm dazustehen oder aus Nachlässigkeit unterlassen es dann die meisten Berufstätigen nachzufragen. Stattdessen legen sie einfach los, mit dem Ergebnis, dass das Resultat nicht dem entspricht, was sich der Chef vorgestellt hat. Deshalb: Fragen Sie nach, was genau Sie bis wann erledigen sollen, so erscheinen Sie nicht nur kompetent, sondern liefern auch gleich beim ersten Mal das Gewünschte ab. Generell gilt: Ermitteln Sie, was Ihr Vorgesetzter möchte und was nicht. Finden Sie heraus, wie Sie Ihren Job ausführen sollen, damit er zufrieden ist.

Anregung 3: Stets Rücksicht nehmen und freundlich sein

In § 1 der Straßenverkehrsordnung heißt es: „Die Teilnahme am Straßenverkehr erfordert ständige Vorsicht und gegenseitige Rücksicht." Das Gleiche trifft auf das Verhalten in Unternehmen, Behörden, Verbänden, Organisationen, Praxen oder Kanzleien zu. Ein rücksichtsvoller, höflicher Umgang mit seiner Umwelt zeugt davon, dass man seinen Kollegen, Mitarbeitern und Vorgesetzten Respekt entgegenbringt. Ein modernes Verständnis von Höflichkeit heißt jedoch nicht, dass man strikt althergebrachte, gesellschaftliche Normen befolgt. Es bedeutet vielmehr, dass man – seinem gesunden Menschenverstand, seinem Herzen und seiner Kinderstube folgend – aufmerksam und hilfsbereit ist. Dazu gehört zum Beispiel, dass man

- „bitte" und „danke" sagt,
- grüßt, wenn man jemanden sieht,

- fragt, wenn man etwas möchte,
- Versprechen und Zusagen einhält,
- pünktlich zu Terminen erscheint,
- alle Menschen – egal ob Fahrradkurier oder Vorstand – gleichermaßen zuvorkommend behandelt,
- sich entschuldigt, wenn man jemanden angerempelt hat,
- anderen die Tür aufhält oder
- in der Warteschlange der Kantine nicht drängelt.

Anregung 4: Alle internen Regeln befolgen

Egal bei welcher Art von Firma oder Organisation Sie arbeiten – ob Industriekonzern, mittelständisches Maschinenbauunternehmen, Beratungshaus oder Stadtverwaltung: Befolgen Sie stets alle geschriebenen und ungeschriebenen Regeln, die Ihr Arbeitgeber erlassen hat. Konkret bedeutet das beispielsweise, dass

- man während der Arbeitszeit nicht private Korrespondenz erledigt oder den nächsten Urlaub plant,
- man sein privates Handy ausgeschaltet lässt, zumindest jedoch auf Vibrationsalarm umstellt,
- man nicht seine Reisekostenabrechnung frisiert oder
- dass man sich nicht für den privaten Gebrauch aus dem Büromateriallager bedient.

Anregung 5: Nicht schlecht über andere reden

Ebenso klar ist es, dass Sie weder intern noch in der Öffentlichkeit schlecht über Ihren Arbeitgeber, Ihre

Vorgesetzten oder Kollegen reden sollten. Außerdem gilt die Vorschrift: Behandeln Sie alle firmeninternen Informationen vertraulich. Sie sind stets dann gegenüber Ihrem Arbeitgeber, Ihren Kunden und Ihren Partnern (Lieferanten, Banken, Beratern) dazu verpflichtet, Daten und Erkenntnisse für sich zu behalten, wenn deren Weitergabe den jeweils Betroffenen schaden könnte. Natürlich existiert eine Grenze, und zwar dort, wo Sie Mitwisser oder Zeuge illegaler Machenschaften werden. Auch wenn Sie sich juristisch, ethisch und emotional in einer Zwickmühle befinden mögen: Dulden Sie niemals inkorrekte Verhaltensweisen. Sie machen sich dadurch zum Mittäter.

Anregung 6: Ordnung halten

Jeder Mensch hat eine andere Vorstellung von Ordnung – für den einen ist der Schreibtisch schon ordentlich, wenn die Aktenberge geringer als 1,50 m hoch sind, für den anderen müssen die Bleistifte im 90-Grad-Winkel zum Notizblock liegen. Doch unabhängig davon, was Sie unter Ordnung verstehen, am Arbeitsplatz gelten andere Regeln. Durch einen chaotischen Schreibtisch oder ein unaufgeräumtes Büro senden Sie eine klare Botschaft, die bei Ihrem Chef so ankommt: „Der Wagner ist nicht mal in der Lage, seinen Mikrokosmos zu organisieren, wie soll der denn eine Abteilung leiten können?" Ein ungarisches Sprichwort besagt:

> Ordnung ist die Seele aller Dinge.

Anregung 7: Wert auf sein Äußeres legen

Zeigen Sie nach außen hin, dass Sie zu Höherem berufen sind, und beachten Sie die altbekannte Regel: Kleiden Sie sich nicht für den Job, den Sie haben, sondern für den, den Sie haben wollen. Von William Shakespeare ist das Zitat überliefert: „Die Kappe macht den Mönch nicht aus." Doch darin täuschte sich der englische Dichter, zumindest was das heutige Berufsleben ausmacht. Denn sehr wohl urteilen die meisten Menschen zunächst einmal rein nach dem Äußeren. Das kann man verwerflich finden, aber es ist ein Fakt. Man muss das Thema Kleidung auch gar nicht so negativ sehen. Bereits Friedrich von Schiller erkannte: „Das Äußere ist das sich offenbarende Innere." Mit anderen Worten: In der Art, wie wir uns kleiden, pflegen und geben, präsentieren wir stets auch einen Teil von uns selbst.

Keine Gehaltserhöhung – So hole ich trotzdem etwas für mich heraus

Mehr Netto vom Brutto: Geldleistungen, Sachbezüge und Vergünstigungen

Sie haben Ihre Gehaltsverhandlung sehr gut vorbereitet. Die Unterhaltung verläuft in positiver Grundstimmung. Sie haben das Gefühl, dass Ihr Chef Ihre Argumente nachvollziehen kann und diese auch bestätigt. Allerdings stellen Sie fest, dass Sie im Gespräch an Grenzen stoßen, denn Ihr Chef sieht keine Möglichkeiten für eine klassische

Gehaltserhöhung. „Sorry, aber in Anbetracht der schwierigen Geschäftslage, der unsicheren Konjunkturaussichten, des harten Wettbewerbs, der kranken Katze des Vorstands – fügen Sie eine ähnlich nebulöse Begründung Ihrer Wahl ein – kann ich Ihnen derzeit keine Gehaltserhöhung geben." Falls dieser Punkt in Ihrem Gehaltsgespräch erreicht wird, sollten Sie nun mit alternativen Vorschlägen aufwarten können.

Neben der klassischen Gehaltserhöhung gibt es nämlich zahlreiche Maßnahmen, die Sie entlasten und Ihnen damit zu einem Netto-Gehaltszuwachs verhelfen können. Allerdings passt nicht jede Maßnahme zu jedem Mitarbeiter – zu groß sind die Unterschiede zwischen Branchen und Unternehmensgrößen. Auch die individuelle steuerliche Situation und Bemessungsgrenze schränken die Anwendbarkeit der Tipps ein. Dennoch: Viele Firmen bieten ihren Mitarbeitern eine Reihe von Vergünstigungen an, wie z. B. Mitarbeiterrabatte, Dienstwagen, Tablet-PCs, Handys, Tankgutscheine, Fahrkarten, Bildungsurlaube, Essenszuschüsse, Restaurantchecks oder kostenfreie Kinderbetreuung. Auch nicht alltägliche Maßnahmen – wie vergünstige Darlehen oder Mitarbeiterbeteiligungen – können echte Alternativen im Verhandlungspoker sein. Zu den beliebtesten betrieblichen Zusatzleistungen zählen nach einer Studie der Unternehmensberatung Towers Watson (vgl. 2015b):

- Übernahme von oder Beteiligung an den Handykosten (75 % der befragten Unternehmen bieten diese Zusatzleistung an)
- Arbeitgeberdarlehen (74 %)

- Mittagessen, Essensschecks oder vergünstigter Mittagstisch in der firmeneigenen Kantine (43 %)
- Mitarbeiterrabatt oder Freimengen für den Eigenbedarf (33 %)
- Betreuungseinrichtungen für Kinder bzw. eine Bezuschussung der Kosten für Kinderbetreuung (17 %)

Wir empfehlen Ihnen, ein paar Maßnahmen, mit denen Sie ins Gespräch gehen wollen, genau unter die Lupe zu nehmen, damit Sie sicher sein können, dass es sich auch steuerlich tatsächlich günstig für Sie auswirkt. Leider erweist sich nämlich ein geldwerter Vorteil nicht immer netto vorteilhaft. Das bekannteste Beispiel ist ein Firmen-Pkw mit privater Nutzung. Darauf werden wir gleich näher eingehen.

Wir möchten betonen, dass die folgenden Ausführungen keine steuerrechtliche Beratung darstellen; dies dürfen wir aus juristischen Gründen nicht. Was wir können: Ihnen einen kompakten Überblick an interessanten Maßnahmen verschaffen. Gerade in kleineren Unternehmen, die wenige Möglichkeiten für üppige Gehaltserhöhungen haben, vergrößern steuerbegünstigte Gehaltszuwendungen und geldwerte Vorteile den Gestaltungsspielraum in puncto Gehalt.

Wenn Sie steuerbegünstigte oder steuerfreie Gehaltsbestandteile aushandeln, beugen Sie gleichzeitig einem verminderten Nettolohn vor, denn von jedem Euro einer Gehaltserhöhung werden meistens mehr als 50 % für Steuerabzüge und Sozialabgaben fällig.

Wenn Sie also interessante Vorschläge vorbereitet haben und diese in Ihrem Gespräch präsentieren, sind

Ihre Chancen um einiges höher, dass Ihr Chef die „Ohren spitzt". Denn auf einige steuergünstige Zuwendungen werden keine Sozialabgaben fällig, die ansonsten das Unternehmen zur Hälfte tragen muss. Somit profitieren nicht nur Sie als Arbeitnehmer, sondern eben auch Ihr Arbeitgeber.

> Beispiel:
> Bei 100,00 Euro Brutto-Gehaltserhöhung bleiben Ihnen als Arbeitnehmer ca. 50,00 Euro netto übrig. Ihrem Arbeitgeber entstehen Kosten in Höhe von ca. 120,00 bis 130,00 Euro. Bei einer steuer- und sozialversicherungsfreien Leistung haben Sie einen Vorteil von ca. 50,00 Euro netto und Ihr Arbeitgeber hat Kosten in Höhe von ca. 50,00 Euro.

Alle Einnahmen, die Ihnen im Rahmen Ihres Dienstverhältnisses zufließen, stellen grundsätzlich einen steuerpflichtigen Arbeitslohn dar. Dabei ist es unerheblich, in welcher Form oder unter welcher Bezeichnung Ihnen die Zuwendungen gewährt werden, wie etwa Geldleistungen, Sachbezüge, Sachzuwendungen oder sonstige gewährte Vorteile. Es gibt auch Zuwendungen, die steuerfrei sind; für andere existieren Freibeträge oder Freigrenzen.

Da der Firmenwagen einer der bekanntesten Sachbezüge ist, haben wir bei dem erfahrenen Steuerexperten Jochen Schneider aus Stuttgart-Leonberg nachgefragt.

Herr Schneider, warum ist der Dienstwagen nach wie vor für Arbeitnehmer und Arbeitgeber interessant?
„Dieser Sachbezug kann sowohl Ihnen als auch dem Arbeitgeber steuerliche Vorteile gegenüber einer

klassischen Gehaltserhöhung verschaffen. Die steuerliche Berücksichtigung des Dienstwagens hängt davon ab, ob Sie Ihren Firmenwagen auch privat nutzen dürfen. Die private Nutzung des Firmenwagens muss als sogenannter ‚geldwerter Vorteil' versteuert werden."

Welche Möglichkeiten gibt es zur steuerlichen Berechnung?
„Zur Berechnung gibt es zwei unterschiedliche Methoden. Die sogenannte ‚Ein-Prozent-Regelung' oder das ordnungsgemäße Fahrtenbuch. Nach der Ein-Prozent-Regelung werden die privaten Fahrten pauschal mit einem Prozent des Brutto-Inlandslistenpreises des Fahrzeugs monatlich versteuert. Dazu kommt eine Besteuerung von 0,03 % des Brutto-Inlandslistenpreises des Autos je Kilometer der Entfernung zwischen Arbeitsplatz und Wohnort. Ist Ihr Dienstwagen im Anschaffungspreis sehr teuer und Ihre Fahrtstrecke zwischen Wohnung und Arbeitsplatz sehr weit, kann es für Sie sehr teuer werden.

Beispiel:
Der Neupreis Ihres Firmenwagens beträgt 35.000,00 Euro
Nach der Ein-Prozent-Regelung wären zu versteuern:
35.000,00 Euro × 0,01 = 350,00 Euro
Die Strecke zwischen Arbeitsplatz und Wohnort beträgt 30 Kilometer.
35.000,00 Euro × 30 km × 0,0003 = 315,00 Euro (abzüglich optionale Pauschalversteuerung durch Arbeitgeber in Höhe von 135,00 Euro = 180,00 Euro).
Das bedeutet letztendlich einen geldwerten Vorteil in Höhe von 530,00 Euro (350,00 Euro + 180,00 Euro), den

Sie erhalten haben. Auf diesen Betrag müssen Sie und Ihr Chef Steuern und Sozialabgaben zahlen.

Wenn Sie beispielsweise 2.900,00 Euro brutto im Monat verdienen, müssten Sie, solange Sie Ihren Firmenwagen auch privat nutzen, Steuern und Abgaben in der Höhe zahlen, als ob Sie 3.430,00 Euro verdienen würden. Ihr Netto-Gehalt würde sich dadurch um ca. 250,00 Euro bis 300,00 Euro – je nach persönlichen steuerlichen und sozialversicherungsrechtlichen Verhältnissen – reduzieren.

Ob sich das Ganze für Sie rechnet, hängt von ein paar entscheidenden Einflussfaktoren ab:

- Können Sie Ihr privates Auto abschaffen und dadurch Geld für die Kfz-Steuer, Versicherungsbeiträge, Leasingraten oder teure Reparaturkosten sparen?
- Bekommen Sie eine Tankkarte von Ihrem Arbeitgeber, mit der Sie unbegrenzt tanken dürfen?
- Benötigen Sie überhaupt einen privaten (Zweit-)Wagen?

Um beispielsweise eine private Tankrechnung von 100,00 € zahlen zu können, benötigt man ein Bruttogehalt von ca. 200,00 €. Daher gilt: Umso mehr private Kfz-Kosten Sie durch die Nutzung eines Geschäftswagens einsparen können, umso vorteilhafter ist dieser geldwerte Vorteil."

Und wie sieht es mit dem ordnungsgemäßen Fahrtenbuch aus?

„Die Alternative zur ‚Ein-Prozent-Regelung' ist ein ordnungsgemäßes Fahrtenbuch. Hier müssen Sie alle Fahrten akribisch schriftlich dokumentieren. Es gibt genaue Vorschriften, die eingehalten werden müssen, damit das Fahrtenbuch steuerlich anerkannt wird. Das kann sehr aufwendig sein. Wenn Sie allerdings Ihren Firmenwagen überwiegend für dienstliche Fahrten nutzen, kann sich der Aufwand steuerlich durchaus rechnen. Grund: Je häufiger Sie den Firmenwagen dienstlich nutzten, desto geringer ist der privat genutzte Anteil, dessen geldwerter Vorteil Sie dann versteuern müssen. Sie sollten also Ihren Taschenrechner in die Hand nehmen und Ihr Pkw-Nutzungsverhalten analysieren."

Besten Dank für diese kompakte Darstellung, lieber Herr Schneider!
Über einen Firmenwagen hinaus gibt es zahlreiche weitere steuergünstige Zuwendungen. Im Folgenden haben wir die wichtigsten davon aufgeführt. Sprechen Sie mit Ihrem Steuerberater oder mit einem Lohnsteuerhilfeverein, um herauszufinden, welche davon für Sie relevant sein können. Bei allen positiven steuerlichen Effekten sollten Sie natürlich stets prüfen, ob die Zusatzleistungen auch zu Ihrem Bedarf passen und ob diese insgesamt attraktiv für Sie sind.

Steuergünstige Zuwendungen an Arbeitnehmer (in alphabetischer Reihenfolge):

- Aufmerksamkeiten (anlassbezogene Sachzuwendungen bis 60,00 € brutto, inklusive Mehrwertsteuer, bei besonderen Anlässen wie Geburtstage, Hochzeiten, Geburten, Schulanfang usw.)

- Belegschaftsrabatte (Rabatte auf Waren und Dienstleistungen, die der Arbeitgeber üblicherweise an fremde Dritte abgibt, bleiben unter Berücksichtigung des sogenannten „großen Rabattfreibetrags" bis 1080 € jährlich steuer- und abgabenfrei. Dazu zählen z. B. Kleidungsstücke einer Modefirma, Haustrunk einer Brauerei)
- Darlehen (zinsloses oder zinsgünstiges Arbeitgeberdarlehen. Die monatliche Freigrenze von 44,00 € ist hier zu beachten.)
- Dienstwagen zum privaten Gebrauch (wie bereits oben ausführlich dargestellt)
- Fehlgeldentschädigungen (Fehlgeld, Mankogeld oder Zählgeld an im Kassen- oder Zähldienst beschäftigte Arbeitnehmer gezahlte pauschale Entschädigungen)
- Fort- und Weiterbildungskosten (sämtliche Aus- und Weiterbildungsmaßnahmen, die die Einsatzfähigkeit des Arbeitnehmers im Betrieb erhöhen. Sprachkurse müssen dem vorgesehenen Aufgabengebiet nützlich sein.)
- Gesundheitsförderung (bis 500,00 € pro Jahr sind pro Angestelltem steuerfrei für Maßnahmen zur Stressbewältigung, Vorbeugung zur Belastung des Bewegungsapparates, Suchtmittelprävention u. Ä.)
- Job-Ticket (kostenfreie oder vergünstigte Fahrkarte, die der Arbeitgeber bei einem Verkehrsunternehmen kauft und dem Angestellten zur Nutzung überlässt. Die monatliche Freigrenze von 44,00 € ist hier zu beachten.)
- Kinderbetreuung (lohnsteuer- und sozialversicherungsfreie Leistungen des Arbeitgebers zur Unterbringung von nichtschulpflichtigen Kindern in Kindergärten, -tagesstätten, -krippen sowie bei Tagesmüttern, Wochenmüttern und Ganztagspflegestellen)

- Nacht-, Sonn- und Feiertagszuschläge (es gibt unterschiedliche Zuschlagssätze, die lohnsteuerfrei sind. Zu beachten ist, dass keine pauschalen Sätze vereinbart werden, sondern nur für tatsächlich geleistete Arbeitsstunden.)
- Privat genutzte Datenverarbeitungs- oder Telekommunikationseinrichtungen (Steuerfreie Privatnutzung von z. B. PCs, Smartphones, Tablet-PCs, Zubehör bis hin zu Software)
- Sparanreize (Mitarbeiterbeteiligungen, Vermögensbeteiligungen am Unternehmen, Mitarbeiterbeteiligungsfonds, Vermögenswirksame Leistungen VL)
- Warengutscheine (Kraftstoffgutscheine, Gutscheine für Fitnessclubs, Zeitschriften, Tabakwaren etc. Die monatliche Freigrenze von 44,00 € ist hier zu beachten.)

Unser Tipp: Geben Sie bei Google den Suchbegriff „Steuergünstige Gehaltszuwendungen Arbeitnehmer" ein – Sie werden zahlreiche Merkblätter und detaillierte Hinweise als Suchergebnis erhalten. Achten Sie dabei darauf, dass es sich um aktuelle Versionen handelt, denn die Steuergesetze ändern sich öfter als die Trainer so mancher Bundesligamannschaft.

Mehr Zeit oder Flexibilität: Urlaubstage, Wochenarbeitszeit und Arbeitszeitmodelle

Gehaltserhöhungen, Geldleistungen, Sachbezüge oder Steuervergünstigungen machen sich wohltuend auf dem Bankkonto bemerkbar. Aber was, wenn sich Ihr

Arbeitgeber partout nicht auf einen höheren Lohn oder auf die Gewährung von Geld-/Sachleistungen einlassen will? Vielleicht ist Ihnen mehr Geld auch gar nicht so wichtig und Sie würden ein Plus an Freizeit deutlich mehr schätzen? Die Ergebnisse aus unserer Umfrage legen genau das nahe. Etliche Befragte äußerten sich in dieser Richtung, wie aus Abb. 13 hervorgeht. Das Statistische Bundesamt (2015) liefert in seiner Studie „Wie die Zeit vergeht – Ergebnisse zur Zeitverwendung" die Begründung: Sowohl der Anteil an Erwerbsarbeit wie auch an unbezahlter Arbeit sind gestiegen, insbesondere in Familien mit Kindern:

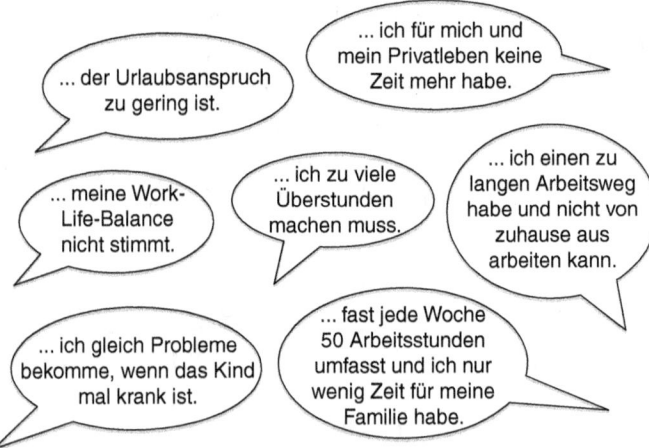

Abb. 13 Zitate zum Thema „Arbeitszeit/-belastung" aus der Studie „Glücklich im Beruf". (Quelle: eigene Erstellung)

Betrachtet man Erwachsene im Erwerbsalter (18 bis 64 Jahre) in Haushalten mit und ohne Kind, so zeigt sich ein heterogenes Bild: Während Menschen in Haushalten ohne Kind 48,5 h pro Woche arbeiten, sind es bei Alleinerziehenden und Paaren mit Kindern knapp zehn Stunden mehr. Dies ergibt sich vorrangig durch ein um 10,5 h höheres Pensum an unbezahlter Arbeit – schließlich fallen zusätzliche Aufgaben wie die Kinderbetreuung an, und die Haushaltsführung erfordert in einem größeren Haushalt ebenfalls mehr Zeit (Statistisches Bundesamt 2015, S. 8).

So sind es vor allem drei Dinge, die sich Beschäftigte am meisten wünschen, nämlich:

1. Angemessene Arbeitszeiten (d. h. keine zu lange tägliche/wöchentliche Arbeitszeit, sodass genügend Freizeit verbleibt; keine ständige Erreichbarkeit gefordert, ausreichend Urlaubstage, Möglichkeit zu Sabbaticals, Möglichkeit zur Teilzeitarbeit)
2. Angenehme Arbeitszeiten (z. B. nicht zu früher Arbeitsbeginn, ausreichende Pausenzeiten, Möglichkeit, eigene Arbeitszeit flexibel zu gestalten)
3. Gute Arbeitsbedingungen (z. B. moderne Technologien, zeitgemäße Büroeinrichtung, Klimatisierung am Arbeitsplatz, Möglichkeit zur Heimarbeit)

Vielleicht kommen Ihnen diese drei Kategorien ja bekannt vor – sie waren Unterpunkte des Selbsttests im „Basislager". Man kann zwar nun trefflich darüber streiten, ob diese Themen Teil der immateriellen oder materiellen Zufriedenheit sind, letztlich tragen sie so oder so dazu bei, ob man (un)glücklich im Job ist. Wir sind der Auffassung, dass der Komplex „Arbeitszeit" der materiellen Dimension zuzurechnen ist, da sich alle diesbezüglichen Aspekte arbeitsvertraglich regeln lassen, während das bei den „weichen" Themen – die wir bei der „Ost-Strategie" erörtern werden – wohl kaum möglich ist. Oder haben Sie schon mal einen Arbeitsvertrag gesehen, in dem stand, dass man ein Recht auf nette Kollegen und einen verständnisvollen Chef hat?

Zurück zum Thema: Wenn Sie unter zu langen oder zu starren Arbeitszeiten leiden, wenn Sie bislang nicht von Zuhause aus arbeiten können, obwohl Sie dies (gelegentlich) gern täten, oder wenn Sie mal ein halbes Jahr Auszeit (Sabbatical) nehmen würden, dann sollten Sie dies mit Ihrem Vorgesetzten besprechen. Ach, was für eine tolle Idee! Das haben Sie schon längst getan, aber eine negative Antwort erhalten? Dann helfen Ihnen unsere folgenden Übersichten, in denen wir Argumente zusammengetragen haben, mit denen Sie Ihren Chef davon überzeugen können, sich auf Ihr Anliegen einzulassen oder es zumindest einmal versuchsweise zu probieren.

Argumente, die für angemessene Arbeitszeiten sprechen

- In § 3 des deutschen Arbeitszeitgesetzes ist klar geregelt: Die werktägliche Arbeitszeit der Arbeitnehmer darf acht Stunden nicht überschreiten. Sofern innerhalb von sechs Kalendermonaten oder innerhalb von 24 Wochen im Durchschnitt acht Stunden werktäglich nicht überschritten werden, darf die Arbeitszeit auf bis zu zehn

Stunden pro Tag verlängert werden. Lediglich für einige Branchen und Berufsgruppen gibt es Ausnahmen, wie etwa für leitende Angestellte, Chefärzte, Beschäftigte im liturgischen Bereich der Kirchen oder Besatzungsmitglieder von Flugzeugen (vgl. Hagelüken 2015).
- Abgesehen von gesetzlichen Vorgaben: Wer durchschnittlich länger als acht oder neun Stunden arbeitet, senkt seine Produktivität. Zahlreiche Studien belegen: Ab der achten Arbeitsstunde steigt die Fehler- und Unfallhäufigkeit signifikant an (vgl. Hänecke et al. 1998; Groll 2012).
- Eine Studie der Bundesanstalt für Arbeitsschutz und Arbeitsmedizin zeigt, dass sich die Kombination aus langen Arbeitszeiten und ungünstigen Arbeitsbedingungen negativ auf den Gesundheitszustand der Beschäftigten auswirkt. Schlafstörungen, Rückenschmerzen und Herzbeschwerden werden so verstärkt (vgl. Wirtz 2010). Logische Folge: mehr krankheitsbedingte Fehltage und damit höhere Kosten bzw. weniger Produktivität für das Unternehmen.

Argumente, die für flexible Arbeitszeiten sprechen

- Mehr Selbstbestimmung bei der Festlegung der individuellen Arbeitszeiten führt zu einer höheren Motivation und damit zu einer höheren Produktivität.
- Wenn Mitarbeiter souverän über den Beginn und das Ende ihrer Arbeitszeit bestimmen können, dann steigt deren Lebensqualität und damit ihre Zufriedenheit im Job, was sie wiederum an ihren aktuellen Arbeitgeber bindet.

- Über 90 % aller jungen Berufstätigen mit Kindern sind Angebote für die Vereinbarkeit von Beruf und Familie bei der Arbeitgeberwahl ebenso wichtig oder wichtiger als das Gehalt (vgl. Bundesministerium für Familie, Senioren, Frauen und Jugend 2015, S. 6). Für Unternehmen kann es daher sehr lohnend sein, lieber flexible Arbeitszeiten als ein hohes Gehalt anzubieten.

Argumente, die für (gelegentliche) Heimarbeit sprechen

- Unternehmen sparen Bürofläche und damit Miete, wenn ihre Beschäftigten überwiegend zuhause arbeiten.
- Anders als bei der Teilzeitarbeit gibt es – im Gegensatz zu den Niederlanden (vgl. Waechter 2015b) – keinen gesetzlichen Anspruch auf Heimarbeit, allerdings existieren in vielen Tarifverträgen oder Betriebsvereinbarungen diesbezügliche Regelungen. Es kann sich also lohnen, in den entsprechenden Dokumenten einmal nachzulesen.
- Wie auch bei flexiblen Arbeitszeiten führt die Möglichkeit zu (partieller) Heimarbeit in aller Regel zu einer signifikanten Steigerung der allgemeinen Lebenszufriedenheit. Und wer grundsätzlich zufrieden ist, der ist auch fast immer motivierter und produktiver.
- Wer am heimischen Schreibtisch arbeiten kann, verliert keine Zeit mit Pendeln und ist daher deutlich leistungsfähiger. Zudem setzen Arbeitnehmer oft die „gewonnene Zeit" für ihre eigentliche Arbeit ein.

- Mitarbeiter, die in den eigenen vier Wänden arbeiten, werden nicht von Kollegen gestört oder abgelenkt.
- Besprechungen werden auf das notwendige Maß beschränkt, wenn klar ist, dass die „Homeoffice-Kollegen" nur selten anwesend sind. Meetings sind zudem deutlich effizienter, wenn man nur hin und wieder zusammentrifft.
- Schließlich steigert die Option, auch von daheim arbeiten zu können, das Arbeitgeberimage deutlich.

Argumente, die für ein Sabbatical sprechen

- Beschäftigte, die sich eine zeitlich befristete Auszeit nehmen, verschaffen dem Arbeitgeber einen wirtschaftlichen Vorteil: Dieser muss logischerweise kein Gehalt zahlen – insbesondere in konjunkturell schwierigen Zeiten ein schlagendes Argument.
- Häufig absolvieren Arbeitnehmer, die ein Sabbatjahr nehmen, Fort- oder Weiterbildungskurse, sammeln Erfahrungen im Ausland oder lernen Sprachen/verbessern ihre Sprachkenntnisse. Dies alles lässt die „Auszeitler" mit neuen Kompetenzen an den Arbeitsplatz zurückkehren – damit sind sie für das Unternehmen wertvoller geworden.
- Mitarbeiter, die sich eine Auszeit gegönnt haben, kommen gesünder und ausgeglichener an den Arbeitsplatz zurück (vgl. Sabbatjahr o. J.).
- Egal, womit sich Mitarbeiter während ihres Sabbaticals beschäftigt haben – zumeist haben sie neue Energie getankt und sind deutlich kreativer als zuvor.

- Arbeitnehmer, denen ein Sabbatical genehmigt wurde, würdigen dieses Entgegenkommen. Sie haben das Gefühl, unterstützt zu werden, was sie stärker an das Unternehmen bindet.
- Firmen, die ihren Beschäftigten die Möglichkeit eines Sabbaticals geben, steigern ihre Arbeitgeberattraktivität.

Weiterbildung – Meine Investition in mehr Gehalt

> Eine Investition in Bildung bringt noch immer die besten Zinsen!
> Benjamin Franklin

Das hat uns bei unserer Umfrage am meisten überrascht: dass mehr Befragte angaben, unter- als überfordert zu sein. In der öffentlichen Diskussion wird ja der Eindruck vermittelt, dass so gut wie jeder am Leistungslimit arbeitet. Richtig ist, dass tatsächlich – auch bestätigt durch unsere Studie – viele Beschäftigte unter teilweise enormen Stress leiden. Damit setzen wir uns in der „Ost-Strategie" auseinander. Falsch ist jedoch, jenen Teil der Berufstätigen zu übersehen, die unter genau gegenteiligen Sorgen leiden: Menschen, die im Beruf zu wenig (anspruchsvolle) Aufgaben haben. Und natürlich auch jene Mitarbeiter, die in der gegenwärtigen Position keine Perspektiven, Entwicklungsmöglichkeiten oder Herausforderungen sehen.

Gute Aufstiegs-/Entwicklungschancen sind unserer Ansicht nach ein elementarer Bestandteil der materiellen

Zufriedenheit. Dazu gehören z. B. ein klarer Karriereplan, zunehmende Verantwortungsübernahme bei längerer Betriebszugehörigkeit, die Möglichkeit, in anderen Niederlassungen bzw. in anderen Abteilungen zu arbeiten oder über ein jährliches Budget für die eigene Fortbildung zu verfügen. Die Realität sieht häufig jedoch ganz anders aus. Weder der Chef noch die Personalabteilung sorgen sich darum, dass die Mitarbeiter inhaltlich gefordert werden und sich weiterentwickeln. Dann hilft nur eines: das Heft selbst in die Hand zu nehmen und sich eigeninitiativ um die persönliche Weiterqualifikation zu kümmern, um auf diese Weise neue, anspruchsvollere Aufgaben oder sogar einen neuen, herausfordernden Job zu finden.

Neben Unterforderung gibt es einen zweiten Grund, weshalb Weiterbildung maßgeblich das (materielle) Glück im Beruf beeinflusst. Es mag hart klingen, ist aber eine Tatsache: Außer bei Bordellbetreibern, Lotterie-Lebenslange-Rente-Gewinnern und Londoner Investmentbankern hängt das Gehalt nämlich hauptsächlich vom eigenen Können ab. Einfach formuliert: Je mehr Sie können, desto mehr verdienen Sie. Insofern sind Ihrem Gehalt Grenzen gesetzt, und zwar abhängig von Ihrer Qualifikation. So wird Ihnen nichts anderes übrig bleiben, als a) entweder die Dinge so zu akzeptieren, wie sie sind, das heißt, mit Ihrem aktuellen Einkommen zufrieden zu sein, oder b) Geld auszugeben, um mehr Gehalt zu verdienen. Es mag paradox klingen, aber bevor Sie tatsächlich einen höheren Lohnscheck bekommen, müssen Sie zunächst Geld und in jedem Falle Ihre Zeit investieren.

Es geht also um Ihre eigene Weiterentwicklung durch Weiterbildung bzw. das Erreichen Ihrer nächsten

Qualifikations- und Gehaltsstufe. Um den nächsten Schritt zu gehen, müssen Sie mehr Wissen und mehr Können aufbauen. Wissen können Sie sich aneignen. Ihre Fähigkeiten können Sie trainieren und verbessern. Konzentrieren Sie sich dabei auf Ihre Stärken und verbessern Sie diese ständig. Nur so kommen Sie aus dem Einheitsbrei raus, werden Spezialist auf Ihrem Gebiet und heben sich so vom Mittelmaß ab. Das bringt Ihnen große Vorteile und am Ende auch mehr Gehalt! Jochen Mai (2015b) listet folgende Pluspunkte von Spezialisten auf:

- „Falls Ihr Thema populär ist, sind Sie auf dem Spezialgebiet eine gefragte und gut bezahlte Fachkraft.
- Personaler erkennen sofort Ihren Nutzen, wenn sie diese Art von Job zu besetzen haben.
- Sie verfügen über ein einzigartiges Know-how, das schränkt die Konkurrenz deutlich ein.
- Je weniger Spezialisten es dafür gibt, desto größer Ihr Marktwert und das Honorar oder Gehalt, das Sie verlangen können."

Unabhängig davon, in welche Richtung Sie sich spezialisieren bzw. sich weiterbilden: Es ist heute in nahezu allen Branchen unabdingbar, permanent neues Wissen zu erlangen. Die Psychologin Carolin Dweck, die lange an der Columbia University in New York gelehrt hat, erklärt in einem Interview (Kuhn 2015), warum es so wichtig ist, ständig dazuzulernen:

> Früher hat sich die Welt nur langsam verändert. Wenn Menschen Fachkönnen und Gewohnheiten erlernt hatten,

konnten sie fehlerfrei durchs Leben kommen. Inzwischen wandelt sich alles so unglaublich schnell, dass die Welt Experimentierfreude, Innovation, die Lust aufs Ausprobieren belohnt.

Wir leben schon längst in der von Peter F. Drucker vorhergesagten Wissensgesellschaft (vgl. Steinbicker 2011, S. 20), Stillstand bedeutet Rückschritt. Aufgrund der kurzen Halbwertszeit des Wissens ist Weiterbildung ein absolutes „Muss". Wissen altert und verliert oft seine Gültigkeit oder Bedeutsamkeit. Wenn Sie sich ausschließlich auf irgendwann einmal Gelerntes verlassen, stoßen Sie heute schnell an Ihre Grenzen. Daher: Passen Sie sich an unsere dynamische Wirtschaft an. Halten Sie Schritt mit Ihren Kollegen und lassen Sie sich nicht durch Untätigkeit ins Abseits drängen. Achten Sie darauf, dass die „Arbeitswelt" nicht wie ein Zug an Ihnen vorbeirauscht, auf den Sie nur mit sehr viel Mühe wieder aufspringen können. Wenn Sie hingegen in Ihre (Weiter-)Bildung investieren, erhöhen Sie Ihre Chancen auf einen (internen) Aufstieg oder verschaffen sich Zugang zu (externen) Stellen, an die Sie sonst nicht gekommen wären.

Fassen wir kurz zusammen: Der Arbeitsmarkt fordert von Berufstätigen heute ein lebenslanges Lernen. Das Wissen aus der Erstausbildung reicht nicht mehr aus. Eine Fortbildung gibt Ihnen Zugang zu neuen Informationen, Anwendungen und Verfahren und hilft Ihnen somit, mehr Gehalt zu bekommen.

Wenn Sie jetzt mit dem Argument aufwarten „Tja, das mag für Jüngere gelten, aber nicht für mich. Ich bin schon viel zu alt zum Lernen", dann müssen wir Ihnen vehement widersprechen! Wir sind auch in fortgeschrittenem Alter noch lernfähig (vgl. Klein 2013, S. 105 ff.). Es gibt keine Altershöchstgrenze für das Lernen. Entscheidend ist allein die Einstellung! Martin Meyer, Professor am Psychologischen Institut für Lernen und Plastizität des gesunden Alterns an der Universität Zürich, verdeutlicht (2015), wie wichtig (Eigen-)Motivation im Job ist:

> Die Bedeutung von Motivation, Neugier und persönlicher Identifikation mit dem Beruf kann nicht hoch genug eingeschätzt werden. In unseren Studien zum gesunden Altern hatten wir mit einem 80-Jährigen zu tun, der beim Tempo der Informationsverarbeitung – also einem klassischen Indikator für kognitives Altern – viel besser abschnitt als manche unserer Master-Studierenden. Als Grund dafür gab er an, dass ihn Lernen und Neues immer noch fasziniere. Motivation und ein höheres Selbstwertgefühl können sich unmittelbar positiv auf die kognitiven Leistungen auswirken und damit zur Fitness des Gehirns im Alter beitragen.

So starten Sie Ihr Weiterbildungs-Vorhaben

Was bedeutet das jetzt für Sie? Bevor Sie eilig zur örtlichen Volkshochschule rennen, um sich dort für esoterisches Klangschalentöpfern anzumelden, lohnt es sich, sich einen kleinen Moment zurückzulehnen. Wie sollten Sie das Thema Weiterbildung angehen? Strategisch! Das heißt: Überlegen Sie, was Sie überhaupt mit Ihrer Weiterqualifikation erreichen wollen und welche Möglichkeiten es dazu gibt. Erst dann kommt die Auswahl konkreter Lernangebote.

Das Bundesministerium für Bildung und Forschung (BMBF) und das Bundesministerium für Wirtschaft und Technologie (BMWi) haben im Jahr 2011 die Informationsoffensive „Berufliche Bildung – praktisch unschlagbar" gestartet. Ziel dieses Projekts ist es, die hohe Attraktivität der dualen Ausbildung und die vielfältigen Chancen beruflicher Weiterbildung einer breiteren Öffentlichkeit zu erklären. Eine der Maßnahmen ist das umfangreiche Informationsportal www.praktisch-unschlagbar.de, mit der BMBF und BMWi die Vorteile der beruflichen Aus-/Weiterbildung unterstreichen und Jugendliche, Schulen, Eltern, Arbeitnehmer sowie Arbeitgeber informieren möchten. In der Rubrik „Orientieren" finden Sie folgende Schlüsselfragen, die Sie für sich beantworten sollten, um die richtige Entscheidung für Ihre Weiterbildung zu treffen:

- Was möchte ich erreichen?
- Welche Möglichkeiten tun sich für mich auf?
- Wie viel bin ich bereit zu investieren?
- Welchen Abschluss strebe ich an?

In der Rubrik „Passgenau lernen" werden einige Lernformen und Weiterbildungsmodelle vorgestellt. Mit gezielten Fragen können Sie herausfinden, welcher Lerntyp Sie sind, wie Sie am besten lernen und ob sich die gewählte Maßnahme in Ihren Berufsalltag integrieren lässt.

http://www.praktisch-unschlagbar.de

So binden Sie Ihren Arbeitgeber und den Staat in Ihr Vorhaben ein

Gehen wir davon aus, dass Sie mithilfe von „praktisch-unschlagbar.de" oder einer anderen Methode ermittelt haben, wie Ihre persönliche Weiterbildungsstrategie aussehen soll. Sprechen Sie nun mit Ihrem Arbeitgeber über Ihr Vorhaben. So zeigen Sie Eigeninitiative. Möglicherweise beteiligt sich Ihr Unternehmen sogar an den Kosten oder übernimmt diese ganz. Durch diese Information kann Ihr Chef Sie eventuell bei der nächsten Beförderung berücksichtigen, weil er beispielsweise gerade auf der Suche nach einem Teamleiter für ein bestimmtes Teilprojekt ist. Ohne diese Information hätte er Sie vielleicht gar nicht auf dem Radar gehabt.

Sollte Ihr Arbeitgeber allerdings (zunächst) ablehnend reagieren, dann können Sie einen Kompromiss anbieten: Sie besuchen die Weiterbildung nicht in der Arbeits-, sondern in Ihrer Freizeit (abends, am Wochenende, im Urlaub), dafür trägt der Arbeitgeber die Kosten. Dieser Vorschlag kam in vielen uns bekannten Fällen sehr gut an, da er die Ernsthaftigkeit des Weiterbildungswunsches untermauert.

Falls es keine finanzielle Kostenbeteiligung gibt, so haben Sie wenigstens diese Information gestreut und gezeigt, dass Sie willens sind, sich entsprechend weiterzubilden und auf dem Laufenden zu halten. Ihre Weiterbildungskosten können Sie – sofern ein beruflicher Bezug gegeben ist – in Ihrer Steuererklärung geltend machen. Daneben kann die Agentur für Arbeit die Kosten der beruflichen Weiterbildung übernehmen, wenn es sich um eine Umschulungs- oder Fortbildungsmaßnahme für Arbeitssuchende handelt oder diese aus gesundheitlichen Gründen notwendig ist. Über den folgenden Link erhalten Sie weiterführende Informationen.

https://www.arbeitsagentur.de/karriere-und-weiterbildung/foerderung-berufliche-weiterbildung

Darüber hinaus gibt es viele weitere staatliche Förderprogramme, wie etwa:

- „Meister-BAföG": Finanzielle Unterstützung für eine Vielzahl von geregelten Aufstiegsfortbildungen, etwa zum Meister, Techniker oder Fachwirt.

- „Weiterbildungsstipendium": Dieses richtet sich an talentierte und leistungsbereite Fachkräfte unter 25 Jahren, die bereits ihre berufliche Ausbildung abgeschlossen haben.
- „Aufstiegsstipendium": Dieses wendet sich an besonders motivierte Berufstätige, die sich mit einem Hochschulstudium beruflich und persönlich weiterentwickeln möchten.

Da dem Staat die berufliche Weiterbildung sehr wichtig ist, wurden in den vergangenen Jahren nicht nur die finanziellen Unterstützungsleistungen ausgebaut, sondern auch weitere Programme initiiert. Das wichtigste darunter ist der „Bildungsurlaub". Die meisten Arbeitnehmer in Deutschland haben Anspruch auf Bildungsurlaub, allerdings nutzt nur eine niedrige Prozentzahl von Beschäftigten dieses Recht.

Das Thema Bildungsurlaub (Bildungsfreistellung) ist Ländersache und in den einzelnen Bundesländern „konkurrierend" geregelt. Am häufigsten sehen die Landesgesetze eine bezahlte Freistellung von fünf Arbeitstagen pro Jahr vor. Im Sommer 2015 kam Baden-Württemberg zur Liste der Bundesländer mit „Bildungsurlaubsgesetzen" dazu. Somit sind es nun (Stand März 2016) 13 Bundesländer mit dem Recht auf Bildungsurlaub. Beim Bildungsurlaub wird man zum Zwecke der Weiterbildung von der Arbeit freigestellt. Ob Sie anspruchsberichtigt sind und wie das Thema „Bildungsurlaub" in Ihrem Bundesland geregelt ist, erfahren Sie beispielsweise auf dem Portal bildungsurlaub.de.

www.bildungsurlaub.de

So finden Sie den passenden Weiterbildungsanbieter

Einen kompletten Überblick über den gesamten Weiterbildungsmarkt zu geben, kommt dem Versuch gleich, einen Pudding an die Wand zu nageln. Dieser Markt ist national wie international riesig und ständig in Bewegung. Bevor Sie nach bestimmten Weiterbildungsangeboten suchen, fragen Sie doch zuerst einmal (sofern vorhanden) in Ihrer Personalentwicklungs- oder Weiterbildungsabteilung nach. Oft gibt es Programme und Partner, mit denen man bereits gute Erfahrungen gemacht hat und bei denen Sie idealerweise von Rabattverträgen profitieren können. Des Weiteren können Sie Ihre Kollegen fragen, wo und wie sie sich (erfolgreich) weitergebildet haben.

Eine weitere Möglichkeit ist es, professionelle Beratungsangebote zu nutzen. Damit erhöhen Sie die Chance, alle wichtigen Aspekte bei der Wahl des „richtigen" Weiterbildungsträgers zu berücksichtigen. Weiterbildungsberatungen gibt es beispielsweise bei Arbeitsagenturen, Gewerkschaften, Berufsverbänden,

Volkshochschulen oder Industrie- und Handelskammern in Ihrer Region. Achten Sie darauf, dass Sie eine Bildungsberatung erhalten, die auf Ihren Einzelfall zugeschnitten ist. Klären Sie Punkte wie zeitlicher Aufwand, Zulassungsvoraussetzungen für Prüfungen, künftige Chancen am Arbeitsmarkt, berufliche Anforderungen oder wichtige Finanzierungsfragen.

Ob mit oder ohne Beratung: Im nächsten Schritt geht es darum, ein Weiterbildungsangebot zu finden, das zu Ihren Bedürfnissen passt. Dass dies ein schwieriges Unterfangen sein kann, haben wir schon angedeutet – der Weiterbildungsmarkt ist einfach zu intransparent und heterogen. Nichtsdestotrotz gibt es einige Anlaufstellen im Internet, die bei der Orientierung helfen können; einige davon haben wir im Folgenden zusammengetragen.

> Einen umfassenden Überblick liefert das „Weiterbildungs-Informations-Systems (WIS) des Deutschen Industrie- und Handelskammertages" – hier werden zahlreiche Weiterbildungsportale, -internetseiten und -datenbanken präsentiert.
>
>
>
> http://wis.ihk.de/

"Weiterbildung Direkt" ist ein Portal für Erwachsenenbildung, das Angebote aus etlichen Themenfeldern übersichtlich strukturiert auflistet.

http://www.weiterbildung-direkt.de/

Das „Weiterbildungs Informations System (WISY)" bündelt die Recherchearbeit unabhängiger, regionaler Daten-Redaktionen in Hamburg, Schleswig-Holstein, Niedersachsen, Hessen und anderen Bundesländern.

http://www.kursportal.info/advanced

Die Meta-Suchmaschine des „InfoWeb Weiterbildung" findet allgemeine, politische, wissenschaftliche und berufliche Fortbildungsangebote und Weiterbildungsangebote aller Angebotsformen (z. B. Seminare und Kurse, Fernunterricht, E-Learning, Computer/Web Based Training).

http://www.iwwb.de/

Neben diesen bundesweiten Informationsportalen gibt es zahlreiche regionale Datenbanken und Übersichten. In Abb. 14 haben wir Ihnen eine Auswahl zusammengestellt.

Abb. 14 Auswahl regionaler Weiterbildungsportale. (Quelle: eigene Erstellung)

Ost-Strategie: So verbessere ich meine immaterielle Zufriedenheit

> Wer keinen inneren Frieden kennt, kann auch in der Begegnung mit anderen keinen Frieden finden.
> Dalai Lama

Gemäß diesem Ausspruch vertreten wir die Auffassung: Wer unzufrieden mit dem Job ist, ist (in aller Regel) auch unzufrieden mit sich. Deshalb behaupten wir: Es ist immer eine Mischung aus zwei Komponenten, weshalb Menschen in immaterieller Hinsicht mit ihrem Job nicht happy sind – zu einem Teil liegt es an ihnen selbst und zum anderen an den Umständen bzw. an anderen Menschen (davon hatten wir ja schon bei unseren Thesen gesprochen). Das Mischungsverhältnis ist bei jedem unterschiedlich ausgeprägt. Bei einem liegt es bei 30 zu 70, beim anderen bei 50 zu 50 und bei manchem vielleicht sogar bei 100 zu 0, nie jedoch ist ausschließlich das Umfeld schuld. Nachfolgend nun eine Liste möglicher Ursachen immaterieller Unzufriedenheit, die an einem selbst liegen können – wir werden im weiteren Verlauf immer wieder einzelne Aspekte aufgreifen.

Mögliche Ursachen immaterieller Unzufriedenheit, die an MIR liegen

- Ich habe eine verzerrte Wahrnehmung, weshalb ich das Verhalten anderer falsch interpretiere.
- Ich hänge (unbewusst) an limitierenden Glaubenssätzen fest und tue mir deshalb schwer, eine andere (entspanntere oder tolerantere) Sicht auf die Dinge zu erlangen.

- Ich überschätze mich bzw. meine Fähigkeiten.
- Ich habe eine zu hohe/unrealistische Erwartungshaltung an mich.
- Ich habe eine zu hohe/unrealistische Erwartungshaltung an andere.
- Ich will es anderen immer recht machen.
- Ich scheue vor Konflikten zurück.
- Ich höre anderen nicht richtig zu, weshalb es zu Missverständnissen kommt.
- Ich zeige anderen gegenüber zu wenig Wertschätzung, was dazu führt, dass auch ich zu wenig Anerkennung bekomme.
- Ich erhalte außerhalb der Arbeit zu wenig/keine Anerkennung und suche diese deshalb umso mehr im Beruf.
- Ich habe private Probleme, die ich mit in den Job nehme.
- Ich denke zu wenig an mich und bin deshalb unausgeglichen.
- Ich kann mich selbst nicht gut organisieren.
- Ich lebe ungesund, schlafe zu wenig, esse zu viel, mache zu wenig Sport… und bin deswegen wenig belastbar bzw. leicht gereizt.

Die Ost-Strategie besteht überwiegend aus Tipps/Maßnahmen, die nur mit Ihnen selbst zu tun haben; dennoch geben wir natürlich auch Hinweise, die sich auf Ihre Mitmenschen beziehen. Wir wollen Ihnen eine Vielfalt von Ansatzpunkten liefern, um Ihre immaterielle berufliche

Zufriedenheit zu steigern. Denn: Oft ist es gar nicht mangelnder Wille, sondern schlichtweg fehlendes Wissen um konkrete Maßnahmen, die uns im Status quo verharren lassen.

Davon zu unterscheiden ist die so genannte „erlernte Hilflosigkeit" (vgl. Klein 2013, S. 330; Wehrle 2013, S. 295). Psychiater meinen damit – vereinfacht ausgedrückt –, dass manche Menschen früher (mehrfach) unangenehme Situationen erlebt haben, die sie nicht abstellen/ändern konnten. Resigniert fügten sie sich ihrem Schicksal und kamen zu der generellen Erkenntnis, dass es völlig irrelevant ist, was sie tun, weil es ohnedies keinen Einfluss auf das Ergebnis hat. Dementsprechend limitiert ist das Verhaltensrepertoire dieser Menschen. Ob nun aus purer „Ahnungslosigkeit"/Nicht-Wissen oder aufgrund erlernter Hilflosigkeit: Mit den folgenden Empfehlungen werden Sie Ihre Jobzufriedenheit in nicht-monetärer Hinsicht bestimmt deutlich erhöhen können. Wir unterscheiden dabei zwischen drei unterschiedlichen Ansatzpunkten, nämlich

- der Einstellung, die wir gegenüber dem Leben, anderen Menschen und unserem Job haben,
- die Art und Weise, wie wir leben und arbeiten, sowie
- den Beziehungen, die wir mit unseren Mitmenschen haben.

Meine Einstellung – Basis immaterieller Zufriedenheit

Ermitteln Sie die Ursachen für Ihre Unzufriedenheit und analysieren Sie sich selbst

Der Ordensgründer Benedikt von Nursia soll seinen recht verdutzten Gefolgsleuten im fünften Jahrhundert zugerufen haben: „Haltet alle für einen Augenblick inne, ihr elenden Schwächlinge, und zieht die Bilanz eures traurigen Daseins" (zitiert nach Marsh 2010). So drastisch wollen wir es eigentlich nicht formulieren … dennoch: Am Anfang jeder Problemlösung steht – Sie wissen es mittlerweile – eine seriöse, objektive Bestandsaufnahme.

Tim Schlenzig (2013), Autor des Blogs „myMonk.de", hat sich die Mühe gemacht, und 85 Fragen gesammelt, die man sich stellen sollte, um mehr über sich herauszufinden. Wir finden, diese Sammlung ist ein hervorragender Einstieg in das Thema „Selbstanalyse" und danken Herrn Schlenzig für die freundlich erteilte Abdruckgenehmigung:

1. Wer bist Du (in einem Satz)?
2. Wie würdest Du Dein Leben beschreiben (in einem Satz)?
3. Liebst Du Dich? Warum, warum nicht?
4. Wie fühlt sich Liebe an?
5. Was ist Deine Leidenschaft?
6. Wann hat sich Dein Leben zum letzten Mal angefühlt wie ein Abenteuer?
7. Ist das, was Du tust, das, was Du tun willst?

8. Wonach sehnt sich das Kind in Dir am stärksten?
9. Warum spielt es eine Rolle, dass es Dich gibt?
10. Was steht zwischen Dir und Deinem Glück?
11. Was ist Dein nächster, wichtiger Schritt?
12. Was vermisst Du in Deinem Leben?
13. Womit belastest Du Dich?
14. Wie hast Du Probleme und Chaos in Deinem Leben erzeugt?
15. Warum stresst Du Dich so?
16. Was schuldest Du Dir selbst?
17. Wo urteilst Du zu schnell?
18. Glaubst Du, was Du siehst, oder siehst Du, was Du glaubst?
19. Womit bist Du Dir wirklich sicher, wofür würdest Du Deine Hand ins Feuer legen?
20. Was bringt Dich zum Lachen?
21. Was inspiriert Dich?
22. Was kannst Du geben?
23. Was macht Dich traurig?
24. Wann hast Du das letzte Mal geweint – und wann vor einem Anderen?
25. Wovor fürchtest Du Dich?
26. Wo hat Dich die Angst davon abgehalten, das Richtige zu tun?
27. Wovor hast Du Dich lange Zeit gefürchtet, das Dir inzwischen keine Angst mehr macht?
28. Was macht Dich stolz – und was würde Dich noch stolzer machen?
29. Wann hast Du Dir das letzte Mal ein Kompliment aus vollem Herzen gemacht?
30. Wann hast Du einem Anderen das letzte Mal ein Kompliment aus vollem Herzen gemacht?

31. Wann hast Du das letzte Mal einen Deiner Erfolge gefeiert?
32. Wie fühlst Du Dich, wenn Du „Nein" sagst?
33. Wie fühlst Du Dich, wenn Du „Ja" sagst?
34. Was war die schwierigste Entscheidung Deines Lebens?
35. Was war die beste Entscheidung Deines Lebens?
36. Wann fühlst Du Dich sicher?
37. Wann fühlst Du Dich geborgen?
38. Woran denkst Du, wenn Du „Zuhause" oder „Heimat" hörst?
39. Wofür bist Du dankbar?
40. Worauf glaubst Du, ein Recht zu haben – und warum?
41. Was ist Deine früheste Kindheitserinnerung?
42. Was ist das Beste daran, älter zu werden?
43. Womit verschwendest Du Deine Lebenszeit?
44. Womit solltest Du mehr Zeit verbringen?
45. Wie wichtig sind Dir: Liebe, Freundschaft, Freiheit, Wachstum, Gesundheit, Abenteuer, Erfolg, Sicherheit, Geld, Zufriedenheit und Einfluss – und in welcher Reihenfolge?
46. Was bedeutet Freiheit für Dich?
47. Was bedeutet Frieden für Dich?
48. Was bedeutet Erfolg für Dich?
49. Was wolltest Du schon immer haben … und hast es noch nicht?
50. Welche Entscheidung, die Du in diesem Jahr triffst, könnte die wichtigste für Deine nächsten Jahre werden?
51. Gibt es einen Unterschied zwischen leben und existieren?

52. Welchen Traum willst Du in den nächsten fünf Jahren am dringlichsten verwirklichen?
53. Wann beginnen, wenn nicht heute?
54. Ist es besser, es zu probieren und loszugehen, und nicht am Ziel anzukommen ... oder von vornherein stehen zu bleiben?
55. Mit welchen fünf Menschen verbringst Du die meiste Zeit – tun sie Dir gut und tust Du ihnen gut?
56. Mit wem solltest Du mehr Zeit verbringen?
57. Warum denken wir am meisten an einen Menschen, wenn er weg ist?
58. Was würdest Du niemals tun?
59. Was hast Du getan, von dem Du dachtest, Du würdest es niemals tun?
60. Würdest Du sagen, dass Diebstahl immer falsch ist?
61. Wo in Deinem Leben hast Du Dinge schöngeredet?
62. Was ist die größte Lüge, an die Du mal geglaubt hast?
63. Was hast Du in den letzten 12 Monaten über Dich gelernt?
64. Worin hast Du Dich nie geändert?
65. Was frustriert Dich am meisten?
66. Wie würden Deine Familie und Deine Freunde Dich beschreiben?
67. Welches Geheimnis trägst Du mit Dir herum?
68. Was fällt Dir leichter als anderen?
69. Was fällt Dir schwerer als anderen?
70. Würdest Du die Welt als eher schlecht oder eher gut bezeichnen?
71. Wenn Du das Leben für unfair hältst – was schlussfolgerst Du daraus?
72. Was heißt „Treue" in einer Partnerschaft für Dich?
73. Auf wen kannst Du Dich verlassen?
74. Wem kannst Du heute eine Freude machen?

75. Welche Eigenschaften an Deinen Mitmenschen findest Du am großartigsten, welche am schwersten erträglich – und was könnte das mit Dir zu tun haben?
76. Was bleibt von Dir, wenn man Dir allen Besitz und alle Beziehungen nimmt?
77. Wohin würdest Du auswandern, wenn Du müsstest – und warum?
78. Was nimmst Du zu ernst, was siehst Du zu locker?
79. Was würdest Du anders machen, wenn Du wüsstest, dafür nicht verurteilt zu werden?
80. Wo solltest Du die Regeln brechen?
81. Wann hast Du das letzte Mal etwas völlig Neues ausprobiert?
82. Was würdest Du tun, wenn Du wüsstest, dass Du nur noch ein Jahr zu leben hättest?
83. Was würdest Du tun, wenn Du alle Deine finanziellen/materiellen Ziele erreicht hättest?
84. Wenn Du eine Idee unter die Menschen bringen könntest, welche wäre es?
85. Woran erkennst Du, dass es Zeit für Dich ist, etwas zu ändern?

Wir hoffen, diese Liste hat Sie inspiriert und Ihnen geholfen, mehr über sich zu erfahren. So eingestimmt, wollen wir Sie nun bitten, konkret zu ermitteln, weshalb Sie in immaterieller Hinsicht mit Ihrem Job unzufrieden sind. Tragen Sie alle Punkte, die Sie nerven, in Tab. 13 ein. Seien Sie dabei so präzise wie möglich. Als Anregung kann Ihnen die folgende Übersicht dienen – es handelt sich um die Kriterien, die wir bereits im Kapitel „Basislager" aufgeführt hatten.

Tab. 13 Formular „Weshalb ich in immaterieller Hinsicht unzufrieden bin." (Quelle: eigene Erstellung)

Gründe für Unzufriedenheit	Mein Anteil?	Gegenmaßnahmen
Das ewige Rumgelaber von Susanne in den Besprechungen nervt		

Mögliche Ursachen immaterieller Unzufriedenheit, die an ANDEREN liegen

- Ich habe keine sinnvollen, interessanten oder abwechslungsreiche Arbeitsinhalte.
- Ich kann nicht selbstbestimmt arbeiten, habe kaum/keine Freiräume, habe keine Möglichkeiten, mich einzubringen oder Verantwortung zu übernehmen.

- Ich habe unrealistische Zielvorgaben, übertriebene Umsatz-/Erfolgsziele, zu viel Leistungsdruck, eine unangemessene Arbeitsbelastung, eine schlechte Work-Life-Balance.
- Ich habe einen „schlechten" Vorgesetzten (z. B. zeigt er/sie keine Anerkennung, nimmt sich keine Zeit, ist unfair/unberechenbar, führt keine Feedbackgespräche, kommuniziert unverständlich).
- Ich habe „schlechte" Kollegen (z. B. sie sind nicht kompetent, nicht hilfsbereit, konkurrenzorientiert, suchen Konflikte).
- Ich erhalte kaum/keine Informationen, die Firmenstrategie ist mir nicht bekannt.

Am besten, Sie machen in diese Seite ein Eselsohr oder kleben einen Post-it-Zettel ein, denn Sie werden im weiteren Verlauf noch öfter das Formular benötigen.

Vor Ihnen liegt nun Ihre persönliche „Horrorliste", eine Übersicht all jener Grausamkeiten, die Sie unzufrieden im Job machen. Das Dumme an all diesen Punkten ist: Sie haben es nicht beziehungsweise nur sehr bedingt in der Hand, etwas daran zu ändern. Wenn Ihr Job zum Beispiel vornehmlich aus stupiden Tätigkeiten besteht, dann können Sie vielleicht den Vorgesetzten um spannendere Aufgaben bitten. Aber was, wenn er/sie Ihnen diese nicht bieten kann? Wenn Sie einen Choleriker zum Chef haben, glauben Sie, dass Sie seine/ihre Persönlichkeit ändern können? Verfügen Sie über magische Kräfte, mit Hilfe derer Sie karrieregeile Kollegen in empathische Teamplayer verwandeln können? Ilja Grzeskowitz formuliert es treffend (2014, S. 36): „Die Reaktionen auf äußere Veränderungsbeglückungen sind sowieso immer mehr oder weniger die gleichen. Manche reagieren trotzig, andere wütend und wiederum andere gar nicht. Und durch Druck erzeugen Sie vor allem eines, nämlich Gegendruck." Jörg Steinfeldt (2013, S. 122) zeigt auf, was zu tun ist:

> Der Ansatz ist nicht, andere oder äußere Lebensumstände zu verändern. Was immer andere tun, sie werden ihre Gründe dafür haben. Sie werden die (negativen) Auswirkungen für mich im Blick haben oder sie sind ihnen egal. Ich werde es im Zweifelsfall nicht schaffen, sie in ihrem Handeln umzustimmen. Mir bleibt nur, mich auf mich selbst zu konzentrieren, mein Vorgehen in der Welt der Veränderungen zu bestimmen, mich selbst so zu verändern, wie ich es möchte.

Nochmals: Wir können andere nicht ändern, nur uns selbst. Das haben Sie hier ja nun schon oft genug gelesen. Deshalb sollten Sie Ihre Bemühungen, andere Menschen zu ändern, gleich ganz sein lassen. Viel besser ist es, sich mit Techniken zu beschäftigen, die Ihnen helfen können, besser mit belastenden Situationen umzugehen. Solche Techniken nennt man Coping-Methoden. „Coping" ist der Fachbegriff für Bewältigungsstrategien und meint Maßnahmen, die einem helfen, als schwierig empfundene Situationen zu meistern.

Dem Coping vorgelagert ist eine andere Aufgabe, nämlich zunächst einmal zu überprüfen, ob wir wirklich eine klare Sicht auf die Dinge haben. Könnte es vielleicht sein, dass wir eine verzerrte Wahrnehmung haben? Klar, das war eine rhetorische Frage, denn wir sehen die Welt nie so, wie sie tatsächlich ist. Wir müssen uns verdeutlichen, dass wir immer ein subjektives Bild unserer Umwelt haben, dass wir in anderen das sehen, was wir in unserem eigenen Herzen und Kopf haben (vgl. Schäfer 2014, S. 149). Es gibt eben mehr als eine Wahrheit. Von unserer Perspektive, vor allem jedoch von unserer Persönlichkeit, von unserer ganzen Vorgeschichte, von unseren Erfahrungen und unseren Glaubenssätzen hängt ab, wie wir unsere Umwelt erleben beziehungsweise beurteilen. Die französische Schriftstellerin Anaïs Nin (1903–1977) formuliert so kurz wie treffend:

> Wir sehen die Dinge nicht, wie sie sind.
> Wir sehen sie so, wie wir sind.

Haben wir uns erst mal bewusst gemacht, wie subjektiv unsere Wahrnehmung ist, fällt es viel leichter, ausgetretene Denkpfade zu verlassen und zu einer anderen Einschätzung zu gelangen, als wie wir sie bislang hatten. Eine weitere Erkenntnis kann helfen zu verstehen, dass wir nicht die objektiven Beobachter sind, für die wir uns halten: Die meisten Menschen haben nämlich die Angewohnheit, sich falsch einzuschätzen, insbesondere ihre Fähigkeiten überzubewerten. Die beiden Nobelpreisträger Daniel Kahneman und Amos Tversky haben diese Eigenart zuerst beschrieben und als Overconfidence-Effekt bezeichnet. Auf den Punkt gebracht: Wir überschätzen nur zu gern unsere eigenen Fähigkeiten – sei es aus Hochmut oder schlicht, weil wir es nicht besser wissen.

Eine spezifische Variante des Overconfidence-Effekts ist der Dunning-Kruger-Effekt. Die Psychologen David Dunning und Justin Kruger hatten im Jahr 1999 eine Variante der kognitiven Verzerrung beschrieben, die in vielen Lebensbereichen anzutreffen ist (vgl. Dunning und Kruger 1999). Vereinfacht ausgedrückt besagt der Dunning-Kruger-Effekt, dass vor allem inkompetente Menschen die Neigung haben, das eigene Können zu überschätzen.

Ein Zwischenfazit: Wir nehmen unsere Umwelt stets subjektiv wahr – wir sehen alles durch unsere Brille. So erleben wir den Kollegen Weißgerber als unausstehlichen Zeitgenossen, während unser Büronachbar nur Positives über ihn berichten kann. Uns kommt es in der Regel nicht in den Sinn, unsere Sicht zu hinterfragen. Tun wir dies jedoch, kommen wir eventuell zu einer anderen Einschätzung.

Die Umwelt oder einen anderen Menschen nicht objektiv zu sehen, ist das eine. Das andere ist die spannende Frage, warum wir uns über etwas aufregen bzw. unzufrieden sind. Und das hat sehr viel mit uns selbst zu tun. Wenn zwei Menschen eine Situation absolut identisch erleben (sich ihre Wahrnehmung also nicht unterscheidet), kommt es doch immer wieder vor, dass A die Zornesröte ins Gesicht steigt und B überhaupt nicht weiß, was daran schlimm sein soll. Der Grund dafür: A tritt mit dem Thema, was auch immer es sein mag, in Resonanz und B nicht. A hat vielleicht in der Vergangenheit entsprechend negative Erfahrungen gemacht. Oder die Situation verletzt eines seiner Grundprinzipien. Weshalb wir auf ein bestimmtes Thema (negativ) reagieren, hat also sehr viel mit unserer Persönlichkeit zu tun. Aus diesem

Grund erscheint es ratsam, sich etwas intensiver mit sich selbst auseinanderzusetzen.

Die Literatur ist voll mit Instrumenten zum Ergründen der eigenen Persönlichkeit und des eigenen Verhaltens, wie etwa dem „Wheel of life", dem Modell der Inneren Antreiber oder Ansätzen aus der Neurolinguistischen Programmierung. Allen Methoden gemein ist folgende Erkenntnis: „Die Leidenschaften bestimmen unser Leben mehr als alle Gedanken. […] Sie sind die Triebkräfte des Glücks, können uns aber auch ins tiefste Unglück stürzen. Darum besteht Lebenskunst darin, seine Leidenschaften zu kennen, mit ihnen zu leben und sie zu genießen" (Klein 2013, S. 297).

Wir wollen nicht in die Tiefen Ihres Ichs vordringen und auch nicht anmaßend sein, indem wir Psychologen Konkurrenz machen. Deshalb beschränken wir uns hier darauf, Ihnen eine Liste von Leidenschaften bzw. Werten vorzulegen, die Ihnen helfen kann zu ergründen, warum Sie bestimmte Situationen unglücklich stimmen, weil eben Ihre Werte mit Füßen getreten werden. Also: Welche Werte haben für Sie – ganz grundsätzlich – eine überragende Bedeutung? Gehen Sie dazu die folgende Werteliste (Tab. 14), die dem Buch von Ulrike Scheuermann (2013, S. 66 ff.) entnommen ist, durch und markieren Sie mit einem Leuchtstift die Werte, die für Sie eine (besonders) hohe Bedeutung haben.

Mit den vorstehenden Ausführungen im Hinterkopf bitten wir Sie nun, sich nochmals das Formular (Tab. 13) vorzunehmen und die mittlere Spalte auszufüllen. Tragen Sie dort – wo angebracht – ein, worin eventuell Ihr Anteil

Tab. 14 Übersicht an Werten. (Quelle: Scheuermann 2013, S. 66 ff.)

Abenteuer	Aktivität	Ansehen	Arbeit
Askese	Aufrichtigkeit	Ausdauer	Ausgeglichenheit
Authentizität	Autonomie		Barmherzigkeit
Begeisterung	Beharrlichkeit	Berühmtheit	Bescheidenheit
Besonnenheit	Beständigkeit	Beziehung	Bildung
	Dankbarkeit	Demokratie	Demut
	Durchhaltevermögen		Ehre
Disziplin			
Ehrlichkeit	Einfachheit	Einzigartigkeit	Einfluss
Eleganz	Engagement	Enthaltsamkeit	Erfolg
	Familie(nsinn)	Fairness	Feindesliebe
Fleiß	Fortschritt	Freigebigkeit	Freiheit
Freude	Freundlichkeit	Freundschaft	Frieden
Fürsorglichkeit		Gastlichkeit	Geben
Geduld	Genuss	Glück	Geborgenheit
Gegenseitigkeit	Gelassenheit	Gemeinschaft	Gemeinsinn
Genügsamkeit	Geradlinigkeit	Gepflegtheit	Gerechtigkeit
Gesundheit	Gewaltfreiheit	Gewissenhaftigkeit	Glaube
Gleichheit	Großzügigkeit	Grundrechte	
Harmonie	Heiterkeit	Herkunft	Herzlichkeit
Hilfsbereitschaft	Höflichkeit	Hoffnung	Humor
	Innovation	Identität	Individualität
	Jugendlichkeit		Kraft
Kreativität	Klugheit		Langsamkeit
Lebendigkeit	Leidenschaft	Leistung	Lernen

(Fortsetzung)

Tab. 14 (Fortsetzung)

Liebe	Loyalität	Menschlichkeit	Macht
Maß	Menschenrechte	Mut	Mitgefühl
Mitleid	Mitfreude	Natur	
Nachhaltigkeit	Nächstenliebe		
Opferbereitschaft	Ordnung		Persönlichkeitsentwicklung
Pflichtbewusstsein	Fantasie	Pragmatismus	Pünktlichkeit
	Redegewandtheit	Reichtum	Religion
Respekt	Rücksichtnahme	Ruhe	Ruhm
	Sanftmut	Sauberkeit	Schaffensfreude
Schenken	Schnelligkeit	Schönheit	Selbstakzeptanz
Selbstdisziplin	Selbstfürsorge	Selbstständigkeit	Selbstverwirklichung
Selbstwert	Sexualität	Sicherheit	Sinn
Solidarität	Sorgfalt	Sparsamkeit	Spaß
Spiritualität	Stärke	Standfestigkeit	
Tapferkeit	Teamgeist	Toleranz	Tradition
Treue		Überlegenheit	Umweltschutz
Unabhängigkeit	Unbestechlichkeit	Unparteilichkeit	
Verantwortung	Vergnügen	Verlässlichkeit	Vernunft
Versöhnung	Verspieltheit	Vertrauen	Vertrauenswürdigkeit
Verzeihen	Vitalität		Wahrhaftigkeit
Wahrheit	Wandel	Weisheit	Weitblick
Wohlstand	Würde		Zärtlichkeit
Zivilcourage	Zugehörigkeit	Zuverlässigkeit	Zuversicht

bestehen kann. Konkret sind es zwei Fragen, die Sie sich bei jedem Unzufriedenheitsgrund stellen sollten:

1. Habe ich die Situation wirklich objektiv wahrgenommen?
2. Welcher meiner Werte wird hier negativ tangiert?

Die rechte Spalte wollen Sie bitte immer dann ergänzen, wenn Sie im weiteren Verlauf einen für Sie passenden Tipp entdeckt haben.

Überdenken Sie Ihre Erwartungshaltung

Was erwarten Sie eigentlich vom Leben? Von Ihrem Partner? Von Ihren Kindern? Von Ihrem Chef? Von Ihren Kollegen? Wie viele Erwartungen haben Sie? Wie spezifisch sind diese? Und: Was passiert, wenn das Erwartete nicht eintritt? Wie reagieren Sie dann? Eine ganze Menge Fragen zu Beginn dieses Abschnitts, dessen Hauptbotschaft wir schon vorwegnehmen wollen: Erwartungen programmieren stets Enttäuschungen, weil sie uns abhängig von den Reaktionen anderer Menschen machen, die wir ja nicht beeinflussen können (vgl. Hieronimus und Wilde 2014, S. 188 sowie Kap. 36). Deshalb ist es ratsam, möglichst erwartungsfrei zu sein.

Wahrscheinlich ist diese Erkenntnis nicht wirklich neu für Sie. Dennoch ist es so verdammt schwer, sie im Alltag zu beherzigen – und zwar bezogen auf andere und auf einen selbst. Wir gehen immer wieder davon aus, dass sich andere Menschen genauso verhalten, wie wir es tun würden oder es gern hätten. Und für uns selbst gilt: Wir erwarten, dass uns das Schicksal gütig mitspielt, uns mit einem attraktiven, gebildeten, umgänglichen Partner segnet und hübsche, kluge Kinder schenkt. Dass wir ein sorgenfreies Leben führen können, in dem es uns in materieller Hinsicht an nichts mangelt. Dass wir im Job von Menschen umgeben sind, die voll auf unserer Wellenlänge schwimmen und uns nichts Böses wollen. Dass wir einen Vorgesetzten mit großem Verständnis und kleinem Ego haben. Implizit erwarten die meisten Menschen all das, auch wenn ihnen natürlich voll bewusst ist, dass die Realität meist ganz anders ausschaut.

Bitte tragen Sie in Tab. 15 in der mittleren Spalte Ihre gegenwärtigen Erwartungen ein, so genau wie möglich, also etwa bei „Erwartungen an meinen Vorgesetzten": Er/sie soll mir umfassende Informationen liefern; er/sie soll ausgeglichen sein usw.

Betrachten Sie nun die vor Ihnen liegende Auflistung Ihrer Erwartungen. Gehen Sie sie Punkt für Punkt durch und fragen Sie sich:

- Kann es sein, dass ich vielleicht deshalb unzufrieden mit meinem (Berufs-)Leben bin, weil ich einfach zu viel von mir bzw. von anderen erwarte?
- Kann es sein, dass ich vielleicht deshalb unzufrieden mit meinem (Berufs-)Leben bin, weil ich ungeduldig erwarte, dass mir das Leben meine Wünsche wie eine Zalando-Bestellung über Nacht versandkostenfrei nach Hause liefert?

Tab. 15 Formular „Meine Erwartungen … heute und in Zukunft." (Quelle: eigene Erstellung)

Meine Erwartungen an …	… heute	… in Zukunft
mich, in *beruflicher* Hinsicht (Position, Einkommen, Aufgaben …)		
mich, in *materieller* Hinsicht (Wohnung/Haus, Auto, Vermögen …)		
mich, in *körperlicher* Hinsicht (Aussehen, Figur/Gewicht, Fitness …)		
mich, in *intellektueller* Hinsicht (Allgemeinbildung, Kenntnisse/Fertigkeiten …)		
mich, *als Partner* in der Beziehung (Zeit, Verständnis …)		
mich, *als Elternteil* in der Beziehung zu den Kindern (Zeit, Verständnis …)		
mich, als … (andere Rollen/Lebensbereiche)		
meinen Partner		
meine Kinder		
meine Eltern		
meine Freunde		
meinen Vorgesetzten		
meine Kollegen		
meine … (andere wichtige Bezugspersonen)		

- Kann es sein, dass ich vielleicht deshalb unzufrieden mit meinem (Berufs-)Leben bin, weil ich mich mit anderen vergleiche (mit Kollegen, Freunden, Nachbarn, Prominenten …)?

Wenn Sie ein wenig über diese Fragen nachgedacht haben, laden wir Sie nun ein, eine kleine Pause zu machen und alles sacken zu lassen. Bevor Sie weiterlesen, könnten Sie sich auf YouTube die „Last Lecture" von Randy Pausch anschauen – die Rede dauert 76 min und ist jede Sekunde Zusehen wert!

Randy Pausch: „Last Lecture: Achieving Your Childhood Dreams"

https://www.youtube.com/watch?v=ji5_MqicxSo

Sofern Sie den Vortrag betrachtet haben, dann werden Sie vermutlich ebenso ergriffen und fasziniert sein, wie wir es immer wieder sind, wenn wir Pauschs Video sehen. Wahrscheinlich werden Sie auch zu der Erkenntnis gelangen, dass es letztlich nur ein paar wenige Dinge sind, die wirklich zählen, und dass wir gut daran täten, nicht mit zu hohen Erwartungen durch das Leben zu gehen. Zusehends mehr Menschen begreifen das und schrauben ihre Ansprüche zurück. Sonja Dietz (2015) schreibt dazu:

> Die Generation Y [hat] nicht grundlos eine Debatte angestoßen, bei der sich alles um ein Buzzword dreht – die Work Life Balance. Das Ziel also, Berufs- und Privatleben besser in Einklang zu bringen. Ein Thema, das aber längst nicht mehr nur die Generation Y bewegt, sondern auch

die Generation X und die so genannten Babyboomer. Und so kommt's, dass sich immer mehr Menschen dem Thema Karriere verweigern. Oder sagen wir: Sie denken den Begriff neu. Bislang stand das Wort Karriere für Führungsverantwortung, Management, Big Business, verbunden mit ausufernden Arbeitszeiten, hohem Leistungs- und Termindruck. Statt einer Führungs- gewinnt die Fachlaufbahn immer mehr an Ansehen. Sogar etablierte Führungskräfte schmeißen hin, machen ein bis vor wenigen Jahren noch als exotisch geltendes Sabbatical und verdingen sich hinterher als freie Berater oder Consultants.

Wollen Sie nun mit diesem Wissen zur Tab. 15 zurückkehren und die rechte Spalte ausfüllen, in der Sie eintragen, welche Erwartungen Sie künftig haben wollen? Vielleicht werden es ja ein paar weniger sein als derzeit? Eventuell bleibt auch so manche Zelle leer, weil Sie erkannt haben, dass (zu viele/zu hohe) Erwartungen nur zu Enttäuschungen führen?

Für die Zukunft noch zwei Tipps:

Erstens Darüber haben wir zwar bereits bei der Nord-Strategie geschrieben, allerdings in einem anderen Zusammenhang. Also: Vergleichen Sie sich nicht mehr mit anderen. Denn: In dem Moment, in dem man anfängt, sich mit anderen zu vergleichen, hat man schon verloren. Machen Sie sich klar: „Sehr oft beruht das Unbehagen am scheinbaren Glück der anderen auf einer verzerrten Wahrnehmung: Wir sehen das Haben der Mitmenschen ohne ihr Soll, ärgern uns über einen Glanzpunkt in deren Leben und verkennen dabei, was sie dafür getan haben" (Klein 2013, S. 372).

Zweitens Reduzieren Sie Ihre Erwartungen/Ansprüche an sich selbst. Natürlich ist es gut und wirkt motivierend, wenn man Ziele, Wünsche, Pläne und Absichten hat. Doch wenn wir zu sehr damit beschäftigt sind, diese zu erreichen oder umzusetzen, dann vergessen wir vielleicht, wirklich zu leben. Die beiden „ZEIT"-Redakteure Marc Brost und Heinrich Wefing schreiben dazu in ihrem Buch „Geht alles gar nicht" (2015, S. 35): „Sicher, viel von dem Stress, der uns plagt, produzieren wir selbst. Der perfektionistische Wahn, immer gut, nein: noch besser sein zu müssen. Der narzisstische Glaube, unentbehrlich zu sein. Die Angst, abgehängt zu werden." Brost und Wefing weisen zwar ausdrücklich darauf hin, dass uns viele Umstände, die wir nicht beeinflussen können, das Leben schwer machen, aber eben nicht nur. Sehr vieles liegt an den Ansprüchen, die wir an uns selbst stellen! Das schildern sie sehr plastisch (S. 83):

> Wir wissen, dass es nicht allein der Druck von außen ist, der uns in die Erschöpfung treibt, der ökonomische Druck, der vom Arbeitgeber kommt, von der Partnerin oder den Kindern. Es ist auch der Druck, den wir uns selbst machen. Es sind unsere eigenen Ansprüche, die so hoch sind, dass wir sie kaum erfüllen können.

Wir wissen all das, und dennoch fällt es uns schwer, das zu akzeptieren. Wenn wir ehrlich sind, ganz ehrlich, wollen wir keine Abstriche machen. Wir wollen der liebevollste Vater überhaupt sein; ein Vater, der immer Zeit zum Spielen hat; der die tollsten Sachen mit Lego baut; ein Vater, der nie schimpft und schreit und niemals ärgerlich ist.

Wir wollen außerdem der beste Ehemann von allen sein, ein Partner, der immer zuhört; der natürlich die Waschmaschine und den Trockner füllt, und der auch die Hemden selber bügelt; wir wollen wunderbar kochen können und morgens den schönsten Frühstückstisch überhaupt decken. Wir wollen ein sensationeller Liebhaber sein und gleichzeitig eine starke Schulter zum Ausweinen bieten; sensibel und erfolgreich zugleich sein.

Haben Sie sich in diesen Zeilen erkannt? Wenn ja, dann helfen sie Ihnen vielleicht dabei, die Erwartungen, die Sie an sich selbst haben, auf ein realistisches Maß zurechtzustutzen?

Entdecken Sie das Positive

Selbst wenn Sie von Natur aus ein Optimist sind, meistens das Glas als halbvoll betrachten und grundsätzlich meinen, die Dinge würden sich schon irgendwie zum Guten entwickeln, so verfügen doch auch Sie höchstwahrscheinlich über eine typisch menschliche Eigenart, nämlich die Angewohnheit, Ihre Aufmerksamkeit zunächst auf das Negative zu richten. So sind wir halt gepolt, egal ob Optimist oder Pessimist. Es war ein enormer Überlebensvorteil, wenn wir nicht gar so sorglos durch die Wälder gestreift sind, sondern das Knacken im Gebüsch als möglichen Vorboten des Angriffs eines auf Krawall gebürsteten Wollnashorns deuteten. Klar war dem nicht immer so, aber dieses „Programm" hat uns oft genug rechtzeitig auf den nächsten Baum verholfen und damit unser Leben gerettet. Aus diesem Grund sind wir auch heute noch oft furchtsam und gehen erst mal vom Negativen aus – Pessimisten deutlich öfter als Optimisten.

Nicht alles, was uns in der Steinzeit nutzte, hilft uns heute. Natürlich schützt uns eine gewisse Skepsis im Alltag vor leichtfertigem Handeln, lässt uns zur Vorsicht Berufsunfähigkeitsversicherungen abschließen und bringt uns Pessimismus dazu, an einem grauen, wolkenverhangenen Tag den Regenschirm mitzunehmen. Allerdings: Oft genug behindert uns eine allzu negative Einstellung im Alltag. Wer zu viel schwarzsieht, in allem das Schlechte vermutet und stets das Schlimmste annimmt, der beraubt sich seiner Lebensfreude und ist tendenziell unzufrieden mit sich sowie seiner Umwelt – zu Hause ebenso wie in der Firma.

Nun wollen wir nicht ein infantil-naives „Alles-wird-gut-Denken" propagieren. Auch wollen wir nicht leugnen, dass man mit seiner Lebenserfahrung häufig genug richtigliegt und man gut daran tut, in bestimmten Situationen eher zurückhaltend-vorsichtig zu agieren. Jedoch: In ganz vielen Fällen profitiert man von einer positiven Einstellung. Dies betrifft vier Bereiche, und zwar die Sicht auf mich, auf meine Gedanken, auf andere sowie auf unerfreuliche Situationen. Damit ist die Gliederung für diesen Abschnitt vorgegeben – wir werden im Folgenden das

- Positive in mir,
- Positive in meinen Gedanken,
- Positive in anderen,
- Positive in unerfreulichen Situationen

suchen. Auf geht's!

Das Positive in mir

Um zu einer (etwas) positiveren Sicht auf andere und auf unschöne Situationen zu gelangen, ist es unerlässlich, positiv von sich zu denken. Wer sich selbst als nicht liebenswert, unzulänglich, fehlerbehaftet, schwach, untalentiert oder auf andere Art als negativ wahrnimmt, der wird mit größter Wahrscheinlichkeit auch genau das ausstrahlen und früher oder später auch genau so werden. Ilja Grzeskowitz (2014, S. 134) drückt das folgendermaßen aus: „Was auch immer Sie über sich selbst denken, wie auch immer Sie sich selbst sehen, über kurz oder lang werden sich diese Gedanken und Bilder in der Realität manifestieren."

Die Konsequenz daraus lautet: Entwickeln Sie ein positiv-realistisches Selbstbild! Nicht, dass Sie uns jetzt falsch verstehen. Sie sollen nun nicht die rosarote Brille aufsetzen, wenn Sie sich selbst im Spiegel betrachten. Es geht darum, den Fokus auf die Aspekte Ihrer Persönlichkeit zu richten, die gut sind. Jeder Mensch hat Stärken und Schwächen, Talente und Defizite. Das ist klar. Aber wenn Sie nur auf das blicken, was nicht gut an Ihnen ist, dann können sich nie Selbstvertrauen, Zuversicht oder Zufriedenheit einstellen. Vielleicht wollen Sie obiges Formular (Tab. 16) nutzen, um sich Ihrer positiven und negativen Seiten bewusst zu werden?

Das Positive in meinen Gedanken

„Täglich schießen Ihnen etwa 60.000 Gedanken durch den Kopf. Ihr Verstand ist ununterbrochen mit einer Endloskette von Erklärungen, Analysen und Hypothesen beschäftigt." Dies behaupten Hieronimus und Wilde (2014, S. 281). Ob es nun 60.000 oder 43.298

Ost-Strategie: So verbessere ich meine ...

Tab. 16 Formular „Meine Stärken/Meine Schwächen." (Quelle: eigene Erstellung)

Meine Stärken	Meine Schwächen
Was mag ich an mir?	Was mag ich nicht an mir?

Gedanken sind – das ist letztlich unerheblich. Entscheidend ist die Feststellung, dass wir uns permanent mit uns selbst unterhalten. Ein Großteil dieser Selbstgespräche ist wertneutral („Soll ich in der Kantine jetzt das Zürcher Geschnetzelte oder den Kartoffelauflauf wählen?"), manche sind positiver Natur („Yeah, noch eine halbe Stunde, dann ist Feierabend."), doch sehr viele sind tendenziell von negativer Prägung („Oh je, wenn ich an die morgige Kundenpräsentation denke, wird mir ganz schlecht. Die verhaue ich bestimmt wieder.").

Kathrin Holmer (2015) schreibt in einem launigen Beitrag für jetzt.de über ihren Versuch, sich vom Pessimisten zum Optimisten zu wandeln:

> Optimismus liegt mir auch deshalb nicht, weil ich Angst habe, mich zu überschätzen und ja, mich zu blamieren. Bei Pessimisten ist das Angst-Zentrum im Hirn vergrößert, habe ich in den Optimismus-Ratgebern gelesen, die für die Recherche seit ein paar Wochen auf dem Nachttisch liegen. Dass ich mich lieber unterschätze, hat aber auch Vorteile: Ich werde nie bei einer Casting-Show teilnehmen und auf der Bühne gedemütigt werden oder am Roulette-Tisch Geld verlieren. Andererseits werde ich auch nie eine Casting-Show oder viel Geld am Roulette-Tisch gewinnen.

Es stimmt: Pessimistisch zu sein, hat durchaus Vorzüge. Man geht weniger Risiken ein und ist meist gut vorbereitet. Dennoch: Wer überwiegend solch pessimistischen Gedanken nachhängt, der macht es sich unnötig schwer und beraubt sich mancher Chancen: „Ein Student, der glaubt, dass er eine kommende Prüfung nie im Leben bestehen wird, spart sich das Lernen lieber gleich. Optimismus ist unerlässlich als Ansporn, sich anzustrengen" (Klein 2013, S. 367). Lautet die Schlussfolgerung, von nun an nur noch positiv zu denken, stets vom Besten auszugehen, dem Bob-der-Baumeister-Jo-wir-schaffen-das-Prinzip zu huldigen? Nein, freilich nicht.

Die Botschaft ist: Wir können uns selbst bzw. unsere Gedanken beeinflussen – positiv wie negativ! Unser innerer Monolog ist die vielleicht stärkste Kraft auf unser Denken! Indem wir eine positive Autosuggestion anwenden oder zumindest auf eine negative Autosuggestion verzichten, erhöhen wir die Wahrscheinlichkeit, dass sich die Dinge tatsächlich gut entwickeln. Denn: Wir ziehen wie magisch exakt das an, was wir zuvor im Kopf durchgespielt haben. Sind wir eher positiv gestimmt, gelingt uns viel mehr, als wenn wir im Schwarz-Grau-Modus sind.

Die Logik ist eine einfache: Haben wir positive Gedanken, sind wir guter Stimmung – und die lässt uns (auch im Beruf) erfolgreicher werden, unter anderem deshalb, weil wir dann kreativer sind. Professorin Alice Isen hat das in einem Experiment nachgewiesen. Eine Gruppe bekam einen sachlichen Lehrfilm zu sehen, eine andere einen Comedyclip. Danach bekamen alle Teilnehmer die Aufgabe, eine Kerze an der Wand zu befestigen und dabei lediglich eine Schachtel Reißnägel sowie Streichhölzer zu benutzen. Die Lehrfilmgruppen-Teilnehmer fanden nur selten die Lösung, wohl aber drei Viertel der Comedyclip-Gruppe. In guter Laune denken wir in weiteren Bahnen (vgl. Klein 2013, S. 189 f.)

Das Positive in anderen
Wir nehmen unsere Umwelt selektiv wahr – das haben Sie im ersten Abschnitt der Ost-Strategie gelesen. Das gilt insbesondere dann, wenn wir Meinungsverschiedenheiten haben oder gar in Konflikte verwickelt sind. Konflikte üben auf die meisten Menschen eine Wirkung aus wie ein Fluss im Gebirge: Wir geraten in den Strudel der

Auseinandersetzungen und spüren, wie uns eine Macht mitzureißen droht, doch wir können nichts dagegen unternehmen. Konflikte beeinträchtigen unsere Wahrnehmungsfähigkeit sowie unser Denk- und Vorstellungsleben – wir sehen die Umwelt nicht mehr richtig; unser Auge ist „getrübt": Wir betrachten uns sowie den Gegner verzerrt und völlig einseitig. Unser Denken und Handeln folgen Zwängen, deren wir uns nur zu einem kleinen Teil bewusst sind und uns kaum entziehen können.

Im Verlauf eines Streits sehen wir die Welt zunehmend anders – unser Blick verengt sich zur selektiven Aufmerksamkeit. Manche Dinge erkennen wir besonders scharf, andere nur verschwommen oder übersehen sie sogar. Das, was uns am anderen stört, registrieren wir sehr deutlich, unsere eigenen Schwächen dagegen kaum. Selbst- und Fremdbild klaffen immer weiter auseinander; die Konfliktgegner können alles nur noch so wahrnehmen, wie es ihren vorgefassten Meinungen entspricht. Wir haben Scheuklappen auf!

Hinzu kommt ein weiterer Aspekt, auf den der österreichische Konfliktforscher Friedrich Glasl (2011, S. 38) hinweist:

> In Konflikten wird oft etwas von dem inneren Ringen, das jemand mit seinem Licht und Schatten erlebt und nicht ganz bewältigt, nach außen verlagert: Wenn ich mir nicht eingestehen will, dass mich meine eigenen Schwächen ärgern, dann kann es unbemerkt geschehen, dass ich diese Schwächen desto deutlicher im Gegner sehe und heftig an ihm bekämpfe. Die Aggression gegen den Schatten des Feindes ist die nach außen geleitete Kraft, die eigentlich

nach innen meinem eigenen Schatten gilt. Darum sind soziale Konflikte immer eine existentielle Herausforderung an unser Selbstbild.

Diese starke Verengung der Aufmerksamkeit, die Fokussierung auf das Negative trifft – wie gerade ausgeführt – vor allem in Konfliktsituationen zu, allerdings auch im „Normalbetrieb". Selbst bei Menschen, mit denen wir eigentlich ganz gut auskommen, entdecken wir vornehmlich die Punkte, die uns stören, die nicht mit unseren Vorstellungen kompatibel sind. Halten Sie sich deshalb stets vor Augen: Ihr Gegenüber lebt in einer anderen Welt und die ist höchstwahrscheinlich total anders als Ihre (vgl. Hieronimus und Wilde 2014, S. 81). Was Sie am anderen als negativ empfinden, ist für ihn/sie vielleicht völlig normal oder zumindest akzeptabel.

Lange Rede, kurzer Sinn: Um zu einem etwas ausgewogeneren Bild, zu einer objektiven Sicht auf andere zu gelangen, sollten wir uns immer fragen: Was ist das Positive an diesem Menschen (meinem Kollegen, meinem Chef, meinem Mitarbeiter), das ich (noch) nicht sehe?

Das Positive in unerfreulichen Situationen

Das Leben ist voller Probleme. Täglich müssen wir mit den Widrigkeiten des Alltags kämpfen. Das können Kleinigkeiten sein („Schon wieder kein Papier im Drucker.") oder größere Enttäuschungen („Der Boss hat meine wochenlangen Bemühungen für das Konzeptpapier in der Besprechung mit keinem Wort erwähnt."). Egal, wie groß das Ausmaß des Problems/der unerfreulichen Situation ist – unsere Reaktion ist meist die gleiche:

Wir ärgern uns und setzen damit oft genug eine Kettenreaktion in Gang. Verpassen wir morgens den Zug zur Arbeit, ist für viele damit der ganze Tag gelaufen.

Im Abschnitt „Erkennen Sie die Verhältnismäßigkeit von Problemen" werden wir uns ausführlich mit geeigneten Strategien beschäftigen, damit uns die Sorgen des Alltags nicht auffressen. Hier wollen wir uns daher nur auf ein einziges Thema beschränken, das zur allgemeinen Aussage dieses Abschnitts passt, nämlich der Veränderung der Blickrichtung, weg von einer einseitig negativen Sicht, hin zu einer ausgewogen-neutralen Betrachtung, die auch die positiven Seiten einschließt. Stefan Klein (2013, S. 330) erklärt uns, warum dies so wichtig ist: „Der Lebensmut hängt viel mehr davon ab, wie wir eine Situation bewerten, als davon, wie die Lage wirklich ist."

Die damit verbundene Aufforderung ist simpel: Schauen Sie auch auf das, was gut läuft und nicht nur auf die schlechten Aspekte. Nun werden Sie vielleicht einwerfen: Was soll denn gut daran sein, wenn ich meinen Zug verpasse, das Druckerpapier nachfüllen muss, vom Boss keine Anerkennung erhalte, im Stau stehe, mir der Reis angebrannt ist oder ich den Kundenauftrag nicht erhalten habe? Im Griechischen gibt es ein Sprichwort, das Sie vielleicht kennen:

> Es gibt nichts Schlechtes, an dem nicht auch etwas Gutes ist.

Lassen Sie uns das anhand der eben erwähnten Beispiele einmal durchgehen (Tab. 17).

Tab. 17 Das Positive an unerfreulichen Situationen. (Quelle: eigene Erstellung)

Als negativ empfundene Situation	Positiver Aspekt dabei
Ich habe meinen Zug verpasst	Dann kann ich mich – während ich auf den nächsten Zug warte – mit einem Cappuccino in ein Bistro setzen und nochmals in Ruhe die Unterlagen für die Besprechung heute Nachmittag durchgehen
Ich muss das Druckerpapier nachfüllen	Wenn's nur das ist – Hauptsache der Drucker geht überhaupt und ich kann die Vorlage für den Chef ausdrucken
Ich stehe im Stau	Gott sei Dank bin nicht ich in den Unfall verwickelt, der Anlass für den Stau ist
Mir ist der Reis angebrannt	Okay, dann gibt's halt Nudeln zum Gulasch – mag ich sowieso lieber. Außerdem habe ich gelernt, dass ich künftig besser aufpasse, wenn ich Reis koche
Ich habe den Kundenauftrag verloren	Schade, denn die Umsatzprovision hätte ich gut gebrauchen können. Dafür weiß ich jetzt, was dem Kunden wirklich wichtig ist, und kann dies bei der nächsten Anfrage berücksichtigen

Die Technik, immer (auch) das Positive zu sehen, entstammt der kognitiven Verhaltenstherapie und wird auch als „Robinson-Methode" bezeichnet (vgl. Klein 2013, S. 349, 352 f.). Nein, damit ist nicht gemeint, montags die Arbeitsposition einnehmen und dann auf Freitag warten. Der Name stammt daher, dass Robinson, gestrandet auf einer einsamen Insel, nicht sein Schicksal bedauert, sondern gedacht hat: „Okay, ich bin zwar hier ganz allein, nicht schön, aber immerhin habe ich im Gegensatz zur gesamten Crew mein Leben behalten."

Also: Werden Sie zum Robinson und schauen künftig etwas differenzierter auf scheinbar unerfreuliche Situationen. Entwickeln Sie etwas mehr Dankbarkeit. Diese ist für Kurt Tepperwein (2006, S. 313) sogar die wichtigste „Grundlage für ein erfülltes Leben". Der aus Österreich stammende Benediktinermönch David Steindl-Rast erklärt in einem wunderbaren, knapp 15 min langen Vortrag, wie Dankbarkeit zu Lebensglück führt.

David Steindl-Rast: „Want to be happy? Be grateful!"

http://www.ted.com/talks/david_steindl_rast_want_to_be_happy_be_grateful

Leider haben wir es jedoch nur zu oft verlernt, dankbar zu sein. Es bedarf außergewöhnlicher Ereignisse, um uns an das Selbstverständliche zu erinnern. Nach einem Stromausfall schätzt man es, (wieder) Licht zu haben. Nach dem Urlaub freut man sich (wieder) auf Zuhause. Nach einer (schweren) Krankheit weiß man (wieder), wie wichtig die eigene Gesundheit ist. So wollen wir diesen Abschnitt mit der Empfehlung beenden, in die Vorlage (Tab. 18) einzutragen, wofür Sie dankbar sind.

Leben Sie im Hier und Heute

Unzufriedenheit im (Berufs-)Leben hat seine Ursache oft darin, dass wir mit unseren Gedanken in der Vergangenheit oder in der Zukunft verweilen und dann unschöne Ereignisse/Vorkommnisse immer wieder durchspielen – entweder in der Rückschau oder im Vorausblick. Dazu ein Beispiel aus dem Privaten: Es ist Sonntagabend, Sie haben

Tab. 18 Wofür ich dankbar bin. (Quelle: eigene Erstellung)

Wofür ich dankbar bin

es sich auf der Couch gemütlich gemacht und wollen den „Tatort" schauen. Doch plötzlich kommt Ihnen die Besprechung, die Sie morgen Vormittag mit einem unangenehmen Kunden haben, in den Sinn. Sie malen sich den Verlauf des Gesprächs aus. Vielleicht wird es so sein wie beim letzten Mal – und der Kunde wird unzufrieden gehen. Eventuell wird er sich beim Chef beschweren ... und schon ist die entspannte Wochenendstimmung dahin.

So ist es generell: In angenehmen Lebenslagen fällt es uns häufig schwer, den Augenblick zu genießen. Stattdessen gibt es großes Kopfkino. Unser Gehirn vermiest uns oft genug den Tag, weil es uns in die Vergangenheit entführt und in die Zukunft schickt: „Hätte ich letzten Monat doch nicht gesagt, dass ich die Projektleitung übernehme." Oder: „Wie schaffe ich es nur, die Präsentation nächste Woche einigermaßen professionell über die Bühne zu bringen?"

In einer Anekdote unbekannter Herkunft wird die Lösung des Problems beschrieben:

Es kamen ein paar Suchende zu einem alten Zenmeister. „Herr", fragten sie, „was tust Du, um glücklich und zufrieden zu sein? Wir wären auch gerne so glücklich wie Du." Der Alte antwortete mit mildem Lächeln: „Wenn ich liege, dann liege ich. Wenn ich aufstehe, dann stehe ich auf. Wenn ich gehe, dann gehe ich, und wenn ich esse, dann esse ich."

Die Fragenden schauten etwas betreten in die Runde. Einer platzte heraus: „Bitte, treibe keinen Spott mit uns. Was Du sagst, tun wir auch. Wir schlafen, essen und gehen. Aber wir sind nicht glücklich. Was ist also Dein Geheimnis?" Es kam die gleiche Antwort: „Wenn ich liege, dann liege ich. Wenn ich aufstehe, dann stehe ich auf. Wenn ich gehe, dann gehe ich, und wenn ich esse, dann esse ich."

Die Unruhe und den Unmut der Suchenden spürend, fügte der Meister nach einer Weile hinzu: „Sicher liegt auch Ihr und Ihr geht auch und Ihr esst. Aber während Ihr liegt, denkt Ihr schon ans Aufstehen. Während Ihr aufsteht, überlegt Ihr, wohin Ihr geht, und während Ihr geht, fragt Ihr euch, was Ihr essen werdet. So sind eure Gedanken ständig woanders und nicht da, wo Ihr gerade seid. In dem Schnittpunkt zwischen Vergangenheit und Zukunft findet das eigentliche Leben statt. Lasst euch auf diesen nicht messbaren Augenblick ganz ein und Ihr habt die Chance, wirklich glücklich und zufrieden zu sein."

Die Lösung lautet also, im Hier und Heute zu leben. Verbieten Sie es sich selbst, an Belastendes zu denken, und schenken Sie dem, was Sie gerade tun, Ihre volle Aufmerksamkeit! Theoretisch sollte das kein Problem darstellen, schließlich wissen wir alle, dass unsere (negativen) Gedanken nichts ändern werden, weil die wenigsten von uns mit telepathischen Fähigkeiten ausgestattet sind. Eine Zeitmaschine hat auch kaum einer im Keller stehen. Vielleicht wollen Sie sich von dem Vortrag des Franzosen Mattieu Ricard inspirieren lassen, der seinen Beruf als Molekularbiologe aufgab, um buddhistischer Mönch zu werden?

Matthieu Ricard: „The habits of happiness"

https://www.ted.com/talks/matthieu_ricard_on_the_habits_of_happiness

Machen Sie sich klar: Geschehenes können Sie nicht ungeschehen machen und Künftiges ist noch nicht passiert. Erst die negativen Gedanken machen eine Situation schlecht! William Shakespeare lässt seinen Hamlet schon vor Jahrhunderten erkennen:

> „There is nothing either good or bad but thinking makes it so."
> (Eine Situation kann weder gut noch schlecht sein, sondern unsere Beurteilung macht sie erst dazu.)

Ein weiteres Beispiel: Sie haben eine riesige Aufgabenliste abzuarbeiten, doch Sie können stets nur eine Sache machen. Wenn Sie die ganze Zeit, in der Sie etwa an der Erstellung Ihres Monatsberichts sitzen, an Ihre anderen To-dos denken, so werden sich diese doch nicht von allein erledigen. Das Einzige was passiert, ist, dass Sie sich schlecht und gestresst fühlen.

Selbst wenn man nicht an unschöne Ereignisse denkt, die vergangen sind oder noch kommen werden, sondern lediglich an relativ emotionsfreie Geschehnisse, so bewirkt dies doch auch, dass wir vergessen zu leben. So viele Menschen verbringen ihr ganzes Leben in der Zukunft. Sie spielen das „Wenn-ich-erst-mal-Spiel" – wenn … ich erst mal das Studium beendet, ich meinen ersten Job habe, ich befördert werde, ich einen Partner gefunden habe, ich ein Haus gebaut habe, ich Kinder habe, die Kinder aus dem Haus sind, ich in Rente gehe … Bei all dem Projizieren in die Zukunft vergessen sie zu leben. Und dann liegen sie auf dem Sterbebett und wünschen sich, sie hätten nicht so oft das „Wenn-ich-erst-mal-Spiel" gespielt, sondern die Gegenwart genossen.

Die Australierin Bronnie Ware arbeitete mehr als acht Jahre lang als Palliativpflegerin. Ihre Erfahrungen mit Todkranken und Sterbenden fasste sie in einem Buch („Fünf Dinge, die Sterbende am meisten bedauern", Ware 2013) zusammen. In einem Interview stellte sie zusammenfassend fest: „Wenn sie sterben, kommt eine Menge Furcht und Ärger aus den Menschen heraus und dieses ‚Ich wünschte, ich hätte …', das kommt auch immer wieder" (Trentmann 2012).

Was hindert uns denn eigentlich daran, im Hier und Heute zu leben? Zahlreiche Gründe können ursächlich dafür sein, dass es uns so schwerfällt, nicht mit den Gedanken abzuschweifen – hier eine Auswahl der häufigsten Ursachen (vgl. zu den folgenden Ausführung Wolf 2014):

- Wir haben (zu) hohe Ansprüche an uns und meinen, uns erst etwas gönnen zu dürfen, wenn alles erledigt ist. Deshalb stellen wir die Arbeit an erste Stelle (siehe Abschnitt „Überdenken Sie Ihre Erwartungshaltung").
- Wir denken, dass wir es nicht verdient haben, dass es uns gut geht. Deshalb treiben wir uns immer weiter an.
- Wir haben nicht gelernt, loszulassen und anderen Menschen zu verzeihen. Deshalb grübeln wir über die Vergangenheit.
- Wir haben Angst, uns für das Falsche zu entscheiden. Deshalb wägen wir die einzelnen Alternativen immer wieder ab.
- Wir haben kein Vertrauen in unsere Fähigkeiten. Deshalb sorgen wir uns, etwas nicht zu schaffen.
- Wir halten Ungewissheit nicht aus. Deshalb denken wir ständig daran, wie es sein könnte.
- Wir kennen uns selbst zu wenig (siehe Abschnitt „Ermitteln Sie die Ursachen für Ihre Unzufriedenheit und analysieren Sie sich selbst"). Deshalb haben wir kein Gespür für uns und unsere Bedürfnisse.
- Wir übernehmen (zu viel) Verantwortung für andere und bemühen uns um deren Zuneigung. Dabei bleiben unsere eigenen Bedürfnisse auf der Strecke.
- Wir sind zu sehr im Alltag gefangen; unser Denken dreht sich nur um Pläne, Besorgungen, To-dos und Pflichten. Wenn wir eine Sache erledigt haben, dann kommt die nächste an die Reihe.

- Wir vergleichen uns ständig mit anderen. Deshalb kommen wir innerlich nicht zur Ruhe.

Wie bereits erwähnt: Mit Vernunft ist das alles nicht schwer zu verstehen. Die entscheidende Frage ist, wie man es schafft, (schlechte) Gedanken zu verdrängen und ganz in der Gegenwart zu leben. Dazu im Folgenden ein paar Anregungen.

Verfeinern Sie Ihre Wahrnehmung. Stellen Sie sich vor, Sie wären Sherlock Holmes und müssten Ihre Umgebung genauestens untersuchen. Nutzen Sie dabei alle Ihre Sinne: Was sehen Sie? Welche Gerüche erkennen Sie? Was hören Sie alles? Wie fühlen sich die Gegenstände an, die Sie greifen/ertasten können? Besonders gut „funktioniert" diese Übung mit Essen (vgl. Stahlhut 2014, S. 48): Wie sieht der Teller aus? Welche Zutat duftet wie? Wie fühlt sich das Essen an, wenn man es kaut?

Schulen Sie sich darin, Ihre Aufmerksamkeit auf den Augenblick zu richten. Beginnen Sie damit, eine Tätigkeit ganz bewusst auszuführen – das kann etwas so Simples wie Zähneputzen sein –, und steigern Sie sich dann, indem Sie immer mehr Aufgaben ganz bewusst erledigen. Setzen Sie dazu alle Ihre Sinne ein.

Gewohnheiten und Routinen sind ein gefährlicher Feind der Achtsamkeit, da sie in aller Regel automatisch ablaufen und nicht bewusst wahrgenommen werden. Das ist natürlich auch oft sinnvoll, sonst würden wir den Alltag nicht bewältigen können. Dennoch ist es eine gute Übung, hin und wieder manche Routinen (etwa den Frühstückstisch zu decken oder die morgendliche Fahrt ins Büro) aufmerksam zu erleben. Starten Sie mit dieser

Übung in den Tag: Bleiben Sie nach dem Aufwachen noch für ein paar Minuten liegen (allerdings mit offenen Augen, sonst schlafen Sie gleich wieder ein). Konzentrieren Sie sich auf Ihre Atmung und spüren Sie, wie sich Ihre Lungen mit Sauerstoff füllen. Versuchen Sie nun – beginnend bei den Füßen –, alle Körperteile bewusst wahrzunehmen. Unterschenkel, Oberschenkel, Unterleib, Bauchraum, Arme, Hände und schließlich Kopf. Das dauert nicht lange, bringt Sie jedoch in den „Achtsamkeitsmodus", der vielleicht über den Vormittag anhält?!

Wenn Sie mal wieder das Gefühl haben, in einem Netz aus Gedanken an Vergangenes oder Zukünftiges gefangen zu sein, dann nehmen Sie einen beliebigen Gegenstand, der sich in Ihrer Nähe befindet, zur Hand und untersuchen ihn. Wie würden Sie einem Blinden den Stift, den Locher, die Brille, Ihren Daumen … beschreiben? Welche Geräusche lassen sich damit machen? Hat der Gegenstand einen besonderen Geruch?

Vielleicht erkennen Sie im „Hier-und-Heute-Sein" Ihren wichtigsten persönlichen Schlüssel zu einem glücklichen (Arbeits-)Leben. Dann könnte es für Sie sehr lohnend sein, sich intensiver mit dem Thema „Meditation" auseinanderzusetzen. Da dies nicht unser Fachgebiet ist, möchten wir dazu keine spezifischen Ratschläge erteilen – erkundigen Sie sich bei Experten, welche Arten und Wege des Meditierens existieren. Unzählige positive Erfahrungsberichte von Menschen, die begonnen haben zu meditieren, lassen den Schluss zu, dass es sich dabei um eine sehr wirkungsvolle Methode der Stressreduzierung und Zufriedenheitssteigerung handelt. Eventuell wollen Sie einmal Vorstufen/Elemente der Meditation ausprobieren.

Geben Sie in einer Suchmaschine den Begriff „Achtsamkeitsübungen" ein und informieren Sie sich, welche Übungen Sie problemlos selbst anwenden können. Nicht minder gut geeignet, um die Aufmerksamkeit auf die Gegenwart zu richten und Stress abzubauen, ist Yoga. Auch hier maßen wir uns mir nicht an, kompetenten Rat zu geben, und verweisen auf Fachleute als Ansprechpartner.

Zum Abschluss dieses Abschnitts folgen noch zwei Warnhinweise!

Erstens Wer sich ausschließlich in der Gegenwart aufhält, übersieht leicht, dass heute das ist, was gestern noch morgen war. Im Hier und Heute zu leben bedeutet dementsprechend natürlich nicht, auf sämtliche Planungen zu verzichten. Das wäre realitätsfern – schließlich haben Sie Rechnungen zu bezahlen, müssen sich um Ihre kranken Kinder kümmern und wollen an den Weihnachtsfeiertagen etwas zum Essen im Kühlschrank haben. Unsere alltäglichen Verpflichtungen und manche äußeren Umstände zwingen uns zum Planen. Doch: Muss man wirklich alles bis ins kleinste Detail durchdenken? Gestatten Sie sich mehr Flexibilität und überprüfen Sie, welche Dinge Sie auch einmal auf sich zukommen lassen können.

Zweitens Nur im aktuellen Moment zu leben sollte auch nicht dahingehend missverstanden werden, dass man die Vergangenheit ausblenden soll. Um mit einem Buchtitel des Philosophen Odo Marquard zu sprechen: „Zukunft braucht Herkunft". Das ist wichtig, um aus Fehlern zu lernen und sich weiterzuentwickeln. Doch ein Zuviel der

Selbstanalyse und der Rückschau sind auch nicht gut, lenkt dies doch den Fokus zu sehr auf die Geschichte. Also: Übertreiben Sie es nicht mit der Reflexion und Nabelschau. Lernen Sie stattdessen, mehr in der Gegenwart zu leben.

Erkennen Sie die Verhältnismäßigkeit von Problemen

Erinnern Sie sich? Im Abschnitt „Entdecken Sie das Positive" haben wir bereits angekündigt, dass wir uns eingehender mit dem Thema „Umgang mit Problemen" beschäftigen werden – dort haben wir geschrieben: „Das Leben ist voller Probleme." Da hilft alles positiv Denken und objektiv Wahrnehmen nichts; jeden Tag passieren uns größere und kleinere Missgeschicke, treiben uns andere in den Wahnsinn oder die Dinge entwickeln sich einfach nicht so, wie wir es gern hätten. Das führt zu Frust und Unzufriedenheit, macht uns wütend und ärgerlich. Das hat auch unsere Befragung (siehe Kapitel „Bestandsaufnahme") gezeigt: Die meisten Berufstätigen sind nicht grundsätzlich unglücklich im Job, regen sich aber über genügend Dinge am Arbeitsplatz auf, die schieflaufen. Darum soll es uns im Folgenden gehen.

Bevor wir jedoch über Methoden sprechen, die helfen können, etwas gelassener zu werden, wollen wir kurz auf jene Probleme eingehen, die sich nicht in die Kategorie „alltägliche Widrigkeiten" einordnen lassen. Große Probleme, mit krisenhaftem Charakter, lassen sich natürlich nicht so ohne Weiteres lösen. Dessen sind wir uns bewusst und wollen deshalb (berufliche) Themen wie Entlassungen, „Strafversetzungen", Mobbing und Ähnliches ausklammern. Hier bedarf es meist professioneller Hilfe/Unterstützung. Ein Aspekt sei jedoch an dieser Stelle erwähnt, der – im übertragenen Sinn – auch für kleinere/normale Schwierigkeiten zutrifft, nämlich, dass uns Probleme/Rückschläge stets auch weiterhelfen. Der Wirtschaftspsychologe Heinrich Wottawa (2015) schreibt dazu:

> Es ist außerordentlich schwer, eine markante Persönlichkeit zu werden, wenn man ganz gerade von kleinem zu mittlerem zu größerem Erfolg schreitet, ohne ‚Abstürze' dazwischen. Wahrscheinlich kennen Sie solche Aufsteiger – denen fehlen meist irgendwie Substanz und innere Sicherheit. Scheitern bietet eine großartige Chance für Reifungsprozesse, gerade weil vertraute, überkommene Muster aufgebrochen werden und man sich neu anpassen muss. Vielleicht haben Sie das bei Misserfolgen in Ihrer Vergangenheit selbst schon erlebt. Dann wissen Sie, wie wertvoll solche Erfahrungen sein können. Wenn Sie noch nie Schiffbruch erlitten haben, wird es höchste Zeit dafür.

Die Botschaft daraus: Versuchen Sie – völlig unabhängig vom Ausmaß des Problems –, schwierige Situationen stets auch (!) als Chance zur Weiterentwicklung zu begreifen. Wer dies schafft, hat schon einen großen Schritt zu mehr Gelassenheit und damit Zufriedenheit getan. Wer darüber hinaus noch folgende Erkenntnis verinnerlicht, den wird kaum noch etwas aufregen:

> Nichts und niemand auf der Welt hat die Macht, Sie zu ärgern, zu stressen, zur Weißglut zu bringen oder depressiv zu machen. All dies tun Sie selber – oder auch nicht. [...] Nicht der andere Mensch oder der Umstand lösen das Gefühl aus, sondern Sie sind es, der einen Menschen oder einen Umstand ZUM ANLASS nimmt, um in Ihnen Gefühle zu erzeugen. (Tepperwein 2006, S. 304)

Das schreibt und zitiert sich ganz locker, aber mal ehrlich: Wer von uns ist schon so tiefenentspannt und sagt, unmittelbar nachdem einen der Vorgesetzte in der Besprechung vor allen runtergeputzt hat: „Och, das nehme ich jetzt mal nicht zum Anlass, mich zu ärgern." Klar stockt uns der Atem und ballen wir die Faust in der Hosentasche. Und natürlich würden wir liebend gern aufstehen und diesem Ekel von Chef mal so richtig die Meinung sagen.

Was lässt sich also tun, um die Ärgernisse des Alltags nicht so sehr an sich heranzulassen, um die wahre Dimension von Problemen richtig einzuschätzen und insgesamt etwas gelassener zu werden? Im Folgenden dazu einige Anregungen.

Schätzen Sie das Ausmaß und die Folgen von Problemen realistisch ein
Sind Sie vielleicht ein Mensch, für den das Leben ein einziges Drama ist? Beim Mittagessen in der Kantine schlabbern Sie und verpassen Ihrer Bluse einen Tomatensaucenfleck. Oh Gott! Der Kundenbrief ging mit einem Tippfehler raus. Wie tragisch! Der Kollege hat vergessen, die Monatszahlen rechtzeitig abzugeben. Furchtbar!

Verpassen Sie alltäglichen Problemen den Status einer Katastrophe? Kein Wunder, wenn das Leben für Sie dann aus nichts als einer endlosen Reihe von Enttäuschungen, Missgeschicken, Unzulänglichkeiten und Ärgernissen zu bestehen scheint.

Doch objektiv betrachtet: Ist die Situation, die Sie belastet, tatsächlich so dramatisch, wie Sie sie gerade wahrnehmen? In aller Regel ist sie das nicht! Es geht um die Verhältnismäßigkeit. Führen Sie sich das wahre Ausmaß Ihrer Sorgen und Probleme vor Augen. Machen Sie sich auch klar, auf welch' hohem Niveau Sie klagen und dass bereits die Generationen vor uns mehr als genug Gründe zum Jammern gehabt hätten, es aber kaum getan haben. Ilona Bürgel (2015) findet dafür passende Worte:

Stress und Burnout sind Spiegel unserer Zeit. Und Spiegel unserer Vorliebe, einen Verantwortlichen außerhalb zu finden. Unter uns gesagt: Wir glauben doch nicht ernsthaft, dass das Reisen in Kutschen oder ein Arbeitstag am Band von 12 Stunden, die Sorgen unserer Vorfahren, ob die Kinder die ersten Lebensjahre erreichen oder welche Krankheiten man sich durch mangelnde Hygiene holt, weniger beschwerlich waren. Ganz zu schweigen von der „ständigen Erreichbarkeit" von Soldaten im Einsatz oder Landarbeitern, die rund um die Uhr ihre Tiere versorgten.

Deshalb: Rücken Sie den Maßstab zurecht. Verglichen mit den Sorgen, welche die Menschen vor Jahrzehnten und Jahrhunderten hatten, und verglichen mit wirklich weitreichenden/negativen Ereignissen, wie etwa einem schlimmen Verkehrsunfall oder einer schweren Krankheit, sind die meisten unserer täglichen Probleme absolute Nichtigkeiten.

Eine einfache Frage kann auf wundersame Weise helfen, den Stellenwert von Problemen zu erkennen, nämlich: „Werde ich in einem Jahr noch an dieses Ereignis denken, wird es mich dann noch belasten?" Sie glauben nicht, dass das funktioniert? Dann machen Sie die „Gegenprobe": Nennen Sie doch bitte konkret, was Sie ganz genau vor einem Jahr aufgeregt hat! Das fällt Ihnen nicht mehr ein? Vermutlich wissen sie nicht einmal mehr, was Sie genau vor einer Woche zur Weißglut getrieben hat? Wenn dem so ist, dann kann es wohl so tragisch nicht gewesen sein.

Machen Sie sich auch nicht zu viele Gedanken über die Konsequenzen, die ein Problem oder eine schwierige Situation haben könnte, denn „grundsätzlich neigt das Gehirn dazu, die Folgen positiver wie negativer Entwicklungen maßlos zu überschätzen" (Klein 2013, S. 355).

Akzeptieren Sie das Unveränderliche
Manchmal stellt ein Problem tatsächlich eine echte Belastung für einen dar, und zwar unabhängig vom wahren Ausmaß. Dann hilft es vielleicht, sich einzugestehen, dass wir im Leben das Unveränderliche annehmen müssen. Akzeptieren Sie, dass Sie Geschehenes nicht ungeschehen machen können. Die E-Mail mit einer Schimpftirade über den Chef, die Sie der Kollegin schicken wollten, geht aus Versehen an die ganze Belegschaft? Nicht zu ändern. Die verpatzte Kundenpräsentation? Nicht mehr rückgängig zu machen! Der infolge übermäßigen Glühweingenusses peinliche Auftritt bei der Weihnachtsfeier? Wird nicht dadurch ungeschehen, wenn Sie

sich aufregen. Wie oft versuchen wir, etwas ändern zu wollen, was sich nicht mehr beeinflussen lässt.

Wir wollen Kontrolle übernehmen, den Weltenlauf beeinflussen, das Rad der Zeit zurückdrehen. Allein: Uns fehlt die Macht dazu. Im Buddhismus heißt es ebenso schlicht wie wahr: „Es ist, wie es ist." Theo Fischer (2005, S. 81) führt in seinem Buch „Wu Wei – Die Lebenskunst des Tao" aus: „[Es ist gerade] dieser Zustand des Annehmens der Hilflosigkeit, in dem Menschen in verzweifelten Lebenskrisen aufgehört hatten zu kämpfen im Bewusstsein ihrer Ohnmacht, wo dann urplötzlich mit Gewalt die Wende eintrat."

Dazu passt das Gelassenheitsgebet des US-amerikanischen Theologen, Philosophen und Politikwissenschaftlers Karl Paul Reinhold Niebuhr (1892–1971), das Sie vielleicht verinnerlichen wollen:

> Gott, gib mir die Gelassenheit, Dinge hinzunehmen, die ich nicht ändern kann, den Mut, Dinge zu ändern, die ich ändern kann, und die Weisheit, das eine vom anderen zu unterscheiden.

Erkennen Sie in allem, was passiert, einen Sinn
Das ist jetzt ein schwieriges Thema, weil leicht die Gefahr besteht, ins Esoterische abzudriften bzw. weil die Empfehlung, in allem, was einem im Leben zustößt, einen Sinn zu erkennen, leicht missverstanden werden kann. Zweifelsfrei betreten wir hier existenzialistisches Terrain. Drücken wir es so aus: Es gibt Menschen, die glauben, sie allein würden ihr Schicksal bestimmen. Anderseits begegnen

einem auch immer wieder Personen, die sich komplett einer „kosmischen Macht" ausgeliefert sehen, die für jedes Wesen genau den Lebensweg bestimmt. Zwischen diesen beiden Extremen finden sich jede Menge „Mischtypen", die sowohl an selbstbestimmtes Handeln als auch an Fügung/Vorhersehung glauben. Wir wollen an dieser Stelle keine philosophische Debatte beginnen, sondern lediglich Bodo Schäfer (2014, S. 186) zitieren und Ihnen damit einen Denkanstoß liefern:

> Gewinner haben oft einen fast kindlichen Glauben. So glauben sie z. B., dass alles einen Sinn hat. Mancher mag eine solche Einstellung als Naivität abtun. Aber was ist die Alternative? An Glück oder Pech zu glauben, die ohne Sinn und System über uns Menschen verteilt werden. Wer sich nicht als Opfer willkürlicher Ereignisse sieht, sondern hinter allem eine Lehre vermutet, kann viel beruhigter sein.

Lassen Sie Ihre Wut raus
In der Psychologie besagt der Katharsis-Effekt: Bei Kummer, Ärger, Sorgen oder Frust tut es gut, sich so richtig auszuheulen (vgl. Mai 2015a). Wut, die man in sich „hineinfrisst", wird sich früher oder später anderweitig ihren Weg suchen; Gefühle müssen verarbeitet werden. Die Psychiaterin Heidi Kastner plädiert in einem Interview für mehr „Mut zur Wut" und begründet, warum es so wichtig ist, Ärger nicht hinunterzuschlucken:

> Wenn ich mich grün und blau ärgere, weil mein Partner seine Socken rumliegen lässt, sollte ich das nicht ignorieren oder verdrängen. Und nach einem Jahr raste ich dann

womöglich völlig aus und sage: ‚Du bist der unmöglichste Mensch, der mir je begegnet ist, mit dir kann man nicht zusammenleben.' Anderes Beispiel: Wenn ich jeden Abend aus der Firma rausgehe und schreien könnte vor lauter Wut, dann sollte ich mir vielleicht einen anderen Job suchen. (Thadeusz 2015)

Es kann also durchaus sinnvoll sein, seiner Wut (natürlich ohne die Grenzen des guten Geschmacks zu übertreten) freien Lauf zu lassen. Allerdings müssen wir die Empfehlung, Dampf abzulassen, ein wenig korrigieren, und zwar, weil man inzwischen weiß, dass Gefühle Spuren im Gehirn hinterlassen. Erlebt man bestimmte Gefühle (positive wie negative) immer wieder, verfestigen sich die entsprechenden Nervenbahnen und das praktizierte Verhalten wird zum Standard. Wer sich zehnmal aufgeregt hat, wird sich auch beim elften Mal aufregen und immer seltener andere Reaktionsmöglichkeiten in Betracht ziehen. Außerdem heizen Wutanfälle die Wut noch weiter an.

Konkret heißt das: Sperren Sie Ihre unguten Gefühle nicht ein, lassen Sie diese heraus, jedoch nicht immer und nicht zu lange. Noch besser ist es, wenn Sie es schaffen, Ihre negativen Gefühle zu kontrollieren. „Leichter gesagt als getan" denken Sie jetzt? Stimmt, das ist eine schwere Übung, versuchen Sie es dennoch. Es geht nicht darum, unangenehme Gedanken, Wut und Ärger zu verdrängen, sondern sie als das zu entlarven, was sie im Kern sind: Botschaften. Nehmen Sie Ihre Gefühle im ersten Schritt bewusst wahr. Was genau verspüren Sie? Enttäuschung, Zorn, Zurückweisung, Ungerechtigkeit? Betrachten Sie dann im zweiten Schritt das Gefühl eine kurze Zeit wie ein Außenstehender – auf diese Weise distanzieren Sie sich schon ein wenig von ihm – und gehen dann im dritten Schritt einfach wieder zum Alltag über (vgl. Klein 2013, S. 93 f.).

Lenken Sie sich ab
Die Neurowissenschaften haben in den letzten Jahren einen klaren Zusammenhang nachgewiesen: Unsere Laune und unsere Wahrnehmung hängen eng zusammen. Wenn wir mies drauf sind, haben wir kein Interesse an unserer Umwelt; wir beschäftigen uns vornehmlich mit uns selbst. Wir sind permanent am Grübeln, unsere Gedanken fahren Karussell. Die einfachste Gegenstrategie: dem Gehirn gar keine Chance zu geben, sich mit Selbstzweifeln auseinanderzusetzen, indem wir einfach etwas tun oder unseren Blick nach außen wenden: „Sich einer Tätigkeit zu widmen kann die Aufmerksamkeit so sehr wie intensives Wahrnehmen bannen und ist daher ebenfalls mit guten Gefühlen verbunden. Dabei kommt es nicht so sehr darauf an, welcher Art diese Beschäftigung ist, solange man sie nur mit Konzentration ausführt" (Klein 2013, S. 389).

Mit anderen Worten: Wenn Sie sich gerade (mal wieder) so richtig über etwas aufgeregt haben oder von negativen Gedanken zerfressen werden, dann lenken Sie sich ganz bewusst ab, und zwar indem Sie etwas machen. Was – dies ist völlig egal, Sie könnten zum Beispiel:

- Ihre Schreibtischschublade aufräumen,
- Ihre Bücher im Regal neu sortieren,
- Ihren Papierkorb ausleeren,
- Ihre Computertastatur säubern,

- die vom Kollegen aus dem dritten Stock ausgeliehenen Unterlagen wieder zurückbringen,
- eine Runde spazieren gehen,
- sich einen Kaffee holen oder
- vor dem geöffneten Fenster ein paar Entspannungsübungen machen.

Insbesondere Aufräumen, Sortieren oder Ordnen haben noch zwei angenehme Nebeneffekte: Sie haben etwas erledigt, was ohnedies früher oder später hätte getan werden müssen/sollen, und sie fühlen sich in einer sauberen/übersichtlichen Umgebung gleich wohler.

Holen Sie sich Rat/Denkanstöße bei Freunden, Bekannten, Büchern, …
In belastenden Situationen treten wir oft auf der Stelle. Wir haben uns so verrannt in unsere Position und können das zugrunde liegende Problem nicht objektiv sehen/analysieren. Wir sind gefangen in unserer Welt und kommen selbst nicht auf Lösungen. Da kann es sehr sinnvoll sein, sich Anregungen von außen zu holen. Bitten Sie Freunde, Bekannte oder Kollegen, die Ihnen nahestehen und denen Sie uneingeschränkt vertrauen, um deren Ideen. Treffen Sie sich an einem Ort, an dem Sie ungestört sind. Wählen Sie einen Termin, an dem Sie und Ihr Gesprächspartner ausreichend Zeit haben. Versuchen Sie, Ihr Problem bzw. das, was Sie belastet, so sachlich wie möglich zu beschreiben. Allein das „von der Seele reden" tut gut. Vielleicht verhilft Ihnen Ihr Gegenüber ja auch zu einer neuen Betrachtung oder er/sie hat einen guten Vorschlag, was Sie tun könnten?

Nicht immer steht ein Vertrauter für ein persönliches Gespräch zur Verfügung. Und man wird auch nicht immer über sein Problem sprechen wollen. Eventuell können Sie dann Impulse aus Büchern ziehen – Ratgeber, Sach-/Fachbücher oder Romane mögen zwar selten passgenaue, individuelle Lösungen offerieren können, doch oft liefern sie gute Anregungen. Sehr zu empfehlen sind auch Biografien. Schöpfen Sie Inspirationen und Mut aus Lebensgeschichten anderer Menschen, wie etwa von Dietrich Bonhoeffer (vgl. Schlingensiepen 2006) oder Viktor Frankl (2009).

Verschaffen Sie sich selbst gute Gefühle
Der US-amerikanische Psychologe und Philosoph William James (1842–1910) stellte im 19. Jahrhundert diese These auf: Menschen sind in der Lage, jedes beliebige (erwünschte) Gefühl dadurch zu erzeugen, indem sie sich so verhalten, als ob sie dieses Gefühl erlebten. Deshalb spricht man auch von der „Als-ob-Theorie" – letztlich ist es eine radikale Umkehrung des Zusammenhangs, wonach ein bestimmtes Gefühl (zum Beispiel „ich bin unglücklich") ein bestimmtes Verhalten („ich lasse die Schultern hängen") bedingt. James behauptet, dass es auch umgekehrt geht. Er gibt den Rat: Wenn du eine bestimmte Eigenschaft haben willst, handle so, als ob du sie schon hättest.

Verhalten soll also Emotionen verursachen. Ausführlich mit James' Theorie hat sich Richard Wiseman, Professor an der University of Hertfordshire, beschäftigt. In seinem Buch „Machen – nicht denken!" belegt er mit zahlreichen Studien und Experimenten, dass die Aussagen von

James stimmen. Und er gibt konkrete Tipps, wie diesen (2013, S. 372): „Spannen Sie Ihre Muskeln an, und Sie entwickeln augenblicklich Willensstärke, zwingen Sie Ihr Gesicht zu lächeln, und Sie fühlen sich glücklicher, stehen Sie gerade, und Sie werden selbstsicherer."

Auch Erik Peper, Professor an der San Francisco State Universität, ging der Frage nach, wie sich unser Verhalten auf unsere Gefühlswelt auswirkt (vgl. Mai 2014). Peper ist der Überzeugung: Wir können unsere Stimmung und Energie durch einen einfachen Wechsel der Körperhaltung verändern. Peper hatte dazu Studenten gebeten, einen Gang entlangzulaufen: auf dem Hinweg in eher schlaffer Haltung, auf dem Rückweg in aufrechter Position. Am Ende jeder Teilstrecke wurden die Studenten gefragt, wie sie ihren eigenen Energielevel beurteilten. Das Ergebnis: Auf dem Hinweg verschlechterte er sich merklich für alle, zurück passierte das genaue Gegenteil. Das Gleiche galt für die Stimmung – die Körperhaltung beeinflusste die Laune maßgeblich.

Professor Amy Cuddy von der Harvard Business School hat sich ebenfalls des Themas angenommen. Glaubt man ihren Forschungen, dann ist es tatsächlich möglich, durch eine einzige Körperhaltung erfolgreicher zu werden. Cuddy hat herausgefunden, dass eine dominante, öffnende Geste – sie spricht von „High Power Pose" – signifikante Auswirkungen auf unsere Biochemie hat. Wenn man eine kurze Zeit (zwei Minuten reichen schon) in dieser Pose verharrt, dann steigt der Testosteronspiegel und der Cortisolwert sinkt. Beides zusammen bewirkt, dass wir uns selbstsicherer fühlen, weniger Stress empfinden und auf diese Weise erfolgreicher werden. In verschiedenen

Experimenten – unter anderem in fingierten Bewerbungsgesprächen – hat Cuddy nachgewiesen, dass dieser Zusammenhang bei nahezu allen Menschen gültig ist (vgl. Blodget 2013; Cuddy et al. 2012). Wenn Sie sich nun fragen, wie diese „High Power Pose" aussieht, dann empfehlen wir Ihnen, sich dieses Video anzusehen, in dem Cuddy erklärt, wie es funktioniert:

Amy Cuddy: „Your body language shapes who you are"

http://www.ted.com/talks/amy_cuddy_your_body_language_shapes_who_you_are

Man kann solchen Tipps skeptisch gegenüberstehen, man kann es jedoch auch mal versuchen – die Nebenwirkungen sind beschränkt. Also: Wenn Sie sich das nächste Mal aufregen oder ärgern, verschaffen Sie sich selbst positive Gefühle, nehmen Sie die „Power-Pose" ein oder lächeln Sie grundlos ein bisschen vor sich hin und beobachten Sie, was passiert. Das lässt Sie auch länger leben, zumindest schützt häufiges Lachen vor einem Herzinfarkt (vgl. Merlot 2014).

Meine Lebens-/Arbeitsweise – Der Schlüssel für Gelassenheit

Denken Sie zuerst an sich

Waren Sie etwas überrascht, als Sie in der Überschrift gelesen haben, Sie sollten zuerst an sich denken? Das klingt nach Egoismus und Ellbogen, nach Machiavelli und Rücksichtslosigkeit. So ist unsere Aufforderung selbstverständlich nicht zu interpretieren. Vielmehr geht es uns darum, Ihnen eine wichtige Einsicht zu vermitteln: Nur wenn Sie mit sich zufrieden sind und Ihre Bedürfnisse nicht auf der Strecke bleiben, können Sie ein produktiver Mitarbeiter, ein liebender Partner und ein verständnisvolles Elternteil sein. Noch kürzer formuliert:

> Nur wenn es Ihnen gut geht, kann es auch Ihrem Umfeld gut gehen.

In einer Studie fanden Barbara Fredrickson und Marcial Losada (2005) heraus, dass ein schlechtes Ereignis in der Tagesbilanz durch drei positive Erlebnisse ausgeglichen werden sollte. Stimmt die Bilanz, wird der sogenannte „Broaden-and-Build-Effekt" gefördert: Durch die positiven Gefühle wird man offener und dadurch zugänglicher für die Entdeckung neuer Fähigkeiten. Auf diese Weise wird eine Aufwärtsspirale in Gang gesetzt. Einfach gesagt geht es also darum, häufiger an sich zu denken und sich öfter zu freuen als zu ärgern.

Klingt banal, ist es aber nicht. Wir erleben es immer wieder in unseren Seminaren und Coachings. Erschreckend viele Menschen stellen sich und ihre legitimen Ansprüche oft jahrelang hinten an. Sie opfern sich für den Arbeitgeber, für den Partner, für die Familie auf. Kein Wunder, dass diese Menschen in aller Regel höchst unglücklich sind – im Privaten genauso wie im Beruf. Sei es durch Prägungen aus der Kindheit („du musst es allen recht machen") oder durch die aktuellen Umstände („ich muss Überstunden machen, sonst werde ich nicht befördert"): Solche Personen tun sich sehr schwer damit, an sich zu denken.

Uns ist völlig klar: Es gibt viele Sachzwänge, die einem keine Wahl lassen. Wir sind eingebunden in ein Netz aus (sozialen) Verpflichtungen, wir leben in Familien und arbeiten in Unternehmen, in denen man sich auf uns verlässt und in denen Spielregeln gelten, an die wir uns zu halten haben. Aus diesem Geflecht können wir uns nicht so ohne Weiteres lösen, nach dem Motto „Macht doch, was ihr wollt, ich flieg jetzt erst mal vier Wochen in die Karibik". In einem Beitrag für den „Harvard Business Manager" beschreiben Tobias Leipprand und Michael Schwalbach (2014, S. 86), wie schwer es ist, sich selbst an die erste Stelle zu setzen oder sich einmal zurückzunehmen und nicht für andere da zu sein:

> Sich Freiraum zu schaffen ist eine mutige Kärrnerarbeit […]. Oft müssen Sie sich dabei gegen das gängige falsche Verständnis der heutigen Leistungskultur stemmen: Lange Arbeitszeiten und ständige Geschäftigkeit stehen für Erfolg

und Wichtigkeit. Möglicherweise haben Sie diese Sichtweise so sehr verinnerlicht, dass Sie sich permanent selbst antreiben. Vielleicht halten Sie sich gar für unverzichtbar. Und fühlen sich schuldig, wenn Sie mal einen Gang runterschalten, auch wenn Sie eigentlich wissen, wie wichtig das sein kann.

Trotz aller Zwänge meinen wir, dass jeder genügend Gestaltungsmöglichkeiten in seinem Leben besitzt. Wir müssen sie nur nutzen. Keineswegs meinen wir radikale Maßnahmen, sondern im Alltag umsetzbare Empfehlungen. Viel wäre schon gewonnen, wenn es uns gelingen würde, jeden Tag etwa eine halbe Stunde nur für uns zu haben, in der wir das tun können, was uns aufbaut. Das ist es, was wir unter „gesundem Egoismus" verstehen. Das Schöne dabei ist ja, dass es sich eigentlich gar nicht um eine egoistische Verhaltensweise handelt, wenn Sie sich mehr um sich kümmern, weil ja Ihr gesamtes Umfeld davon profitiert, wenn Sie ausgeglichener sind. Daher: Erlauben Sie es sich von jetzt an, mehr an sich zu denken und das Leben zu genießen. Sie betreiben damit seelische Hygiene, die auf den Organismus wirkt: „Wer es gelernt hat, […] sein freudiges Erleben zu stärken, pflegt seinen Körper. Gute Gefühle wirken Stress und dessen gesundheitlichen Folgen entgegen" (Klein 2013, S. 26).

Im Folgenden finden Sie einige Anregungen, um Ihr „freudiges Erleben" zu steigern und sich selbst mehr in den Mittelpunkt zu stellen.

Anregungen, um sich selbst etwas Gutes zu tun

- Bleiben Sie auf dem Rückweg von der Firma auf einem Parkplatz im Grünen stehen und setzen sich auf eine Parkbank in der Nähe oder machen Sie einen kleinen Spaziergang.
- Machen Sie mal eine Stunde früher Feierabend und sagen niemandem etwas davon – nutzen Sie die freie Zeit für einen kleinen Einkaufsbummel, einen Besuch im Zoo, einen Abstecher in die Eisdiele um die Ecke …
- Rufen Sie Ihren besten Freund/Ihre beste Freundin an.
- Nehmen Sie ein Schaumbad.
- Hören Sie Ihre Lieblingsmusik.
- Besorgen Sie sich Ihr Lieblingsduftöl und zünden Sie eine Duftlampe an. Es ist wissenschaftlich erwiesen, dass verschiedene Gerüche ganz bestimmte körperliche Effekte hervorrufen und hervorragend zur Entspannung geeignet sind, wie etwa Bergamotte, Jasmin oder Kamille.
- Gehen Sie (öfter mal) zum Friseur, zur Maniküre, zur Kosmetikerin oder zur Farbberatung. Ein schönes Äußeres stärkt zudem das Selbstwertgefühl.
- Mit der gleichen Logik gilt: Ziehen Sie die Kleidungsstücke an, in denen Sie sich rundum wohlfühlen. Sortieren Sie die Kleidungsstücke aus, in denen Sie sich nicht (mehr) gefallen.
- Genießen Sie, was immer Ihnen schmeckt. Stefan Klein behauptet: „Genuss ist ein Signal dafür, dass der Organismus bekommt, was er braucht", und er macht uns Mut, Sinnesfreuden nicht mit einem schlechten Gewissen zu erleben (2013, S. 207): „Mit dem Mittel

des Vergnügens verführt die Natur uns zu tun, was uns am meisten nützt." Also, was auch immer Ihren Gaumen oder andere Organe erfreut: Tun Sie es öfter ohne Reue!
- Kaufen Sie sich einen bunten Blumenstrauß für Ihren Schreibtisch – so haben Sie mehrere Tage lang einen schönen Anblick, an dem Sie sich erfreuen können.
- Gönnen Sie sich (allein, mit Ihrem Partner oder der besten Freundin/dem besten Freund) einen Wellnesstag in einem Hotel in der Nähe oder gehen Sie in die Sauna, in ein Spaßbad oder einen Freizeitpark.
- Gehen Sie (spontan) ins Kino, Theater, die Oper …
- Kochen Sie mal wieder – suchen Sie sich ein leckeres Rezept aus, nehmen Sie sich Zeit für die Besorgung der erforderlichen Zutaten und genießen Sie die Stunden am Herd.
- Pflegen Sie Ihre Leidenschaften/Hobbys. Diese bauen Stress und Aggressionen ab. Zudem verschaffen sie gute Gefühle (vgl. Hieronimus und Wilde 2014, S. 266). Egal, ob Aerobic, Bowling oder Chor – wenn wir unseren Interessen nachgehen, finden wir Erfüllung. Wir treffen auf Gleichgesinnte oder haben endlich mal Ruhe, uns allein mit dem zu beschäftigen, was uns fasziniert.
- Erlernen Sie die Kunst des Müßiggangs. Vielleicht ist auch genau das Gegenteil der Fall und wir sollten – anstatt zeitintensive Hobbys zu pflegen – einfach nichts tun? Tom Hodgkinson hat der Kunst des Müßiggangs ein eigenes Buch gewidmet. Er durchstreift die gesamte Weltliteratur nach Belegen für die Vorteilhaftigkeit des Nichtstuns und zitiert (2014, S. 206 f.) unter anderem

den französischen Philosophen und Mathematiker Blaise Pascal aus dessen Werk „Les Pensées":

Wenn ich es mitunter unternommen habe, die mannigfaltige Unruhe der Menschen zu betrachten, sowohl die Gefahren wie die Mühsale, denen sie sich, sei es bei Hofe oder im Krieg, aussetzen, woraus so vielerlei Streit, Leidenschaften, kühne und oft böse Handlungen usw. entspringen, so habe ich oft gesagt, dass alles Unglück der Menschen einem entstammt, nämlich, dass sie unfähig sind, in Ruhe allein in ihrem Zimmer bleiben zu können.

In diesem Sinne: Probieren Sie es doch mal aus, ganz bewusst nichts zu tun, all den Verlockungen, die das moderne Leben bereithält, zu entsagen und es sich daheim gemütlich zu machen, ohne jedwedes schlechte Gewissen. Dazu zwei Anregungen:

- Bauen Sie Wohlfühl-Rituale in Ihren (Arbeits-)Alltag ein. Zufriedenheitssteigernd wirkt es, wenn man über Entspannungsrituale verfügt. Genießen Sie beispielsweise jeden Morgen um 10 Uhr bewusst Ihr Lieblingsgetränk, sei es eine Tasse Cappuccino, Früchtetee oder eine Kräuterlimonade – entscheidend ist, dass Sie für ein paar Minuten zur Ruhe kommen. Oder reservieren Sie sich jeden Freitag die Zeit nach dem Mittagessen, um Ihr Lieblingsmagazin zu lesen.
- Legen Sie einen „Abschalt-Moment" fest – das ist der Zeitpunkt, an dem Sie bewusst zwischen Arbeit und Freizeit trennen. Nehmen Sie sich fest vor, ab diesem Moment nicht mehr an den Job zu denken. Das kann

zum Beispiel der Augenblick sein, wenn Sie am Abend Ihr Auto parken und wenn Sie die Wohnungstüre aufschließen (vgl. Wilson 2000, S. 191).

Leben Sie gesund

Für Ernest Hemingway (1899–1961) war Glück „einfach eine gute Gesundheit und ein schlechtes Gedächtnis". Ähnlich, allerdings deutlich ernster und konkreter, äußerte sich der deutsche Philosoph Arthur Schopenhauer (1788–1860): „Neun Zehntel unseres Glücks beruhen allein auf der Gesundheit." Wer schon einmal ernsthaft krank war oder unter einer chronischen Krankheit leidet, kann Schopenhauers Äußerung wohl nur zu gut nachvollziehen. Solange wir gesund sind, ist uns diese Tatsache jedoch selten bewusst. Erst wenn wir Schmerzen haben oder unter körperlichen Einschränkungen leiden, wissen wir, wie wertvoll das „Gut" Gesundheit ist. Psyche und Gesundheit bzw. Krankheit hängen eng miteinander zusammen. Das kennen Sie bestimmt aus eigener Erfahrung: Wer krank ist, zieht sich zurück, schläft viel und hat keinen Appetit. Schon ein harmloser grippaler Infekt bewirkt psychische Veränderungen – Fachleute sprechen vom „Sickness-Behaviour", also Krankheitsverhalten (vgl. Le Ker 2015).

Wie an anderen Stellen zuvor, so wollen wir auch hier den Kollegen der medizinischen Zunft keine Konkurrenz machen und Sie zudem nicht mit ausschweifenden Ausführungen langweilen. Wir haben uns daher entschlossen, Ihnen unsere Tipps zum Thema Gesundheit in Form eines ABCs zu präsentieren. Wir spannen den Bogen dabei bewusst sehr weit, getreu einer Empfehlung der spanischen Kirchenlehrerin und Mystikerin Teresa von Avila (1515–1582):

> Tue deinem Körper Gutes, damit deine Seele Lust hat, darin zu wohnen.

Atmen

Nahezu alle Menschen, die angespannt sind, zeigen ein gemeinsames Merkmal: Sie atmen kurz und flach. Ihr Atemmuster ist hektisch. Da sie nur kurze Atemzüge nehmen, müssen sie öfter Luft holen. Dadurch wird eine Kettenreaktion in Gang gesetzt: Es wird weniger Sauerstoff im Blut aufgenommen; in der Folge verengen sich die Blutgefäße im ganzen Körper, sodass auch im Gehirn weniger Sauerstoff ankommt, was wiederum für ein Gefühl der Anspannung sorgt.

Ausgeglichene Menschen hingegen atmen nach einem völlig anderen Schema – ihre Atemzüge sind langsam, gleichmäßig und tief. So gelangt mehr Sauerstoff in den Körper.

Die wirklich banale Erkenntnis dieses medizinischen Zusammenhangs lautet: Wenn Sie ruhig und entspannt sein wollen, sollten Sie ruhig, langsam und tief atmen. Eine einfache Übung kann Ihnen dabei helfen (vgl. Tepperwein 2006, S. 29):

- Legen Sie sich auf den Rücken.
- Platzieren Sie ein Buch oder einen (nicht zu schweren) Ordner auf Ihrem Bauch.

- Beobachten Sie, wie sich das Buch hebt und senkt.
- Machen Sie dies zwei Minuten lang und Ihr Atem wird deutlich tiefer.

Bewegung
Psychologen, Internisten, Orthopäden und Allgemeinärzte sind sich einig: Wer sich zu wenig bewegt, schränkt sein körperliches und geistig-seelisches Wohlbefinden deutlich ein. Mal Hand aufs Herz: Wer bewegt sich denn heute noch genügend? Die meisten von uns verbringen doch den überwiegenden Teil des Tages in sitzender Position.

Mit welchen Tricks kann man sich nun überwinden und etwas mehr bewegen? Die Rezepte gegen Bewegungsmangel klingen einfach – und sie sind es auch, denn sie kosten so gut wie nichts und sind sofort umsetzbar. Einzige Voraussetzung ist: Disziplin. Was also kann man tun, um sich mehr zu bewegen? Hier ein paar Anregungen, die selbst von notorischen Sesselhockern angewendet werden können:

- Wenn Sie mit dem Pkw zur Arbeit kommen: Parken Sie das Auto so weit wie möglich vom Firmeneingang weg.
- Wenn Sie mit Bus oder S-/U-Bahn fahren: Steigen Sie eine Haltestelle vorher aus.
- Machen Sie es sich zur Regel, immer die Treppe und nicht den Aufzug zu benutzen.
- Führen Sie Telefonate im Stehen.
- Regen Sie an, Besprechungen im Stehen durchzuführen. Schöner Nebeneffekt: In der Regel sind stehend durchgeführte Sitzungen deutlich kürzer.

- Gehen Sie in der Mittagspause mindestens zehn Minuten spazieren – bei jedem Wetter und in jeder Umgebung, auch wenn Ihnen nur der Firmenparkplatz zur Verfügung steht.

Entspannungstechniken
Entspannungstechniken lassen sich problemlos in längeren Pausen praktizieren und helfen, gelassener zu werden. Egal, ob Meditation, Yoga, progressive Muskelentspannung, Atemtechniken, nach innen geschaute Bilder oder autogenes Training – jede Methode, die einem zusagt, ist grundsätzlich geeignet, Stress zu senken und gelassener zu werden. Im Rahmen unseres Buches können wir diese teilweise anspruchsvollen und komplexen Techniken zwar nicht behandeln, jedoch möchten wir Ihnen zumindest einige einfach zu erlernende Übungen (die wir dem Portal www.arbeitssicherheit.de entnommen haben) beschreiben, mit denen Sie künftig Ihre Pausen gestalten bzw. sich zwischendurch etwas entspannen können.

1. Übung: Der Rückendreher lockert die Wirbelsäule
Nehmen Sie eine bequeme Sitzhaltung ein und verschränken Sie die Hände über den Schultern. Drehen Sie Ihren Oberkörper nun in gemäßigtem Tempo nach links und rechts. Das Becken bleibt unbewegt. Führen Sie die Übung zwei Minuten lang durch.

2. Übung: Der Halsstrecker entspannt den Nacken
Stellen Sie sich aufrecht hin. Atmen Sie ein und heben Sie dabei die Schultern in Richtung Ohren; beim Ausatmen

die Schultern wieder nach unten ziehen. Spüren Sie, wie der Hals gestreckt und Ihr Nacken entspannt wird.

3. Übung: Dehnübungen gegen den Mausarm
Stellen Sie sich aufrecht, aber entspannt hin. Die Arme hängen an den Seiten lose herab. Führen Sie nun die Hand Ihres Mausarms seitlich am Körper nach oben und berühren Sie Ihr seitliches Kinn. Die Handinnenfläche sollte dabei nach außen zeigen. Verharren Sie einen kurzen Augenblick in dieser Stellung und spüren Sie, wie sich Nerven und Muskeln in Ihrem Oberarm dehnen. Lassen Sie den Arm danach langsam zurücksinken. Wiederholen Sie die Übung mehrmals hintereinander.

4. Übung: Der Schulterstrecker aktiviert die Rückenmuskulatur
Stellen Sie sich aufrecht hin und winkeln Sie beide Unterarme an. Die Ellbogen an den Oberkörper drücken, die Fäuste sind geballt. Spannen Sie in dieser Haltung die Arm- und Rückenmuskulatur an und ziehen Sie die Schulterblätter nach hinten, so als zögen Sie vorne in den Händen ein elastisches Gummiband auseinander. Zehn Sekunden halten und dabei die Pobacken fest zusammendrücken. Diese Übungen etwa zehnmal wiederholen.

Ernährung
Die Ärztin Andrea Flemmer schreibt in ihrem Buch „Mood-Food" (2009, S. 10): „Bei einer angenehmen Stimmung oder

Laune wirkt Essen stabilisierend, hält den positiven Gefühlszustand aufrecht oder verstärkt ihn sogar. Es lenkt auch von unangenehmen Dingen ab und hilft, belastende Erlebnisse schneller zu bewältigen. Essen kann Enttäuschungen lindern, aber auch überstandene Schwierigkeiten belohnen." Der Volksmund drückt es mit weniger Worten aus: „Essen hält Leib und Seele zusammen."

Den unzählbaren Ernährungstipps, die uns seit Jahrzehnten präsentiert werden, stehen wir – offen gesagt – etwas skeptisch gegenüber. Zahlreiche Erkenntnisse erwiesen sich bei näherer Betrachtung als haltlos, manche als schlichtweg falsch oder sogar als schädlich. Aus diesem Grund wollen wir uns mit konkreten Empfehlungen zurückhalten. Nur so viel wollen wir zu bedenken geben: Ernähren Sie sich abwechslungsreich und nehmen Sie sich Zeit für das Essen.

Oft denken wir, wir könnten die Zeit zur Nahrungsaufnahme auf ein Minimum begrenzen, damit es schnell wieder mit der Arbeit weitergehen kann. Wir schlingen mehr, statt zu kauen. Hauptsache satt. Kaum ist der letzte Bissen im Rachen versenkt, macht sich jedoch dieses Gefühl absoluter Trägheit breit. Das Essen liegt wie ein Medizinball im Bauch. Dabei haben wir es doch schon als Kind gehört: Kaue gründlich! Wer sich vornimmt, jeden Bissen zehn- bis 20-mal zu kauen, hilft seinem Magen – er muss weniger hart arbeiten – und beugt Verdauungsproblemen (wie etwa Sodbrennen) vor. Netter Nebeneffekt: Man isst nicht zu viel, da das Sättigungsgefühl früher eintritt.

Fasten
Professor Andreas Pfeiffer, Direktor an der Klinik für Ernährungsmedizin der Charité Berlin, erklärt die positiven Folgen des Fastens: „Die Blutfette sinken, der Blutdruck ebenfalls, der Zuckerstoffwechsel verbessert sich, Entzündungen verschwinden, Gelenkprobleme werden weniger und man schläft besser." Allerdings warnt Pfeiffer vor übersteigerten Erwartungen: „Die Vorstellung des Entschlackens beim Fasten hat mitunter groteske Ausmaße angenommen" (Lubbadeh 2015).

Unabhängig davon, welche Erwartungen man mit dem Fasten verbindet und was man damit erreichen möchte, fest steht: Wer einmal ein paar Tage ein seriöses Fastenprogramm absolviert, tut seinem Körper Gutes! Vielleicht wollen Sie es ja mal ausprobieren?

Fußbad
Im Winter kann ein Fußbad wärmend sein, in der warmen Jahreszeit herrlich entspannend. Mit den richtigen Zusatzstoffen kann es sogar eine medizinische Wirkung entfalten.

Je nach Badezusatz lassen sich unterschiedliche Wirkungen erzielen: Seifenlauge hilft gegen Nagelbettentzündung und Auszüge aus Salbei oder Eichenrinde gegen Fußschweiß. Wer seine Füße nur pflegen möchte, sollte Honig oder Sahne ins Wasser geben. Wacholderbeeren- und Rosmarinöl haben sich bei kalten Füßen oder Muskelkater bewährt. Zitrone wirkt stresslindernd und stimmungsaufhellend.

Egal, welchen Zusatz Sie verwenden, achten Sie darauf, dass Sie Ihre Füße maximal eine halbe Stunde lang baden und nicht zu heißes Wasser einlassen.

Luft, frische

Bestimmt kennen Sie das: Spätestens am Nachmittag muffelt das Büro wie ein Iltiskäfig – Sauerstoff ist Mangelware. Doch den benötigen wir dringend zum Arbeiten. Das Gehirn ist besonders darauf angewiesen. In geschlossenen Räumen sinkt zwar der Sauerstoffgehalt, das ist allerdings nicht so entscheidend. Was uns die Konzentration erschwert, ist weniger der Sauerstoffmangel als der angestiegene Kohlendioxid-Gehalt. Das hat seine Ursache im unterschiedlichen Mix von Sauerstoff (O_2) und Kohlendioxid (CO_2) in der Luft, die wir ein- und ausatmen. Frische Luft besteht zu etwa 21 % aus Sauerstoff, hingegen nur zu 0,04 % Kohlendioxid. Menschen atmen Luft mit 16 % Sauerstoff und mit vier Prozent Kohlendioxid aus. Der O_2-Gehalt der Atemluft wird zwischen Ein- und Ausatmen also nicht einmal halbiert, allerdings verhundertfacht sich der CO_2-Anteil.

Nicht nur der im Tagesverlauf im Büro steigende CO_2-Gehalt macht uns müde, sondern auch das lange Sitzen (vgl. Merlot 2015). Deshalb kann es nur einen Ratschlag geben: Gehen Sie raus! Wer sich viel in der frischen Luft aufhält, beugt zudem Übergewicht und Depressionen vor. Es gibt kein Medikament, das dem Körper so gut tut wie Bewegung an der frischen Luft: Wer draußen aktiv ist, hält Immunsystem, Stoffwechsel, Muskeln sowie die Seele im Gleichgewicht.

Gerade wenn man sich in einem Stimmungs- oder Leistungstief befindet, ist es eine hervorragende Idee, einen kleinen Spaziergang zu machen. So werden Kopf und Körper im wahrsten Sinn des Wortes durchlüftet.

Massage

Eine Massage kann helfen, Körper und Geist (wieder) in Einklang zu bringen. Wird man von professionellen Händen massiert, kann sich die Funktion der Lymphdrüsen deutlich verbessern. Die Zellen können durch die intensivierte Blutzirkulation Nährstoffe besser aufnehmen. Zudem werden Endorphine ausgeschüttet, was das Immunsystem anregt.

Was wir nach einer Massage am meisten spüren, sind gelockerte Muskeln. Insbesondere wenn wir gestresst sind, versteifen Nacken und Rückenmuskeln, was nicht nur schmerzt, sondern auch von der Arbeit ablenkt und die Konzentration erschwert.

Nicht immer hat man die Zeit, Gelegenheit oder die Mittel, um sich von einem ausgebildeten Masseur/Physiotherapeuten massieren zu lassen. Medizinisch sicherlich nicht so wirksam, aber in anderer Hinsicht wahrscheinlich noch schöner ist eine Partnermassage.

Meditieren

Viele Menschen haben falsche Vorstellungen vom Meditieren – sie assoziieren damit asketische Mönche im Lotussitz oder dubiose Gestalten im Räucherstäbchennebel. Doch Meditieren ist etwas ganz anderes. Im Kern geht es eigentlich nur darum, sein Bewusstsein zu erweitern und zu (innerer) Ruhe zu finden. Dazu muss man sich weder in einen Ashram zurückziehen, noch an irgendetwas glauben. Meditieren kann man problemlos im Büro oder am Esszimmertisch.

Die positiven Wirkungen des Meditierens sind inzwischen auch wissenschaftlich sehr gut belegt (vgl. Blech 2013).

Mit den Methoden der Neurowissenschaften konnte so nachgewiesen werden, was schon seit Jahrtausenden vermutet wurde, dass nämlich die Seele und der Geist einen enormen Einfluss auf unseren Gesundheitszustand haben.

Es gibt zahlreiche Meditationsformen: Tai-Chi, Qigong, Drehtanz der Sufis, Yoga, Gehmeditation, Meditation nach Osho, Mindfulness-Based Stress Reduction (MBSR) … Informieren Sie sich doch einmal, ob eine der Varianten für Sie interessant sein könnte.

Pausen

Pausen zu machen – dies ist in vielen Branchen und Unternehmen verpönt. „Lunch is for losers" … Durcharbeiten heißt die Devise. Doch das ist grundverkehrt! Nicht nur, dass die Fehler- und Unfallhäufigkeit deutlich ansteigt, wenn man sich keine Erholungsphasen gönnt, sondern auch die Kreativität und Effizienz sinken merklich. Zudem leidet unsere Urteilskraft, und unsere Moral verschlechtert sich, wenn wir erschöpft sind. Experimente an der University of Utah zeigten: Die Wahrscheinlichkeit, dass ein Mensch lügt, ist am Nachmittag 20 bis 50 % höher als am Morgen; selbst ethisch sehr bewusste Menschen können diesen Effekt nicht vermeiden (vgl. Kouchaki 2014, S. 12).

Weder Arbeitnehmer noch -geber profitieren also von einem „Nonstop-Arbeitsstil". Verschiedene Studien belegen dies: Demnach mindern Pausen die Produktivität nämlich nicht, sondern können sie sogar erhöhen. Gerhard Blasche, Erholungsforscher am Zentrum für Public Health der MedUni Wien, bringt es auf den Punkt: Durch

Pausen lässt sich der Arbeitsdruck mildern und gleichzeitig das Wohlbefinden und die Leistungsfähigkeit verbessern (vgl. Medizinische Universität Wien 2014). Insbesondere, wenn wir in einer Sackgasse stecken, uns überhaupt nicht konzentrieren können oder keinen zündenden Gedanken haben, ist es äußerst ratsam, eine Pause einzulegen. Schon Goethe wusste:

> Mein Rat ist daher, nichts zu forcieren und alle unproduktiven Tage und Stunden lieber zu verändeln und zu verschlafen, als in solchen Tagen etwas machen zu wollen, woran man später keine Freude hat.

Wir haben keine Ahnung, was Goethe unter „verändeln" verstand, dafür können wir uns auf wissenschaftlich gesicherte Erkenntnisse zur Pausengestaltung berufen: Mehrere kurze Auszeiten sind besser als eine lange Pause. Man sollte spätestens nach zwei Stunden für mindestens fünf bis zehn Minuten die Arbeit ruhen lassen.

Sauna
Schon die alten Römer wussten: Saunieren wirkt wie eine „Wunderwaffe". Wenn wir schwitzen und uns anschließend kalt abduschen, dann ist das sehr entspannend und es stärkt Herz, Kreislauf sowie das Immunsystem. Die Temperaturschwankungen veranlassen die Blutgefäße, sich abwechselnd auszudehnen und zusammenzuziehen. Dadurch setzen sich die Immunzellen in Bewegung und werden zu den Schleimhäuten transportiert, wo sie Grippe- und Erkältungsviren besonders wirksam abfangen können. Kein Wunder ist es daher, dass aktive

Saunagänger weniger oft an Erkältungen erkranken als Sauna-Abstinenzler. Wie wäre es also mal wieder mit einem Saunabesuch?

Schlaf
Kaum etwas ist der psychischen und physischen Gesundheit so zuträglich wie ein guter Schlaf. Schlafforscher sind sich inzwischen einig, dass Erwachsene ungefähr sieben Stunden pro Tag schlafen sollten. Laut einer Studie des Deutschen Instituts für Wirtschaftsforschung (vgl. Piper 2015) schaffen es die meisten Deutschen auch tatsächlich, diese Stundenzahl zu erreichen.

Die Schlafdauer allein sagt jedoch nichts darüber aus, wie erholsam der Schlaf tatsächlich ist. Viele Menschen verstoßen (oft aus Unwissen) gegen fundamentale „Schlafregeln". Beachten Sie daher die folgenden Tipps (vgl. Merlot 2014):

- Gehen Sie erst dann schlafen, wenn Sie sich müde fühlen. Wir brauchen einfach die nötige „Bettschwere", um einschlafen zu können.
- Schauen Sie kein Fernsehen im Bett.
- Essen Sie nicht im Bett.
- Temperieren Sie Ihr Schlafzimmer richtig – Schlafforscher empfehlen eine Temperatur von ca. 18 bis 21 °C, wobei Frauen leichter frieren als Männer (diese Erkenntnis hat Sie jetzt nicht wirklich überrascht, oder?). Sorgen Sie außerdem für genügend frische Luft. Im Sommer sollte man bei gekipptem Fenster schlafen, im Winter vor dem Zubettgehen kurz lüften.
- Verdunkeln Sie das Schlafzimmer, soweit es geht.

- Gehen Sie nicht hungrig, aber auch nicht vollgegessen ins Bett.
- Versuchen Sie, jeden Abend vor dem Zubettgehen das Gleiche zu machen – sei es noch ein Glas Wasser zu trinken, die Haustür zu verschließen oder die Arbeitstasche für den nächsten Tag zu richten. Durch solche Rituale stimmt sich Ihr Körper auf den Schlafmodus ein.
- Auch wenn wir Ihnen gerade empfohlen haben, nur mit der nötigen Bettschwere ins Schlafzimmer zu gehen: Bringen Sie eine gewisse Regelmäßigkeit in Ihr Abendprogramm und gehen Sie in etwa immer zur gleichen Zeit ins Bett. Die genaue Uhrzeit spielt dabei keine Rolle. Es ist ein Irrglaube, dass man vor Mitternacht am besten schläft. Richtig ist: In den ersten zwei bis vier Stunden nach dem Einschlafen schlummert man sehr fest. Wer ziemlich früh ins Bett steigt, erlebt diese Phase dementsprechend vor Mitternacht, ansonsten später.
- Eine wichtige Bedingung für einen gesunden Schlaf ist genügend körperliche Betätigung – ein Erfolgsgeheimnis guten Schlafs liegt also in der Tagesgestaltung: Bewegen Sie sich ausreichend, allerdings nicht unmittelbar vor dem Schlafen, denn dies bringt den Kreislauf in Schwung.
- Wenn Sie nachts aufwachen und nicht mehr einschlafen können, dann sollten Sie aufstehen und etwas machen (zum Beispiel die Spülmaschine ausräumen), nicht jedoch grübeln oder fernsehen.
- Sofern Sie nach dem Aufwachen das Gefühl haben, schlecht oder zu wenig geschlafen zu haben, sollten Sie versuchen, diesen Gedanken schnell zu verdrängen!

Professor Kristi Erdal (2014, S. 18) vom Colorado College hat nämlich in Experimenten nachgewiesen: Allein die Tatsache, dass jemand der Meinung ist, er habe schlecht geschlafen, lässt die Konzentrationsfähigkeit, die Reaktionsschnelligkeit sowie die Fähigkeit zum logischen Denken sinken, und zwar unabhängig davon, wie gut man tatsächlich geschlafen hat.

Schwimmen
Schwimmen macht nicht nur schlank und schön, sondern ist aus verschiedenen Gründen eine der gesündesten Sportarten überhaupt. Wer sich regelmäßig in die Fluten stürzt, tut seinem Körper viel Gutes. Es ist anstrengend, sich gegen den Widerstand des Wassers zu bewegen, weshalb Schwimmen besonders effektiv ist. Vor allem für leicht Übergewichtige ist Schwimmen eine perfekte Sportart, denn das Wasser trägt das Gewicht des Körpers, ohne die Gelenke zu belasten. Zudem werden nahezu alle Muskeln beansprucht. Verspannungen im Nacken- und Schulterbereich lösen sich schnell. Die Bewegungen der Beine und Arme fördern die Durchblutung und kräftigen die Venen. Ebenfalls wird das gesamte Herz-Kreislauf-System in Schwung gebracht. Weiterer positiver Effekt eines regelmäßigen, moderaten Trainings: Der Cholesterinspiegel, das Risiko für Diabetes sowie Arteriosklerose werden gesenkt. Bei all diesen der Gesundheit zuträglichen Wirkungen werden Sie sicherlich bald die Badehose bzw. den Badeanzug aus dem Schrank holen, oder?

Sonne
Die Sonne hat in den vergangenen Jahren einen schlechten Leumund erhalten. Mantraartig lassen uns Krankenkassen und Hautärzte wissen, dass wir der Sonne aus dem Weg gehen sollten, um uns vor Hautkrebs zu schützen. Selbstverständlich ist der Zusammenhang zwischen (übermäßigem) Sonnenbaden und bösartigen Hauttumoren hinlänglich erwiesen. Doch leider wurde vielfach über das Ziel hinausgeschossen, denn sich unter freiem Himmel aufzuhalten, ist außerordentlich wichtig. Vitamin D kann nämlich vom menschlichen Körper nur in Verbindung mit UV-Strahlung in ausreichender Menge selbstständig gebildet werden. Deshalb ist es so wichtig, sich zu jeder Jahreszeit viel im Freien zu bewegen und sich auch einmal ein paar Minuten der direkten Sonneneinstrahlung auszusetzen. Das wirkt zugleich stimmungsaufhellend.

Sport
Viele „Glücksrezepte" mögen umstritten sein, doch eines kann als absolut gesichert gelten: Wer einigermaßen regelmäßig Sport treibt, ist seltener niedergeschlagen, hat ein höheres Selbstwertgefühl und fühlt sich insgesamt besser. Platt ausgedrückt: Wenn Sie glücklicher sein wollen, gehen Sie joggen!

Der Zusammenhang ist banal: Wer sich in einer guten Konstitution befindet, dem gehen körperliche sowie geistige (!) Tätigkeiten leichter von der Hand und der ist vor allem ausgeglichener und zufriedener. Körperliche Betätigung wirkt gleich in zweifacher Hinsicht auf das Gemüt: Zum einen liefert Sport, richtig betrieben, immer ein Erfolgserlebnis und zum anderen hat er einen direkten

Einfluss auf das Gehirn. Bewegung regt das Wachstum und sogar die Neubildung von Neuronen an (vgl. Klein 2013, S. 346 f.).

Die naheliegende Schlussfolgerung: Machen Sie (mehr) Sport. Am besten geeignet sind Sportarten, die Sie in der Gemeinschaft an der frischen Luft ausüben können, wie etwa Fußball, (Beach-)Volleyball, Radfahren, Walken oder Joggen mit einer Gruppe … Wenn Sie nicht der Typ für Mannschaftssport sind oder Ihre bevorzugte Sportart nicht in Ihrer Nähe angeboten wird, dann suchen Sie sich eine anderweitige aktive Freizeitbeschäftigung – gehen Sie mit dem Nachbarshund Gassi, spielen Sie Federball mit Ihrem Sohn oder gehen Sie mit Ihrer Tochter aufs Gartentrampolin. Entscheidend ist, dass Sie überhaupt etwas tun und ein wenig Zeit in Ihre Gesundheit investieren – Sebastian Kneipp hat es mehr als deutlich formuliert:

> Wer keine Zeit für seine Gesundheit hat, wird eines Tages Zeit haben müssen, krank zu sein.

Tee
Viele Menschen schätzen die wohltuende, beruhigende Wirkung einer guten Tasse Tee. Nicht nur an kalten Wintertagen oder als Alternative zum Kaffee ist Tee ein empfehlenswertes Getränk, sondern auch aus gesundheitlichen Gründen. Insbesondere dem grünen Tee werden zahlreiche positive Wirkungen auf den Körper zugeschrieben. So soll er gegen Krebs schützen, Alterungsprozesse verlangsamen, beim Abnehmen helfen, für eine

gute Haut sorgen, das Arthritisrisiko reduzieren, Osteoporose vorbeugen, den Cholesterinspiegel senken helfen und die Gedächtnisleistung verbessern. Etliche weitere Pluspunkte werden genannt (vgl. Deutsches Grünes Kreuz 2014). Wie wäre es also mal mit einer Tasse grünen Tee?

Trinken
Trinken Sie ausreichend! Die empfohlene Trinkmenge beträgt 30 Milliliter pro Kilogramm Körpergewicht pro Tag (das sind bei einer 70 kg schweren Person etwa zwei Liter). Häufig wird jedoch schlicht vergessen zu trinken. Manche Menschen haben auch einfach keinen Durst. Hier ein paar Kniffe, mit denen Sie leichter auf Ihr Flüssigkeitsquantum kommen:

- Stellen Sie jeden Morgen zwei Flaschen Mineralwasser auf Ihren Schreibtisch – so haben Sie Ihr „Tagesziel" immer im Blick.
- Für Ästheten: Kaufen Sie sich eine formschöne Karaffe und füllen Sie das Wasser dort hinein; wer möchte, kann auch noch eine Limette oder Orange aufschneiden und dazugeben – dies wirkt für manchen Zeitgenossen animierender als der Anblick profaner Flaschen. Auch ein frischer Minzzweig hat die gleiche Wirkung.
- Apropos Gefäße: Tricksen Sie sich selbst aus, indem Sie größere Gläser verwenden – statt eines mit 0,2 L Inhalt sollten Sie sich welche mit mindestens 0,3 oder besser noch 0,4 L Fassungsvermögen zulegen.
- Bauen Sie Trinkrituale in Ihren Alltag ein, zum Beispiel indem Sie sich angewöhnen, immer um 10.00 Uhr ein

Glas Wasser zu trinken, oder indem Sie unmittelbar nach der Rückkehr aus der Mittagspause eine Kanne Tee kochen.

- Immer nur Wasser? Nein, das muss nicht sein. Bringen Sie Abwechslung in Ihren täglichen Getränkeplan: ungesüßte Kräuter- oder Früchtetees, Fruchtsäfte ohne Zuckerzusatz, fettarme Milch und Mineralwasser mit Geschmack sind genauso „erlaubt".
- Gewöhnen Sie es sich an, vor jeder Mahlzeit ein großes Glas Wasser zu trinken. Das hat den angenehmen Nebeneffekt, dass der Magen dann schon ein wenig gefüllt ist und man automatisch weniger isst.
- Trinken Sie jedes Mal, nachdem Sie auf Toilette waren, ein Glas Wasser.
- Nehmen Sie morgens als erste Handlung ein Glas heißes Leitungswasser zu sich. Auf diese Weise kompensiert man nicht nur den durch den Schlaf entstandenen Flüssigkeitsverlust, sondern man regt auch den Stoffwechsel an und verschafft sich das gute Gefühl, schon einen Teil des Trinkpensums „geschafft" zu haben.
- Auch Ihre letzte Tat am Ende eines Tages könnte der Griff zur Wasserflasche (bzw. zum Wasserhahn) sein – so sind Sie gut gerüstet für die Nacht … zumindest in trinktechnischer Hinsicht.
- Vielleicht wollen Sie sich in Ihrem elektronischen Kalender eine tägliche Erinnerung mit der simplen Botschaft „Trinken!" einrichten?
- Bitten Sie einen Kollegen, Sie regelmäßig mit Getränken zu versorgen. Vielleicht wollen Sie sich wochenweise abwechseln? In allen geraden Kalenderwochen sind Sie als „Flüssigkeitswächter" dafür

verantwortlich, Ihren Kollegen mit ausreichend Wasser oder Tee zu bedienen, und in den ungeraden Wochen machen Sie es umgedreht.
- Es muss nicht immer ein Getränk sein. Viele Obst- und Gemüsesorten enthalten einen hohen Wasseranteil, wie etwa Ananas, Aprikosen, Erdbeeren, Karotten, Melonen oder Salatgurken.
- Auch Suppen und Joghurt – wer hätte es gedacht – führen dem Körper recht viel Flüssigkeit zu. Achten Sie jedoch darauf, dass der Salz- bzw. Zuckergehalt nicht zu hoch ist.
- Ein letzter Tipp: Versuchen Sie, gleichmäßig zu trinken. Verkehrt wäre es beispielsweise, kurz vor dem Schlafen noch eine Flasche Wasser zu trinken, weil man den ganzen Tag nichts getrunken hat.

Vollbad
Bereits die alten Römer schätzten die wohltuende Wirkung von (Dampf-)Bädern. Einerseits ist es einfach entspannend, sich in einem wohlig warmen Vollbad auszuruhen, andererseits verwöhnt man damit auch seinen Körper, insbesondere dann, wenn man Zusätze ins Badewasser gibt. Wenn man gestresst oder angespannt ist, sind u. a. folgende Badezusätze zu empfehlen:

- Baldrian
- Lavendel
- Linde
- Melisse
- Rose
- Veilchen

Wärmflasche
Auch wenn es lächerlich klingt: Eine Wärmflasche ist eines der besten, einfachsten und billigsten Mittel, um sich innerhalb weniger Minuten zu entspannen und ausgeglichener zu werden. Natürlich ist die Wirkung zeitlich befristet, aber dafür tritt sie umso schneller ein.

Zahnarzt
Gehen Sie regelmäßig zum Zahnarzt – zahlreiche körperliche Beschwerden haben ihre Ursache oft in Entzündungen/Krankheiten der Zähne.

Arbeiten Sie effizient und effektiv

Martin Wehrle schreibt in seinem Buch „Bin ich hier der Depp?" (2013, S. 66): „Mit Zeitmanagement- und Multitaskingkursen vermitteln Firmen die Botschaft: Der Stress kann nie zu groß sein – nur die Kompetenz des Mitarbeiters, ihn zu bewältigen, zu klein. Wer von seiner Arbeit geschafft wird, statt sie zu schaffen, hat seine Lektion in Zeitmanagement nicht ausreichend gelernt." Ganz so drastisch würden wir es nicht ausdrücken, aber Wehrle hat insofern recht, als dass ein effizienteres oder effektiveres Arbeiten nicht dazu dienen sollte, noch mehr von dem zu machen, was einen ohnedies schon unglücklich macht. Die Logik ist eine andere und wird von Kurt Tepperwein (2006, S. 26) so formuliert: „Wenn man äußere Ordnung schafft, ordnet sich auch das Innenleben."

Die „äußere Ordnung" ist dabei Platzhalter für alle Maßnahmen und Werkzeuge eines systematischen und zielorientierten Arbeitsstils. Dabei sind beide Komponenten gleichermaßen wichtig: Nur systematisch (effizient) zu sein und gutes Zeitmanagement zu praktizieren, bringt gar nichts, denn: „Wer sein Ziel nicht kennt, aber gutes Zeitmanagement betreibt, der gelangt nur schneller ans falsche Ziel" (Schäfer 2014, S. 30). Noch weiter geht Lothar Seiwert (2012): „Wer von Stress geplagt und von Burn-out bedroht ist, braucht keine Techniken zur Selbstorganisation. Er muss seinen Blick für die Steuerung von außen sensibilisieren und schärfen." Nichtsdestotrotz wollen wir uns im Folgenden mit dem Themenfeld Zeitmanagement/Selbstorganisation auseinandersetzen, weil die Anwendung entsprechender Tricks und Tipps durchaus helfen kann, die Arbeitslast zu reduzieren und auf diese Weise etwas glücklicher im Job zu werden.

Ganze Bibliotheken ließen sich mit Werken zum Thema „Zeitmanagement" füllen; es würde den Rahmen unseres Buches sprengen, sie auch nur ansatzweise wiederzugeben. Insofern wollen wir uns auf eine „Best-of-Auswahl" beschränken. Hier also nun unsere 15 besten Zeitmanagement-Tipps.

(1) Erledigen Sie die wichtigen Aufgaben zuerst
Wie oft verzetteln wir uns im Alltag mit Nebensächlichkeiten, wenden viel zu viel Zeit für Banales und Operatives auf? Was wir tun: Wir priorisieren nicht. Wir halten uns zu lange mit Tätigkeiten auf, die weder dem Unternehmen noch uns selbst wirklich nutzen. Häufig ist die Ursache dafür, dass wir uns keine Gedanken über die Wichtigkeit einer Aufgabe gemacht haben.

Wir verwechseln dringlich mit wichtig. Der naheliegende Rat: Machen Sie nur die wirklich wichtigen Dinge.

Haha, toller Tipp, denken Sie? Wenn mich mein Chef dauernd mit Aufgaben eindeckt, habe ich gar nicht die Wahl, was ich mache. Ich muss es einfach tun, ob ich will oder nicht. Stimmt. Wohl aber können Sie entscheiden, in welcher Reihenfolge und in welcher Intensität Sie etwas erledigen. Und dann gilt: Die für Ihre Ziele – oder die der Firma – bedeutsamen Aufgaben werden zuerst bzw. mit erhöhter Aufmerksamkeit bearbeitet.

Was kann das konkret für Ihren Arbeitsalltag bedeuten? Nehmen Sie sich beispielsweise vor, bei Arbeitsbeginn nicht in Ihre E-Mails zu schauen, sondern Ihre erste Arbeitsstunde mit einer Aufgabe zu beginnen, die für Ihren Job eine hohe Bedeutung hat. Oder: Gewöhnen Sie es sich an, morgens als Erstes eine unangenehme Tätigkeit in Angriff zu nehmen, die Sie gern vor sich herschieben würden – so bekommen Sie Aufgaben wirklich erledigt und haben zudem danach das angenehme Gefühl, den schlimmsten Teil des Tages schon überstanden zu haben.

(2) Machen Sie sich klar, was die eigentliche Aufgabenstellung ist

Angenommen, Sie erhalten von Ihrem Vorgesetzten die Aufgabe, eine Liste aller Lieferanten, die im letzten Quartal in Verzug waren, zu erstellen. Okay, es scheint klar, was zu tun ist. Sie legen los. Doch stopp! Wissen Sie wirklich genau, was von Ihnen erwartet wird? Welche Informationen müssten Sie besitzen, um diese Aufgabe vollständig und „richtig" zu erledigen? Zum Beispiel sollten Sie wissen, ob es eine Toleranz bzw. eine bestimmte Messeinheit gibt: Wird die Verzögerung taggenau oder pro Kalenderwoche gezählt? Sollen alle Lieferanten erfasst werden, also etwa auch der Schraubenhändler? In welcher Form sollen die Ergebnisse dargestellt werden, als Excel-Tabelle, als Diagramm oder einfach als Antwort in einer E-Mail? Was wir durch dieses Beispiel veranschaulichen wollen: Bevor Sie eine Aufgabe in Angriff nehmen, sollten Sie genau überlegen, ob Sie a) über alle relevanten Informationen verfügen und b) ob Ihnen diese auch klar sind.

Bevor Sie die Ärmel hochkrempeln, sollten Sie sich zudem stets fragen, was das eigentliche Problem ist, das es zu lösen gilt. Denn: Oft ist es gar nicht so offensichtlich, was die tatsächliche Aufgabe ist. Viele Menschen machen den Fehler und reagieren viel zu schnell – „Ah, das ist das Problem, dann machen wir mal XY." Dabei wäre zunächst einmal Innehalten gut. Es gilt, das wirkliche Thema zu erkennen. So könnte Ihr Problem zum Beispiel die Entscheidung zwischen zwei Mitarbeitern für den Posten des Projektleiters sein. Im Kern geht es hier jedoch nicht um die Personalfrage, sondern darum zu klären, wie das Projekt schnell, günstig und erfolgreich bearbeitet werden kann.

Eine sehr hilfreiche Vorgehensweise zur Identifikation des eigentlichen Problems ist die „Fünf-Mal-Warum-Methode." Die japanische Kaizen-Philosophie geht davon aus, dass sich die Ursache eines Problems nie durch einmaliges Fragen herausfinden lässt. Oft sind es nämlich – wie gerade angeführt – ganz andere Gründe, die zu Problemen führen, als man zunächst vermuten würde. Erfahrungsgemäß muss man etwa fünfmal nach dem Warum fragen, bis man zur eigentlichen Problemursache vorgedrungen ist. Und nur dann kann man auch dauerhafte Lösungen finden. Fragen Sie also wie ein Kleinkind mehrfach „Warum?" – manchmal reicht es, nur dreimal zu fragen, manchmal wird man sechsmal fragen müssen. Ein Beispiel dafür finden Sie in Tab. 19.

Mitunter kann es auch sein, dass Sie bei der Frage nach der eigentlichen Ursache bzw. bei der intensiveren Auseinandersetzung mit einer Aufgabe zu der Erkenntnis gelangen, dass ein sofortiges Handeln gar nicht geboten ist, eventuell sogar kontraproduktiv wäre. Überlegen Sie also, was passieren würde, wenn Sie nichts tun. Menschen unterliegen häufig

Tab. 19 Beispiel für Fünf-Mal-Warum-Fragetechnik. (Quelle: eigene Erstellung)

Warum-Fragen	Antwort
„Warum werden die Liefertermine nicht eingehalten?"	„Weil die Verkäufer nicht einhaltbare Zusagen machen und sich nicht mit der Produktion abstimmen."
„Warum stimmen sich die Verkäufer nicht mit der Produktion ab?"	„Weil sie sich darauf verlassen, dass die Produktion die termingerechte Lieferung schon irgendwie hinbekommt."
„Warum denken die Verkäufer so?"	„Weil die Verkäufer nicht auf die Terminplanung der Produktion zugreifen und die Produktionszeit nur schätzen können."
„Warum haben die Verkäufer keinen Zugriff auf die Terminplanung?"	„Weil die Anbindung der Verkäufer an das Intranet noch nicht funktioniert."
„Warum funktioniert die Anbindung nicht?"	„Weil die Verkäufer noch nicht in diesem Programm geschult sind."

einem Handlungszwang, übersehen dabei jedoch, dass es unter Umständen eine weise Entscheidung sein kann, nichts zu unternehmen, weil viele Probleme die Tendenz haben, sich von allein zu erledigen. Wohlgemerkt: Dies kann, muss aber nicht der Fall sein.

(3) Vereinbaren Sie Termine mit sich selbst

Viele Berufstätige klagen darüber, dass sie nie zu ihren eigentlichen Aufgaben kommen, sondern stets in Besprechungen sitzen, angerufen werden oder „Feuerwehraufgaben" wahrnehmen müssen. Wenn das bei Ihnen auch der Fall ist, dann sollten Sie täglich – idealerweise immer zur gleichen Uhrzeit, etwa nach der Mittagspause – einen Termin mit sich selbst ausmachen und in dieser Zeit die Dinge erledigen, die wirklich wichtig sind. Kein Besucher und kein Telefon dürfen Sie dann stören. Klingt banal? Ja, aber die Schwierigkeit besteht darin, diese Maßnahme mit aller Disziplin auch umzusetzen. Behandeln Sie die Termine mit sich selbst wie nicht verschiebbare Kundentermine, sonst laufen Sie Gefahr, ständig Ihre „heilige Zeit" für andere Termine zu opfern.

(4) Planen Sie Pufferzeiten ein

Zusätzlicher Zeitaufwand entsteht oft dadurch, dass man einmal angefangene Aufgaben unterbrechen und dann später wieder aufnehmen muss. Die Folge: Man benötigt wieder Zeit, etwa um die erforderlichen Unterlagen herauszusuchen oder sich erneut in das Thema hineinzudenken. Gewöhnen Sie sich daher an, Pufferzeiten einzuplanen. Wenn eine Besprechung bis 15.00 Uhr angesetzt ist, dann vereinbaren Sie den Folgetermin erst um 15.30 Uhr.

In der Zwischenzeit haben Sie Gelegenheit, die Besprechung nachzubereiten und Ihre „To dos" sofort zu erledigen.

Ein anderes Beispiel: Wenn Sie für die Erstellung einer Präsentation zwei Stunden planen, so reservieren Sie sich im Kalender drei Stunden dafür – sollte es nämlich doch länger dauern, so müssen Sie Ihre Arbeit nicht unterbrechen, sondern können Ihre Aufgabe in Ruhe zu Ende bringen.

(5) Verplanen Sie nur die Hälfte Ihrer Zeit

Es ist ein Phänomen: Nie scheint die zur Verfügung stehende Arbeitszeit für all das auszureichen, was erledigt werden soll oder muss. Dementsprechend stopfen wir unsere Terminkalender voll und verplanen jede Minute. Ein Kardinalfehler! Im Laufe eines jeden Tages passieren nämlich – wie in den Tipps (3) und (4) schon erwähnt – unvorhergesehene Dinge, die Sie dazu zwingen, geplante Vorhaben zu verschieben. Dadurch erwächst Stress. Sie bleiben hingegen flexibel, wenn Sie sich angewöhnen, im Regelfall nur die Hälfte Ihres Arbeitstages zu verplanen – die andere Hälfte bleibt frei für spontane Aufgaben und Termine.

(6) Fassen Sie jeden Vorgang nur einmal an

Bearbeiten Sie einen Vorgang bis zum Schluss, wenn Sie sich mit ihm beschäftigen, und zwar egal, ob Sie selbst etwas tun (wie etwa einen Brief schreiben) oder etwas aufnehmen (zum Beispiel einen Artikel lesen). Lesen Sie also eine E-Mail komplett durch, beantworten Sie sie und legen Sie sie danach im entsprechenden Ordner ab. Erliegen Sie nicht der Versuchung und sagen sich: „Ach, das mache ich dann später." Denn dann müssen Sie sich erneut in den Sachverhalt hineindenken und brauchen viel mehr Zeit, um den Vorgang abzuschließen. Wer das „Einmal-Prinzip" anwendet, vermeidet Chaos auf dem Schreibtisch und im Outlook-Posteingang.

(7) Vermeiden Sie Multitasking
Der Mathematiker Georg Christoph Lichtenberg (1742–1799) stellte schon vor über 200 Jahren fest:

> Alles auf einmal tun wollen, zerstört alles auf einmal.

Diese Erkenntnis gilt heute noch ebenso wie damals, wahrscheinlich sogar noch mehr, weil wir in Anbetracht der ungeheuren Arbeitsmenge immer öfter versuchen, Tätigkeiten zu parallelisieren: Während des Telefonats lesen wir unsere E-Mails, in der Besprechung blättern wir den letzten Projektbericht durch, und während wir das Mitarbeitergespräch führen, schielen wir auf unser Smartphone.

Dabei sollte doch schon längst klar sein: Multitasking bringt gar nichts! Wissenschaftliche Studien am Kings College in London haben ergeben: Mitarbeiter, die eine Aufgabe erledigen und sich dabei gleichzeitig den E-Mails widmen, bringen eine schlechtere Leistung als Mitarbeiter, die infolge von Marihuana zugedröhnt sind (vgl. Voß 2009). Es soll dies nun keine Aufforderung zum Kiffen sein, sondern die seriöse Begründung dafür, warum Multitasking schlecht ist. Multitasking schmälert die

Konzentrationsfähigkeit erheblich. Forscher der Stanford Universität zeigten in einer Studie mit Studenten, dass bei heftigem Multitasking die Fähigkeit leidet, irrelevante Details aus dem breiten Informationsfluss zu selektieren (vgl. Ophir et al. 2009).

Mittlerweile ist erwiesen, dass es sich bei Multitasking um eine psychologische Täuschung handelt. Wir merken einfach nicht, wie einzelne Sekunden beim Wechseln von einer Aufgabe zur anderen verloren gehen. Weil unser Gehirn durch den Wechsel so beansprucht wird, entsteht für uns der subjektive Eindruck von Produktivität. Es ist also ein Irrglaube, dass man verschiedene Aufgaben parallel machen könne. Das Gegenteil ist der Fall – Effizienzverluste sind die unmittelbare Folge von Multitasking. Es zählt eben nicht nur Geschwindigkeit, sondern auch die Qualität. Deshalb: Widerstehen Sie der Versuchung, mehrere Dinge gleichzeitig zu erledigen, und konzentrieren Sie sich stets auf eine Aufgabe!

(8) Lassen Sie sich nicht ablenken
Wir werden permanent daran gehindert, in Ruhe zu arbeiten. Die drei schlimmsten Ablenkungen und damit Zeitfresser sind der E-Mail-Posteingang, Anrufe sowie (ungebetene) Besucher. Hier die Gegenmittel, um diese Störungen zu vermeiden beziehungsweise zu minimieren:

- Gewöhnen Sie sich an, nur dreimal am Tag Ihre eingehenden E-Mails abzurufen – und beantworten Sie diese dann auch gleich.
- Deaktivieren Sie die Funktionen „Beim Eintreffen neuer Elemente Sound wiedergeben",

„Desktopbenachrichtigung" und „Briefumschlagsymbol anzeigen".
- Legen Sie für mindestens zwei Stunden am Tag „Telefonauszeiten" fest – hängen Sie den Hörer aus, bitten Sie Ihr Sekretariat, keine Anrufe durchzustellen oder leiten Sie das Telefon auf einen Kollegen weiter. Anrufer mit einem wichtigen Anliegen werden eine Nachricht hinterlassen.
- Entwickeln Sie ein Gespür für längere Telefonate. Wenn Sie merken, dass ein angenommenes Gespräch vermutlich länger dauern wird, Sie dafür aber keine Zeit haben, dann sagen Sie dem Anrufer Folgendes: „Für unser Gespräch möchte ich mir Zeit nehmen, die ich momentan nicht habe. Können wir morgen um 11.30 Uhr dazu telefonieren?" (vgl. Tepperwein 2006, S. 30).
- Schließen Sie Ihre Bürotür und hängen Sie einen (Post-it-)Zettel deutlich sichtbar daran: „Ich bin erst wieder ab 15.00 Uhr zu sprechen." Kommen dennoch Kollegen herein, stehen Sie sofort vom Schreibtisch auf, gehen Ihrem Gast entgegen – damit er sich gar nicht erst setzt – und bitten ihn, später wiederzukommen. Bei dieser Gelegenheit: Wenn Sie ein Gespräch mit einem langatmigen Kollegen führen müssen, so wählen Sie stets sein Büro als Besprechungsort aus. Als Gast können Sie eher das Gespräch beenden.
- Richten Sie feste „Audienzzeiten" ein und teilen Sie diese Ihren Mitarbeitern und Kollegen mit. So weiß jeder, wann er (ungefragt) zu Ihnen kommen kann und wann nicht.

Es ist nicht leicht, diese Maßnahmen umzusetzen und dauerhaft anzuwenden. Viel Disziplin ist dazu erforderlich. Außerdem kann Ihr Verhalten abweisend und schroff wirken. Haben Sie jedoch einige Wochen durchgehalten, so werden Sie selbst und Ihre Kollegen sich daran gewöhnt haben.

(9) Setzen Sie Ideen und kleinere Aufgaben sofort um

Als Faustregel gilt: Alles, was weniger als zwei Minuten dauert, sollte sofort erledigt werden – allerdings darf Geplantes dabei nicht in Verzug geraten. Ein Beispiel: Ihr Ordner „Protokolle Abteilungssitzungen" ist zum Bersten voll und Sie müssten einen neuen Ordner anlegen – schreiben Sie nicht langwierig einen Erinnerungszettel, dass Sie das tun wollen, sondern stehen Sie auf, holen sich einen neuen Ordner, beschriften ihn und stellen Sie ihn ins Regal.

(10) Erstellen Sie Checklisten

Sofern Ihre Arbeit aus teilweise wiederkehrenden Abläufen besteht, kann es enorm hilfreich sein, dafür Checklisten zu entwickeln. Checklisten sind eine tolle Methode, um Zeit zu sparen, nichts zu vergessen und Erfahrungen zu dokumentieren.

Egal, ob es um die Organisation einer Kundenveranstaltung, die Planung des Weihnachtskartenversands oder den Messeaufbau geht – wer Checklisten schreibt und nutzt, ist klar im Vorteil.

(11) Halten Sie alles Wichtige schriftlich fest

Die Basis jedes effizienten Zeitmanagements ist die Schriftlichkeit. In Anbetracht der Fülle an Informationen, die täglich auf einen einströmen, benötigt man entweder ein unfehlbares Gedächtnis oder ein Hilfsmittel. Aufgaben, Gesprächsergebnisse, Ideen und vieles mehr gehen uns durch den Kopf – all das muss schriftlich festgehalten werden, wenn es nicht verloren gehen soll. Die Devise lautet also: Vom Hirn aufs Papier. So schaffen Sie neue Kapazitäten im Kopf und vermeiden Stress.

Führen Sie ein „Logbuch". Schreiben Sie Ihre Notizen – wirklich alle – in ein einziges Buch. Dieses „Logbuch" sollte das Format DIN A4 und einen festen Einband haben. Sie können dafür Kladden oder auch Schulhefte nehmen. Post-its oder Schmierzettel sind nicht empfehlenswert für Notizen, denn sie sind meistens dann unauffindbar, wenn man sie benötigt.

Zudem sollten Sie stets, insbesondere, wenn Sie nicht von Ihrem Logbuch begleitet werden, einen Block und Stift bei sich tragen. Gerade hatten Sie in der Kantine einen Geistesblitz, doch zurück am Schreibtisch, will Ihnen die Idee partout nicht mehr einfallen. Also: Ein kleiner Block oder ein gefaltetes Blatt Papier und ein Stift passen in jede Hand- oder Hosentasche. Und damit kein Zettelchaos entsteht, sollten Sie Ihre Notizen regelmäßig in Ihr Logbuch oder in Ihren Kalender übertragen.

(12) Räumen Sie auf

Eine unordentliche Umgebung wirkt ungemütlich, erschwert es, sich auf die wirklich entscheidenden Dinge zu konzentrieren, macht unausgeglichen und verursacht

Stress. Ordentliche Menschen hingegen steigern ihr Wohlbefinden und sparen viel Zeit, die sie dann anderweitig nutzen können. Zudem haben das Aufräumen und Ordnen für die meisten Menschen eine befreiende Wirkung (vgl. Tepperwein 2006, S. 77). Im Folgenden dazu ein paar konkrete Tipps.

Mindestens einmal im Jahr sollten Sie sich Zeit reservieren, um Ihre Ablage zu durchforsten. Nutzen Sie die „Vier-Felder-Methode" zur Entrümpelung Ihrer Ablage: Teilen Sie dazu den Fußboden vor Ihrem Schreibtisch gedanklich (oder mithilfe von Malerkreppband) in vier Felder ein. Sortieren Sie alle Unterlagen, die sich auf und in Ihrem Schreibtisch befinden, in eines der vier Felder ein. Behandeln Sie die Unterlagen pro Feld dann gemäß den obigen Anweisungen (siehe Abb. 15).

Wichtig dabei: Bilden Sie keine weiteren Felder und zwingen Sie sich dazu, jedes Schriftstück nur einmal anzufassen – es darf keine „Zwischenhäufchen" geben.

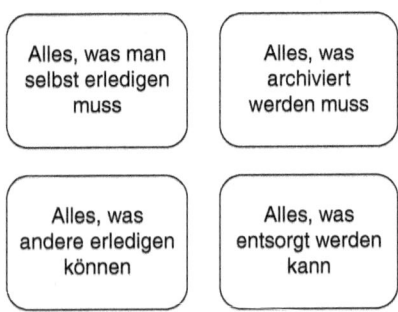

Abb. 15 Die Vier-Felder-Methode. (Quelle: eigene Erstellung)

Entrümpeln mit der „Kaizen-Methode": Räumen Sie Ablageflächen, etwa auf dem Schreibtisch oder Sideboard, frei und sortieren Sie die Inhalte in die entsprechenden Aufbewahrungssysteme. Stellen Sie dann eine Grünpflanze oder eine Skulptur auf die frei gewordene Fläche – so verhindern Sie, dass sich dort erneut „Müll" ansammelt. Nutzen Sie die „Kaizen-Methode", um auch Schubladen und Schränke zu entrümpeln:

- Ausleeren: Schütten Sie den gesamten Inhalt einer Schublade, eines Schrankes oder Regals auf einen Tisch.
- Ausmisten: Werfen Sie alle unnötigen oder veralteten Dinge weg. Seien Sie dabei sehr großzügig.
- Sortieren: Bringen Sie alle Gegenstände, für die es bereits einen festen Platz gibt, (wieder) an ihren Aufbewahrungsort.
- Nomaden erkennen: Am Ende dieses Aufräumens bleiben viele Utensilien übrig, die keinen festen Platz haben. Das sind die „Nomaden", also nicht sesshafte Gegenstände und damit die Ursache aller Unordnung. Fassen Sie alle gleichartigen Nomaden zu Häufchen zusammen: Zeitungsausschnitte, Kleinteile oder Erinnerungen.
- Nomaden sesshaft machen: Überlegen Sie, in welcher Art von Behälter Sie jedes Nomaden-Häufchen am besten aufheben können und wo dieser Behälter am sinnvollsten stehen sollte (Schublade, Ordner, Schachtel). Schaffen Sie sich dafür genügend Ordnungsmittel an.
- Hausputz: Reinigen Sie alle Schubladen, Schränke oder Regale gründlich vor dem Wiedereinräumen.

- Regeln festlegen: Überlegen Sie sich Ordnungsnormen, an die Sie sich zukünftig halten wollen, etwa keine Bücher außerhalb des Bücherschranks oder den Platz auf dem Sideboard immer freihalten.

Räumen Sie Ihren PC auf:

- Löschen Sie alte Dateien, die Sie nicht mehr benötigen.
- Legen Sie Ordner an und verschieben Sie die zugehörigen Dateien dorthin.
- Sortieren Sie die Symbole auf dem Desktop zu sinnvollen Gruppen.

(13) Beachten Sie die wichtigsten Schreibtisch-Gebote

- Schaffen Sie eine freie Arbeitsfläche von mindestens 40 mal 60 Zentimetern, das entspricht etwa der Fläche eines DIN-A-3-Blattes.
- Nur der Vorgang, der gerade bearbeitet wird, sollte auf dem Schreibtisch liegen.
- Alle wichtigen und häufig benutzten Arbeitsutensilien (Stifte, Textmarker, Schere, Locher) gehören in Griffnähe – alle anderen in Schubladen.
- Richten Sie für jedes Arbeitsutensil und jedes Ablageelement (wie Ordner oder Mappen) einen festen Platz ein. Bringen Sie den Gegenstand nach jeder Benutzung wieder an seinen Platz. Je häufiger Sie einen Gegenstand benötigen, desto näher sollten Sie ihn an Ihrem Arbeitsplatz aufbewahren.
- Legen Sie sich einen Posteingangskorb zu – leeren Sie ihn jeden Tag.

- Kaufen Sie sich einen großen Papierkorb und benutzen Sie ihn häufig. Nichts ist so wertvoll für einen leeren Schreibtisch wie diese „runde Ablage".
- Verlassen Sie Ihren Schreibtisch abends so, als ob Sie zwei Wochen in den Urlaub gehen würden – und zwar jeden Tag, ohne Ausnahme.

(14) Machen Sie es sich schön

Überlegen Sie einmal: Wo verbringen Sie mehr Zeit, im Büro oder im eigenen Wohnzimmer? Richtig, am Schreibtisch sitzen Sie wesentlich länger als auf der heimischen Couch. Sie sollten es sich also schön machen im Büro – das steigert nicht nur die Ansehnlichkeit Ihres Arbeitsplatzes, sondern auch Ihr Wohlbefinden. Beherzigen Sie folgende Tipps:

- Verwenden Sie Arbeitsmittel (Schreibtischunterlage, Gefäße oder Schalen für Stifte und so weiter) und Hilfsmittel (Locher, Heftzange und so weiter), die Ihnen gefallen.
- Ersetzen Sie einfache Utensilien durch ausgesuchte Objekte. Tauschen Sie zum Beispiel die Kaffeetasse mit Werbeaufdruck gegen einen Becher aus, den Ihre Tochter im Kindergarten bemalt hat. Werfen Sie das Plastiklineal weg und nehmen Sie eines aus Holz. Entsorgen Sie das verblichene Mousepad mit dem Logo eines Ihrer Lieferanten und schaffen Sie sich ein einfarbiges an. Hängen Sie mit Reißzwecken an die Wand geheftete Poster ab und bringen Sie dafür einen gerahmten Druck an.

- Verwenden Sie qualitativ hochwertige Ordner und Sammelsysteme.
- Beschaffen Sie sich (natürlich nur, wenn Sie die Möglichkeit dazu haben) Büromöbel, die Ihrem Geschmack entsprechen.
- Halten Sie Ihren Arbeitsplatz sauber. Greifen Sie öfter mal zum Putzlappen. Entsorgen Sie täglich leere Kaffeetassen, Flaschen und Essensreste.

(15) Schaffen Sie eine gute Leseumgebung
Büroarbeit bedeutet vielfach Lesearbeit. E-Mails, Briefe, Faxe, Memos, Aktennotizen, Projektberichte, Fachartikel, Studien, Bücher und einiges mehr landen täglich in Ihrem Posteingang und wollen gelesen werden. Mit welchen Methoden Sie diesen Blätterberg einfacher und schneller abtragen können, erfahren Sie nachfolgend:

- Lassen Sie Ihre Sehstärke überprüfen: Wer besser lesen will, sollte gut sehen können.
- Vergrößern Sie nicht den Blickabstand: Ein gelegentlich empfohlener Tipp lautet, den Abstand vom Auge zum Buch (oder zum Bildschirm, zur Zeitung, zum Magazin) zu vergrößern, um mehr Wörter auf einmal zu erfassen. Doch das ist falsch, weil Ihr Gehirn dann nämlich länger braucht, um den „Wörtersalat" zu entziffern. Der ideale Abstand zwischen Auge und Text beträgt rund 50 cm.
- Sorgen Sie für ausreichendes und blendfreies Licht: Bekanntlich ermüden Sie und Ihre Augen in schlecht beleuchteten Räumen schneller. Verwenden Sie keine

Spotlights. Besser ist es, den ganzen Raum zu erhellen, damit keine störenden Kontraste entstehen.
- Sorgen Sie für eine ruhige Atmosphäre: Bewegung in der Umgebung lenkt ab, denn das Auge sieht zuerst dorthin, wo Bewegung ist (dies ist ein Ur-Reflex). Lesen Sie also nicht dort, wo Publikumsverkehr ist oder vor einem Fenster.
- Verbannen Sie Wand- oder Tischuhren mit Sekundenzeigern vom Leseplatz.
- Schalten Sie animierte Bildschirmschoner und Ihr E-Mail-Programm aus.
- Verzichten Sie auf Hintergrundmusik.
- Stellen Sie sämtliche Geräuschquellen (Klimaanlage, Drucker und so weiter) ab.
- Gönnen Sie Ihren Augen gelegentlich eine Verschnaufpause. Reiben Sie Ihre Hände warm und halten Sie sie zwei Minuten vor Ihre geschlossenen Augen; stellen Sie sich dabei bunte Gegenstände oder Landschaften vor.

Sagen Sie mutig NEIN

Unsere Befragung hat Eines klar gezeigt: Ein Hauptgrund für Unzufriedenheit im Job ist die oftmals erdrückende Arbeitslast. Auf unseren To-do-Listen steht mehr, als wir jemals abarbeiten können. Kaum haben wir eine Position gestrichen, kommen schon wieder neue hinzu. Mit den Aufgaben verhält es sich wie mit der Hydra, dem schlangenähnlichen Ungeheuer aus der griechischen Mythologie. Verliert diese einen Kopf, wachsen an dessen Stelle zwei neue. Trotz allerbestem Bemühen, einem vorbildlichen Zeitmanagement und Priorisierung ist irgendwann einmal der Punkt erreicht, an dem wir in den Wahnsinn abzudriften drohen. Spätestens dann wäre es an der Zeit, seinem Vorgesetzten – in manchen Fällen wohl auch seinen Kollegen – unmissverständlich zu sagen: „Nein, es reicht."

Manche Menschen tun dies auch. Die meisten allerdings nicht. Sie bringen das Wort „Nein" nicht über die Lippen. Oft steht dahinter Angst. Die Situation ist ähnlich der im vorherigen Abschnitt beschriebenen. Die Nicht-Nein-Sagen-Könner haben Angst, Liebe, Wertschätzung, Anerkennung oder Bestätigung zu verlieren, wenn sie sich durchsetzen. Sie haben Furcht, andere zu enttäuschen oder ihre Karriere aufs Spiel zu setzen, wenn sie Nein sagen. Also wird weiter mit dem Kopf genickt und fleißig im Hamsterrad getreten. Aber ist diese Angst überhaupt berechtigt? Frank Patalong, Kolumnist und Autor, meint, eher nicht (2014):

> Hand aufs Herz: Wann hat das letzte Mal ein Vorgesetzter brüllend hinter Ihnen gestanden, die Peitsche geschwungen und eine Erhöhung der Taktzahl verlangt? Das mag es geben, aber denen von uns, die nicht auf Galeeren schuften, passiert es eher selten.

Natürlich: Es gibt – wie Sie im nächsten Abschnitt lesen werden und vermutlich aus eigener Erfahrung bestätigen können – viele Psychopaten und Choleriker auf der Chefetage/im Kollegenkreis, die durchaus schreiend ihre Meinung kundtun. Doch wir müssen fair bleiben und dürfen uns nicht von mitunter dramaturgisch überhöhten

Darstellungen in Büchern sowie in den Medien täuschen lassen: Die Mehrzahl der Menschen (auch in Führungspositionen) pflegt einen normalen Umgangston und würde Mitarbeiter, die Nein sagen, nicht gleich nach Nord-Sibirien schicken. Dennoch gelingt es uns nur selten, eine Anfrage abzulehnen. Martin Wehrle (2013, S. 284 f.) weiß auch, warum: „Als Kinder lernen wir: Der fremde (elterliche) Wille ist alles, der eigene Wille ist nichts. Diese Prägung erklärt, warum sich Mitarbeiter am Nasenring der Fremdbestimmung weit über ihre vertraglichen Verpflichtungen hinausführen lassen."

Dabei könnte es so einfach sein. Wir müssten lediglich entschlossen „Nein" rufen, wenn wir mit unerfüllbaren Aufgaben zugemüllt werden. Dies trifft nicht nur auf die Arbeitsmenge zu, sondern auch auf alle anderen Situationen, in denen wir ausgenutzt, ungerecht behandelt oder grundlos angegriffen werden. Auch wenn sich jemand uns gegenüber im Ton vergreift oder unsere Werte mit Füßen tritt, sollte man dies künftig nicht mehr herunterschlucken, sondern mit einem „Nein, so kommst Du bei mir nicht weiter" antworten. Denn: „Wer auf Dauer gegen seine Werte lebt, gerät in Stress und wird krank" (Hieronimus und Wilde 2014, S. 82). Also: Lassen Sie sich nicht mehr alles gefallen!

Das schreibt sich zugegebenermaßen recht locker daher, aber im Alltag ist es dann doch sehr schwer, den nötigen Mut aufzubringen. Oder man ist einfach nicht schlagfertig genug, um spontan die passenden Worte zu finden. Ein erster Schritt, um sich zu emanzipieren, besteht deshalb darin, sich einmal alle typischen Situationen zu überlegen, bei denen man eigentlich Nein sagen möchte, und sich dafür mögliche neue Reaktionen bzw. Antworten zu überlegen (siehe Tab. 20).

Wer sich so vorbereitet und mit (guten) Argumenten munitioniert, dem wird es künftig sicherlich leichter fallen, seine Meinung kundzutun. Darüber hinaus gibt es etliche weitere Tipps zum Thema „Nein-Sagen" – eine kleine Auswahl präsentieren wir Ihnen nachfolgend:

- Überlegen Sie stets, ob die an Sie herangetragene Bitte wirklich eine Belastung für Sie darstellt. Oft können neue Aufgaben, Einladungen, Ämter oder Ähnliches ja auch die Chance zur Weiterentwicklung bieten. Vielleicht haben Sie gerade auch tatsächlich ein wenig Zeit zur Verfügung? Oder Sie wissen genau, dass Sie für eine bestimmte Tätigkeit zehn Minuten brauchen, der Kollege aber mehr als eine Stunde damit beschäftigt wäre? In solchen Situationen wäre es unangebracht, kategorisch auf einem Nein zu bestehen.
- Verwenden Sie die „Anrufbeantwortertechnik" und lassen sich mit Ihrer Antwort ein wenig Zeit. Wie oben geschrieben, fallen einem nämlich gute Argumente oft im Nachhinein ein. Tritt also jemand mit einem Anliegen an Sie heran, sagen Sie ihm/ihr: „Ich würde gern darüber nachdenken und melde mich morgen bei Ihnen."
- Vielleicht können Sie Ihrem Gegenüber eine Art „Tauschhandel" vorschlagen bzw. Ihre Zustimmung an ein Zugeständnis des anderen knüpfen: „Okay, ich könnte am Dienstag länger bleiben, wenn ich dafür am Freitag um 14.00 Uhr Schluss machen kann."

Tab. 20 Formular für Antworten auf „Nein-Situationen." (Quelle: eigene Erstellung)

Situation, in der ich „Nein" sagen möchte	Mögliche Antwort
Dr. Heidemann gibt mir eine zusätzliche Aufgabe, obwohl ich schon mit allen meinen anderen Pflichten in Verzug bin.	*Herr Dr. Heidemann, gern würde ich diese Aufgabe erledigen, aber ich kann das derzeit nicht tun, ohne dass andere To-dos darunter leiden. Wenn Ihnen die neue Aufgabe wichtiger ist als die anderen, dann sagen Sie mir bitte, was ich so lange warten lassen kann, bis die neue Aufgabe erfüllt ist.*

- Ein Nein lässt sich am charmantesten verkaufen, wenn man bereit ist, eine Teillösung anzubieten: „Können Sie das bis heute um 12.00 Uhr erledigen?" „Heute geht leider gar nichts mehr, aber das ist das Erste, was ich morgen mache."
- Den „Antragsteller" stoßen Sie nicht vor den Kopf, wenn Sie eine glaubwürdige Begründung haben: „Gern hätte ich das für Sie gemacht, aber ich muss heute pünktlich gehen, da ich noch einen Zahnarzttermin habe."
- Was fast immer stimmt: Wir werden umso unproduktiver, je mehr wir versuchen, gleichzeitig zu machen bzw. je mehr wir zu tun haben. Je höher der Stresspegel, desto weniger konzentriert sind wir und desto mehr Fehler passieren. Argumentieren Sie ganz sachlich: „Ich habe schon so viele Aufgaben auf dem Schreibtisch. Wenn das jetzt dazukommt, leidet die Qualität meiner Arbeit darunter."
- Ohne lügen zu müssen, kann man oftmals auch äußere Umstände für eine Ablehnung heranziehen: „Wenn ich das jetzt erledige, bekomme ich den letzten Bus nicht mehr."
- Die Beziehung zum Anfrager bleibt intakt, wenn Sie es schaffen, Verständnis zu äußern: „Klar, ich verstehe, dass ihr momentan total im Stress seid. Leider ist's bei uns nicht besser – wir haben nächste Woche Messeaufbau."
- Etwas weniger taktvoll, dafür umso wirksamer ist es, grundsätzlich zu antworten: „Sorry, ich kann die Abrechnung nicht für Sie machen. Ich habe mir fest vorgenommen, zukünftig nur noch abteilungsinterne Aufgaben zu erledigen."

- Generell sollten Sie Ihr Nein nicht mit zu vielen Argumenten begründen. Je mehr Punkte, manchmal auch Ausreden, Sie verwenden, desto angreifbarer werden Sie.
- Widerstehen Sie der „Honig-Taktik", die viele Menschen anwenden – sie schmieren Ihnen Honig ums Maul, um so Ihre Zustimmung zu erhalten: „Frau Weiser, Sie haben das letzte Mal die Einladung fürs Regional Management Meeting so toll formuliert, würden Sie das bitte wieder machen?" Da fällt es schwer, Nein zu sagen, außer Sie entlarven diesen Trick mit einem kleinen Augenzwinkern: „Danke, Frau Zipper, ich freue mich über Ihr Lob, leider hilft mir dieses aber nicht dabei, diesen Aktenstapel abzuarbeiten."
- Verwenden Sie stets eine unzweideutige Sprache und lassen Sie „Weichmacher" weg, wie etwa „eigentlich", „prinzipiell", „normalerweise", „ein bisschen", „ganz", „ich glaube", „ich meine", „ich denke" usw. Wer eine Bitte mit „Eigentlich würde ich das nicht ganz so gern machen" beantwortet, braucht sich nicht zu wundern, wenn der andere das nicht als klares Nein interpretiert und nachhakt.

Wie bereits geschrieben, bedeutet „Nein sagen" auch, (ungerechtfertigte) Angriffe zurückzuweisen bzw. sie zu kontern. Auch dazu einige Empfehlungen:

- Wehren Sie Vorwürfe ab, indem Sie sich räumlich distanzieren und einen Schritt zurücktreten.
- Personen, die Ihnen ganz offensichtlich schaden wollen und Sie mit unhaltbaren Vorwürfen konfrontieren,

bringen Sie leichter zum Schweigen, wenn Sie deren Namen nennen: „Das Argument, das Sie nennen, Herr Baumgartl, ist …"
- Stellen Sie eine Gegenfrage. Dies ist ein sehr beliebtes und höchst effizientes Mittel, um Angriffe zu kontern. Statt eine Antwort zu geben, stellen Sie also einfach selbst eine Frage: „Wie hätten Sie sich denn an meiner Stelle verhalten?"
- Übertreiben Sie. Machen Sie den Einzelfall zur Regel und verallgemeinern Sie gnadenlos: „Baut ein Mitarbeiter Mist, dann hat gleich die ganze Abteilung versagt."
- Weichen Sie aus. Sprechen Sie ein ganz anderes Gebiet an und lenken Sie damit vom eigentlichen Thema ab: „Denken Sie doch einmal an den Vertrieb, und sprechen Sie nicht nur von Kosten."
- Stimmen Sie dem Vorwurf in übertrieben-witziger Weise zu. Auf den Vorwurf „Sie haben Ihr Budget überzogen" könnten Sie etwa antworten: „Ja, ich hatte sogar vor, jedem Mitarbeiter einen Ferrari zu kaufen."
- Stimmen Sie dem Vorwurf in natürlich-sachlicher Weise überraschend zu. Den Vorwurf „Sie können ja gar nicht präsentieren" könnten Sie zum Beispiel so kontern: „Stimmt, damit hatte ich schon an der Universität große Probleme."
- Wenn Ihnen partout nichts einfällt, eines können Sie immer machen, nämlich nachfragen: „Wie meinen Sie das genau?"
- Seien Sie diplomatisch. Danken Sie dem Kritiker für seinen Kommentar (vgl. Tepperwein 2006, S. 357 ff.) und verzichten Sie darauf, Stellung zu beziehen. Seien

Sie dabei besonders höflich und nicht arrogant im Ton: „Danke für Ihren Hinweis."
- Sollte sich Ihr Gegenüber absolut im Ton vergriffen haben, dann antworten Sie ruhig: „Auf dieser Basis möchte nicht mit Ihnen reden", wenden sich ab und gehen.
- Leider gibt es manchmal Situationen, in denen Sie ein anderer sogar mit einem vulgären Schimpfwort betitelt, wie etwa „A****loch". Sie sagen: „Und Ihr Vorname?"

Bringen Sie Farbe in Ihr (Arbeits-)Leben

Dieser Abschnitt dürfte nur für einen Teil von Ihnen, geschätzte Leser, von Relevanz sein, und zwar für diejenigen unter Ihnen, die im Job unterfordert sind. Immerhin sind das laut einer Befragung der Deutschen Universität für Weiterbildung (2011, S. 3) elf Prozent der Berufstätigen. In einem Bericht der Bundesregierung (Sauer und Spahn 2012) heißt es sogar: „Rund 60 % der jungen Arbeitnehmer bis 29 Jahre haben das Gefühl, mehr leisten zu können, als im Job verlangt wird. Umgekehrt geben nur 6,1 % an, dass ihre Tätigkeit zu schwierig sei." Auch unsere Befragung hat gezeigt, dass sich mehr Arbeitnehmer unter- als überfordert fühlen (siehe Kapitel „Wie glücklich sind Beschäftigte in Deutschland im Beruf? – Was unsere Umfrage ergeben hat").

Zunächst einmal: Die meisten Stellen bestehen zu einem bestimmten Anteil aus Aufgaben, die immer wiederkehren und keine besonders große Herausforderung darstellen. Einerseits genießen viele Berufstätige solche

Routinetätigkeiten, weil sie ihnen (infolge wiederholter Ausübung) leicht von der Hand gehen. Andererseits sind solche Arbeiten in der Regel auch eintönig und können einen schnell langweilen. Sofern sich das Ausmaß an ermüdenden Tätigkeiten in Grenzen hält und mehr oder weniger regelmäßig spannende/neue Projekte auf die To-do-Liste kommen, ist das zu verschmerzen. Wenn jedoch von Montag bis Freitag, Woche für Woche, Monat für Monat immer wieder das Gleiche zu tun ist, dann stumpft man unweigerlich ab und wird unzufrieden.

Oft geht mit monotonen Aufgaben ein Aspekt einher, der noch schwerer wiegt als Langeweile, nämlich die Tatsache, dass man nicht selbstbestimmt tätig sein kann. Die Erfahrung, sein Arbeitsleben nicht zu kontrollieren, sondern nur „Erfüllungsgehilfe" zu sein, trübt die Arbeitszufriedenheit ebenso massiv wie eine zu hohe Arbeitsbelastung oder ein cholerischer Chef.

Neben Monotonie und Fremdbestimmtheit existiert eine dritte Komponente der Unterforderung: ein quantitativer Mangel an Arbeit, also schlichtweg zu wenig zu tun zu haben. Die Zeit, in der nichts zu erledigen ist, zieht sich endlos hin. Während der Fokus der öffentlichen Diskussion und Wahrnehmung auf dem Phänomen „Burn-out" lag und liegt, wird häufig übersehen, dass zahlreiche Arbeitnehmer – insbesondere in großen Unternehmen – unter „Bore-out" leiden. Phillip Rothlin und Peter Werder haben den Begriff geprägt und mit ihrem 2007 erschienenen Buch „Diagnose Bore-Out" populär gemacht. Sie definieren (2007, S. 10): „Ist ein Arbeitnehmer unterfordert, desinteressiert und unendlich gelangweilt und versucht zudem – paradoxerweise – diesen

Zustand aktiv zu erhalten, dann leidet er eindeutig am Bore-Out." Rothlin und Werder (2008, S. 13) weisen zwar darauf hin, dass es auch Arbeitnehmer gibt, die eine Unterforderung am Arbeitsplatz „genießen", um so mehr Zeit für das Erledigen privater Angelegenheiten zu haben, aber der überwiegende Teil der Betroffenen leidet unter der Situation. Denn:

> Für ein Leben im Schlaraffenland ist der Mensch nicht gemacht. Darum belohnt die Natur uns für Tätigkeit – für zu viel Bequemlichkeit dagegen bezahlen wir mit schlechten Gefühlen […] Auch die Philosophen und reichen Bürger der Antike, die den Müßiggang predigten, wussten sehr wohl, dass Leben ohne Tätigkeit und Ziel sehr bald in die Depression führt. (Klein 2013, S. 299 f.)

Das Problem dabei ist, dass Bore-out in der Gesellschaft nicht als Missstand anerkannt wird. Wer über Stress klagt, der erntet in der Regel Verständnis, wenn nicht gar Ansehen. Wenn man jedoch (deutlich) unter seiner Leistungsgrenze arbeitet und dies öffentlich kundtut, dann vernimmt man vor allem spöttische Kommentare, im Sinne von: „Deine Probleme hätte ich gern." Die logische Folge: Die Betroffenen schweigen und geben sich auf der Arbeit beschäftigt. In Wirklichkeit belastet sie aber die Situation enorm – sie wollen etwas leisten, dürfen oder können es aber nicht. Hinzu kommt, dass nicht ausgelastete Arbeitnehmer eine große Scheu davor haben, dies gegenüber ihrem Chef anzusprechen, weil sie um ihren Job fürchten müssen, wenn sie erklären, dass sie eigentlich nichts/kaum etwas zu tun haben (vgl. Wirl 2011).

Um das Bild komplett zu machen, wollen wir eine vierte Variante der Unterforderung benennen: die qualitative Unterforderung, also für die zu erledigenden Aufgaben zu gut ausgebildet zu sein. Ein Großteil des vorhandenen Wissens und der Fertigkeiten bleibt ungenutzt. Die wirklich spannenden Aufgaben werden von den Chefs selbst erledigt oder landen auf den Schreibtischen der Kollegen, nur nicht bei einem selbst (vgl. Rothlin und Werder 2014, S. 24). Oder man findet gar nicht erst den Job, für den man eigentlich die passende Ausbildung hat. Viele Zuwanderer sind in dieser Situation. Vor ihrer Einreise nach Deutschland haben sie in ihren Heimatländern eine Universität besucht, finden hier allerdings keine adäquate Beschäftigung und müssen Jobs annehmen, für die sie überqualifiziert sind. Allerdings sind nicht nur Einwanderer betroffen, sondern auch Deutsche, vor allem Akademiker „exotischer" Fachrichtungen.

Egal, aus welchen der vier Gründe man unterfordert ist – die Arbeitszufriedenheit wird signifikant geschmälert. Was kann man dagegen tun? Hier einige Impulse:

- Am Anfang steht die Einsicht, dass hinter der Unterforderung keine persönliche Unzulänglichkeit steht. Machen Sie sich klar, dass Sie kein „schlechter Mensch" sind, wenn Sie im Beruf unterfordert sind.
- Die naheliegende und doch oft so schwierige Maßnahme gegen Unterforderung ist es, das persönliche Gespräch mit dem Vorgesetzten zu suchen. Darüber werden wir ausführlich im Abschnitt „Sprechen Sie Belastendes an" schreiben. So viel vorab: Wie eben angeführt, haben viele Betroffene Angst davor,

ihre Unterforderung offenzulegen, besteht doch die Gefahr, dass sie sich selbst wegrationalisieren. Diese Sorge können wir Ihnen nicht nehmen. Entscheidend ist Ihr Leidensdruck: Wie sehr belastet Sie die Unterforderung? Wie sehr sind Sie dazu gezwungen, zu schauspielern und Ihren Kollegen sowie dem Vorgesetzten vorzutäuschen, dass Sie ausgelastet sind? Wie sehr nagen Gewissensbisse an Ihnen – für etwas bezahlt zu werden, was Sie eigentlich nicht leisten? Wenn die Schmerzgrenze überschritten ist, dann bleibt nur die Offensive – Elisabeth Prammer (2012, S. 10) nennt das die „Voice"-Strategie: Erheben Sie Ihre Stimme! Überfallen Sie Ihren Chef aber nicht, sondern bitten Sie um einen Gesprächstermin, idealerweise am späten Nachmittag, wenn danach keine weiteren Termine anstehen und das Tagesgeschäft weitestgehend vorbei ist. Erklären Sie sachlich und so konkret wie möglich Ihre Situation. Schließen Sie Ihre Ausführungen entweder mit einem Vorschlag, den Sie sich überlegt haben oder bitten Sie Ihren Vorgesetzten, mit Ihnen zusammen Lösungen zu erarbeiten.

- Sofern Sie im Gespräch zu keinem zufriedenstellenden Ergebnis gekommen sind, sollten Sie sich unternehmensintern nach Stellen umschauen, die (voraussichtlich) eher Ihren Kompetenzen entsprechen bzw. bei denen Sie nicht unterfordert sind.
- Wenn Sie die Unterforderung nicht gegenüber Ihrem Chef thematisieren wollen oder können, dann versuchen Sie, im Privatleben Herausforderungen und Erfüllung zu finden. Sei es in einem Hobby oder – vielleicht noch besser – in einer sinnstiftenden Tätigkeit,

wie etwa als Betreuer einer Jugendgruppe oder als aktives Mitglied einer Umweltschutzorganisation.

- Besteht Ihr Problem weniger darin, dass Sie zu wenig tun haben, als darin, dass Sie kaum selbstbestimmt arbeiten können? Ihr Boss schreibt Ihnen jedes Detail vor? Ihre Vorschläge landen ungeprüft im Papierkorb? Ermitteln Sie, woran es liegt. Kann es sein, dass Sie tatsächlich sehr viel Anleitung benötigen, weil Ihnen bestimmte Kenntnisse fehlen oder weil Sie vielleicht ein „unsicherer Typ" sind? Oder sind nicht Sie daran schuld, sondern Ihr Chef? Ist er/sie eventuell ein Kontrollfreak, traut anderen nichts zu, ist ein detailverliebter Pedant? Erklären Sie ihm/ihr, dass Sie sich mehr Autonomie wünschen, und versuchen Sie, sich in kleinen Schritten mehr Freiheiten zu erobern. Vereinbaren Sie dazu Meilensteine mit konkreten Ergebnissen. Kommen Sie der Skepsis Ihres Vorgesetzten entgegen und versorgen Sie ihn/sie regelmäßig mit Informationen.
- Sie leiden hauptsächlich unter Monotonie am Arbeitsplatz? Sie müssen stets dasselbe tun? Je nachdem, welche Möglichkeiten Ihnen Ihr Arbeitgeber einräumt, könnten Sie versuchen, von Kollegen bestimmte Arbeiten zu übernehmen. Vielleicht können Sie auch spezifische Tätigkeiten tauschen? Ansonsten gilt auch hier: Fragen Sie direkt nach, was Ihr Vorgesetzter tun kann, damit Ihre Arbeit abwechslungsreicher wird.
- Die vermutlich beste Strategie zum Schluss: Lernen Sie Neues, bilden Sie sich fort, vertiefen oder erweitern Sie Ihre Kenntnisse. Wir haben ausführlich im Kapitel

„Nord-Strategie" darüber geschrieben – deshalb hier nur kurz zur Wiederholung: Wenn Sie sich unterfordert fühlen, dann mag dies ein ganz starkes Signal dafür sein, dass Sie eigentlich zu etwas anderem „berufen" sind. Ist das wirklich die Traumstelle, die Sie gerade haben? Oder wollen Sie nicht eher etwas anderes machen? Was wäre das? Welche Fähigkeiten bräuchten Sie dafür?

Meine Beziehungen – So klappt's auch mit dem Partner, dem Chef und den Kollegen

Seien Sie freundlich

Wahrscheinlich kennen Sie die „Goldene Regel", die unter anderem folgendermaßen formuliert wird:

> Was du nicht willst, dass man dir tu', das füg' auch keinem anderen zu.

Dieser bereits in der Bibel und Tora genannte Grundsatz gilt nicht nur in negativer Hinsicht, sondern auch in positiver. Also: Das, was wir von anderen verlangen – z. B., freundlich zu uns zu sein –, sollten wir selbst praktizieren. Im konfuzianischen „Buch von Mitte und Maß" (3. Jahrhundert) heißt es:

> Was du von deinem Sohn erwartest, übe im Dienst am Vater; was du von deinen Untergebenen erwartest, übe im Dienst am Prinzen; was du vom jüngeren Bruder erwartest, übe am älteren Bruder; was du vom Freund erwartest, danach behandle diesen zuerst. (Konfuzius 1998)

Freundlich zu seinen Mitbürgern zu sein, ist ein in allen Weltreligionen verankerter Grundsatz und ein philosophisch häufig gefordertes Postulat. Zugegebenermaßen lässt sich der Zusammenhang zum Glück im Beruf so noch nicht erkennen. Wohl aber, wenn uns bewusst ist: „Menschen waren von Beginn an abhängig von ihrer Gemeinschaft. Darum ist der Gegensatz zwischen fremden und eigenen Interessen oft nur ein scheinbarer. […] Wer auf Dauer bestehen will, kann es nur mit, nicht gegen die Menschen seiner Umgebung" (Klein 2013, S. 458). Einen anderen Aspekt betont Bodo Schäfer (2014, S. 200): „Die Gesetzmäßigkeit des Gebens ist ganz einfach: Wenn Sie Freude wollen, sollten Sie zuerst anderen Freude geben."

Dahinter steht das Reziprozitätsprinzip oder „Prinzip der Gegenseitigkeit". Was kompliziert klingt, ist einfach zu erklären. Wenn man uns etwas gibt, egal, ob etwas Materielles (zum Beispiel ein Buch schenkt) oder etwas Immaterielles (zum Beispiel ein Lob ausspricht), dann haben wir in der Regel das Bedürfnis, diese Gabe zu erwidern. Das kennen Sie sicher – es ist ein doofes Gefühl, an Weihnachten etwas geschenkt zu bekommen, ohne etwas im Gegenzug überreichen zu können. Auf dieser Erkenntnis baut eine ganze Branche auf. Es gäbe keine Werbemittelindustrie ohne das Reziprozitätsprinzip. Für den Plastikkugelschreiber schließen wir doch glatt eine Lebensversicherung ab (vgl. Weimann 2013, S. 21).

Spieltheoretiker nennen das die „Tit-for-tat-Regel". Im Deutschen drücken wir das mit der Redewendung „Wie du mir, so ich dir" aus. Im Zusammenhang mit unserem Thema heißt das: Wenn ich unfreundlich zu einem anderen (Kollegen, Mitarbeitern, Geschäftspartnern, Lieferanten …) bin, dann ist der andere auch unfreundlich zu mir. Auch das Gegenteil gilt. Behandle ich andere freundlich, so werde auch ich sehr wahrscheinlich Freundlichkeit erfahren. Bildlich ausgedrückt: Freundlichkeit ist wie ein Bumerang – sie kehrt immer wieder zu dem zurück, der sie „weggeworfen" hat. Wie man in den Wald hineinruft, so schallt es eben heraus.

So wird also klar: Wenn ich freundlich bin, wenn ich anderen Anerkennung zeige, wenn ich mich bedanke, dann wird mein Gegenüber sehr wahrscheinlich ähnlich reagieren, was mich wiederum erfreut und mich etwas glücklicher macht. Denn das ist ein zutiefst menschliches Bedürfnis: freundlich behandelt, anerkannt zu werden, Bestätigung und Wertschätzung zu erfahren. Jörg Steinfeldt (2013, S. 123) ist der Ansicht: „Die Menschen schreien nach Anerkennung. Sie setzen dabei immer auf andere, von denen diese kommen soll. Doch die sehen das genau andersherum, die wollen selbst maximale Anerkennung bekommen. Wir sind in einem Anerkennungswettbewerb."

Aus einem weiteren Grund verhilft uns freundliches Verhalten zu mehr Glück im Job. Man fühlt sich einfach gut, wenn man anderen etwas Gutes getan hat: „Anderen zu helfen bereitet uns auf demselben Weg Lust wie Schokolade und Sex" (Klein 2013, S. 458). Für diese zunächst etwas paradox klingende Feststellung gibt es verschiedenste Erklärungen. Psychologen führen Belohnungstheorien an, Hirnforscher die sogenannten „Spiegelneuronen" und Sozialwissenschaftler sowie Ethnologen die evolutorische Notwendigkeit von Altruismus und Kooperation. Wie auch immer, sicherlich haben Sie oft genug auch schon die Erfahrung gemacht, dass es ein ziemlich schönes (Glücks-)Gefühl ist, wenn wir nett zu jemandem waren oder ihm einen Gefallen erwiesen haben. Anders formuliert: Helfen tut auch dem Helfenden gut. Der britische Unternehmer Richard Branson (o. J.) schreibt in einem Blogbeitrag: „At Virgin we have always believed that if you have fun and do good then success will come." Was für ein schönes Motto!

Fassen wir zusammen: Freundlichkeit ist ein uraltes Menschheitsprinzip und häufig bearbeiteter Gegenstand religiöser, philosophischer und wissenschaftlicher Betrachtungen. Als gesichert kann die Erkenntnis gelten, dass freundliche Menschen freundlicher behandelt werden und sich so glücklicher fühlen als Miesepeter. Und: Sie haben es leichter im Leben:

> Wir erreichen mehr, wenn wir einen Umgang mit Menschen pflegen, der auf Verständnis, Toleranz, positiver Einschätzung des anderen, gutem Willen, Freundlichkeit und Zuneigung, Interesse und Friedfertigkeit basiert. Dieser Umgang sollte mit dem aufrichtigen Wunsch verbunden sein, dass es anderen genauso gut gehe wie uns selbst. (Schäfer 2014, S. 143)

> Mit einem Tropfen Honig fängt man mehr Bienen als mit einem Topf voller Galle.

Ein letzter Aspekt, bevor wir Ihnen einige konkrete Hinweise geben werden: Wer seinen Mitmenschen in der Regel offen und freundlich begegnet, kann es sich auch mal erlauben, lausig drauf zu sein. Ein zumeist nettes Verhalten wirkt wie eine Impfung. Der Kollege verzeiht uns einen schlechten Tag viel eher und begegnet einem mit Verständnis, wenn wir uns normalerweise von unserer angenehmen Seite zeigen. Auch das kann glücksfördernd sein, zu wissen, dass das Umfeld gelassen auf einen gelegentlichen „Ausrutscher" reagiert.

Damit zur Umsetzung. Die simple Empfehlung lautet: Seien Sie freundlich und schenken Sie Ihren Mitmenschen öfter ernst gemeinte Anerkennung und Dank. Michael Fertik (2015) warnt allerdings:

> Lassen Sie sich nicht alles gefallen. Wenn Sie zu nett sind – zu Lieferanten, die nicht rechtzeitig liefern, zu Kollegen, die ihre Arbeit liegen lassen, zu Kunden, die ihre Rechnungen nicht bezahlen –, dann lassen Sie sich und Ihr Unternehmen von anderen Menschen ausnutzen. Wenn Sie Ihren Mitmenschen zu großzügige Zugeständnisse machen, bereiten Sie damit in Wirklichkeit nur den Boden für Verachtung.

Auch der Karriereberater Martin Wehrle (2015) stößt ins gleiche Horn. In seinem Buch „Sei einzig, nicht artig!" vertritt er die These: Wer zu nett ist, signalisiert, nicht allzu wichtig zu sein. Er vermittelt den Eindruck, sich die Gunst der anderen mit Unterwürfigkeit zu erkaufen. Er empfiehlt daher:

Nett sein ist in Ordnung, es kommt aber auf ein gesundes Gleichgewicht an: Kochen Sie den Kaffee für andere – aber lassen Sie sich auch Kaffee kochen. Unterstützen Sie die Karriere anderer – aber fordern Sie auch Unterstützung ein. Geben Sie nach bei den Urlaubstagen – aber pochen Sie beim nächsten Mal auf das Nachgeben der anderen. Denn nur wer seine Interessen wahrt, wird als Partner auf Augenhöhe wahrgenommen.

Die Kunst besteht also darin, den Spagat zu schlagen zwischen einem grundsätzlich freundlich-offenen Verhalten sowie einem (situationsspezifischen) klaren und entschiedenen Handeln. Verstehen Sie unsere Aufforderung also bitte nicht falsch. Wir meinen weder ein anbiederndes Verhalten, ein naives Erfüllen aller Wünsche, die an einen herangetragen werden, eine maskenhafte Freundlichkeit, schmeichlerisches Lob noch ein gönnerhaftes „gut gemacht!", sondern ein aufmerksam-höfliches Verhalten und sachlich-schlichte Feststellungen. Der einfachste Tipp dazu lautet: Bedanken Sie sich für eine konkrete Tat oder ein bestimmtes Verhalten, indem Sie „Danke, dass Du …" sagen. Durch diese Formulierung werden Sie gezwungen, konkret zu werden und präzise zu benennen, wofür Sie dankbar sind. Ein paar Beispiele:

- Der Chef zur Assistentin: „Danke, dass Sie den Brief noch rechtzeitig fertiggeschrieben haben."
- Der Mitarbeiter zum Kollegen: „Danke, dass Du in der Besprechung meinen Standpunkt mit vertreten hast."
- Der Kunde zur Verkäuferin: „Danke, dass Sie mich kompetent beraten haben."

Danke zu sagen, fällt nicht schwer, kostet kaum Zeit und kann doch so viel bewirken, denn der Bedankte merkt, dass seine Leistung wahrgenommen wurde. Das ist eine tolle Motivation. Allerdings setzt das Danke-Sagen eine Gabe voraus, die leider viele Menschen nur unzureichend entwickelt haben, nämlich genau zu beobachten und sich auf das Positive zu konzentrieren.

Mal Hand auf's Herz: Wie oft sagen Sie Ihren Kollegen, Mitarbeitern, Geschäftspartnern …, wie gut es ist, dass sie/er sich um bestimmte Dinge kümmert oder eine bestimmte Sache gut erledigt hat? Wie oft bemerken wir überhaupt, dass ein anderer etwas getan hat, was uns nützt. Vieles nehmen wir als selbstverständlich hin und werden nur dann aufmerksam, wenn etwas schiefläuft. Fatalerweise scheint das dann unser negatives Bild des anderen zu bestätigen und verstärkt den Teufelskreislauf aus Kritik, Konflikt und Ablehnung. Dem Unglück werden Tür und Tor geöffnet.

Auf den Punkt gebracht: Wer sich auf das Negative in anderen konzentriert, wird es meistens auch finden und dadurch seine negative Meinung bestätigt bekommen. Wer jedoch sein Augenmerk auf das Positive richtet, wird Chancen zum „Danke sagen" finden und den anderen sowie sich selbst ein wenig glücklicher machen.

Einen Schritt weiter als „Danke, dass Du …" geht die Formulierung: „Ich finde toll, wie Du …" Das Prinzip ist identisch. Halten Sie Ausschau nach anerkennenswerten Taten. Das muss nicht der Gewinn eines Kundenauftrags sein. Im Gegenteil – es sind sogar eher die kleinen, unscheinbaren Dinge, die ein anderer tut. Gerade, wenn Sie so etwas ansprechen, wird sich der Betroffene freuen, denn es ist ja nicht selbstverständlich, dass man darauf aufmerksam wird. Statt „toll" kann man natürlich noch andere Formulierungen verwenden, wie etwa:

- Ich finde gut, wie …
- Ich finde schön, wie …
- Ich bin beeindruckt, wie …
- Mir ist aufgefallen, wie …
- Mir gefällt, wie …
- Mir imponiert, wie …

Passen Sie jedoch auf! Setzen Sie diese Technik nie mit einem Hintergedanken ein oder wenn Sie es nicht ernst meinen. Nur ehrliche, absichtslose Anerkennung verschafft Glücksgefühle. Zudem entlarvt das Gegenüber meist recht schnell, wenn Sie nicht aufrichtig sind. Auch darf Ihr „Toll, wie Du …" nie arrogant oder überheblich klingen. In Ihrer Äußerung muss deutlich werden, dass Sie das Verhalten als toll empfinden. Ihr Gefühl muss im Vordergrund stehen. Sie treffen kein Werturteil, sondern geben lediglich kund, wie ein bestimmtes Verhalten auf Sie wirkt beziehungsweise, wie Sie das empfinden.

Viel, sehr viel, gäbe es noch, worüber wir zum Thema „Freundlich sein" schreiben könnten, allein der Rahmen dieses Buches setzt uns Grenzen. Wir wollen Ihnen daher zum Abschluss dieses Abschnitts nur noch unsere 10 Gebote der Freundlichkeit präsentieren – Prinzipien, von denen wir überzeugt sind, dass sie maßgeblich dazu beitragen können, glücklich im Beruf zu werden (siehe Abb. 16).

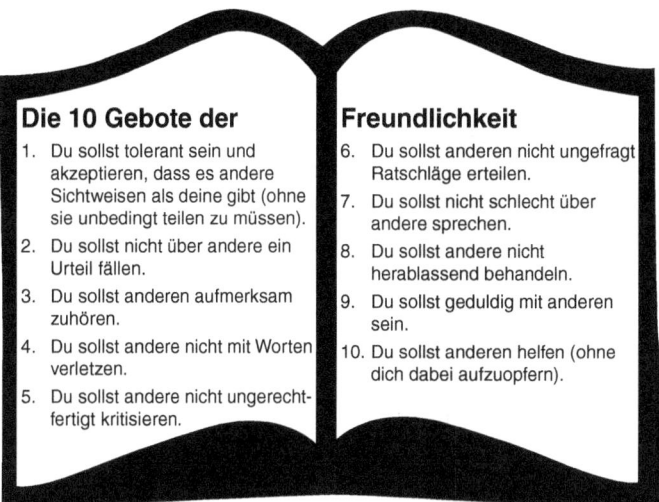

Abb. 16 Die 10 Gebote der Freundlichkeit. (Quelle: eigene Erstellung)

Wenn es Ihnen gelingt, diese Gebote einzuhalten, dann werden Sie bald feststellen: Andere ändern sich, wenn Sie sich ändern. Wenn Sie mit gutem Beispiel vorangehen, dann werden Ihnen andere folgen, dann wirkt die Goldene Regel.

Sprechen Sie Belastendes an

Erinnern Sie sich an die „Sesamstraße"? Ist Ihnen die Titelmelodie noch im Ohr? „Wieso, weshalb, warum – wer nicht fragt, bleibt dumm" heißt es da. Nicht nur, was den Erwerb von Wissen betrifft, ist es eine gute Idee zu fragen, sondern auch, wenn man mit etwas unzufrieden ist oder etwas möchte. Das ist der einfachste, direkteste und meist auch erfolgversprechendste Weg, etwas zu ändern bzw. zu erhalten. Wir unternehmen oft immense Anstrengungen, wählen die kompliziertesten Vorgehensweisen und verrenken uns auf irrwitzigste Art, um eine Lösung zu finden. Auf die naheliegende Idee, einfach das Gespräch mit dem-/derjenigen zu suchen, von dem/der wir etwas möchten, kommen wir häufig nicht. Noch öfter fehlt uns der Mut, das anzusprechen, was uns nervt oder was wir gern geändert hätten, selbst wenn es sich um Kleinigkeiten handelt, wie etwa in einigen der folgenden Beispiele:

- Sie möchten in diesem Sommer mal drei statt zwei Wochen Urlaub haben.
- Sie würden gern in der Besprechung mal die Protokollführung an jemand anderen abgeben.
- Sie stört es, dass Ihnen Ihr Chef so oft kurz vor Ihrem Feierabend neue Aufgaben gibt.
- Sie wünschen sich, dass es in der Kantine mehr vegetarische Gerichte gäbe.
- Sie mögen es überhaupt nicht, wenn Ihr Vorgesetzter in der Abteilungssitzung vor allen anderen auf Fehler hinweist, die Einzelne gemacht haben.
- Sie würden gern auch mal an einem spannenden Projekt mitwirken, statt immer nur Routineaufgaben zu erledigen.
- Sie würden gern mal mit zu einem Kunden gehen, um zu sehen, wie die Produkte Ihrer Firma im „realen Leben" funktionieren.

- Sie hätten gern ehrliches, konstruktives Feedback anstelle eines nichtssagenden „Passt schon so".
- Sie würden gern mehr Geschäftsreisen machen und nicht nur in Ihrem Büro hocken.
- Sie würden gern von Ihrem Chef klar gesagt bekommen, welche Aufgaben mit welcher Priorität zu erledigen sind.
- Sie würden gern auch mal die Spätschicht übernehmen, die sonst immer Kollege Wandersleben hat.
- Sie würden gern Trainings/Seminare besuchen, um sich weiterzubilden.

Verschiedenste Ursachen halten uns davon zurück, heikle Themen anzuschneiden oder unsere Wünsche zu äußern:

- Weil wir den anderen nicht verletzen wollen.
- Weil wir die (an und für sich) gute Beziehung zum anderen nicht aufs Spiel setzen wollen.
- Weil wir uns aus vorauseilendem Gehorsam nicht trauen.
- Weil wir uns fürchten, unsere Karrierechancen dadurch zu schmälern.
- Weil wir (vielleicht geprägt durch Kindheitserfahrungen?) gelernt haben, unsere eigenen Bedürfnisse hintanzustellen.
- Weil wir denken „Das hat ja eh keinen Sinn" bzw. weil wir die Erfolgswahrscheinlichkeit unseres Anliegens als marginal einschätzen.
- Weil wir nicht (unangenehm) auffallen wollen.
- Weil wir nicht aufdringlich erscheinen wollen.

Egal, aus welchen Gründen wir Belastendes nicht thematisieren – wir verbauen uns dadurch Chancen. Denn: Wer nicht fragt, hat als Antwort automatisch ein Nein. Meist machen wir uns viel zu viele Gedanken, was passieren könnte, wenn wir den Mund öffnen. Oft ist es sogar so, dass der/die andere dankbar ist, wenn wir uns mitteilen. Ilja Grzeskowitz (2014, S. 182) gibt die auf dieser Erkenntnis aufbauenden Tipps:

- „Sie vermissen jemanden? Rufen Sie ihn an.
- Sie möchten verstanden werden? Erklären Sie es.
- Sie haben eine Frage? Stellen Sie sie.
- Sie möchten geliebt werden? Lieben Sie zuerst.
- Sie möchten etwas haben? Fragen Sie danach.
- Sie lieben jemanden? Sagen Sie es ihm.
- Sie möchten respektiert werden? Wählen Sie Handlungen, die Respekt verdienen."

Eine Anekdote unbekannter Herkunft verdeutlicht, wie sinnvoll es sein kann zu fragen:

> Die Todesliste des Bären
> Große Aufregung im Wald! Es geht das Gerücht um, der Bär habe eine Todesliste. Alle fragen sich, wer denn nun da drauf steht. Als Erster nimmt der Hirsch allen Mut zusammen und geht zum Bären und fragt ihn: „Entschuldige Bär, eine Frage: Bin ich auf Deiner Liste?" „Ja", sagt der Bär, „Du stehst auf meiner Liste."
> Voll Angst dreht sich der Hirsch um und läuft weg. Und tatsächlich, nach zwei Tagen wird der Hirsch tot aufgefunden.

> Die Angst bei den Waldbewohnern steigt immer mehr und die Gerüchteküche brodelt: Wer steht denn nun noch auf der Liste? Das Wildschwein ist das nächste Tier, dem der Geduldsfaden reißt und das den Bären aufsucht, um ihn zu fragen, ob es auch auf der Liste stehen würde. „Ja, auch Dein Name ist auf meiner Liste vermerkt", antwortet der Bär. Verschreckt verabschiedet sich das Wildschwein vom Bären. Auch das Wildschwein fand man nach zwei Tagen tot auf.
>
> Nun bricht Panik bei den Waldbewohnern aus. Nur der Hase traut sich noch zum Bären. „Hey Bär, stehe ich auch auf Deiner Liste?" „Ja, auch Du stehst auf meiner Liste!"
>
> „Kannst Du mich da streichen?" „Ja klar, kein Problem!"

Natürlich haben Sie genügend Lebenserfahrung, um zu wissen, dass nicht jede Bitte, die man formuliert, erfüllt wird. Nicht jede Frage wird positiv beantwortet. Das kann verschiedene Gründe haben. Es ist schlichtweg objektiv nicht möglich, Ihren Wunsch zu erfüllen. Oder der/die andere, von dem Sie etwas wollen, hat andere/entgegengesetzte Vorstellungen oder Absichten. Manchmal liegt es aber auch einfach daran, dass man taktisch unklug vorgegangen ist oder sein Anliegen „falsch" formuliert hat. Deshalb nun ein paar Tipps, wie Sie konstruktive „Bittgespräche" führen:

- Überfallen Sie Ihren Gesprächspartner nicht. Angenommen, Sie wollen Ihren Chef bitten, Ihnen kurzfristig für nächste Woche freizugeben. Unklug wäre es, ihn/sie unangekündigt in seinem/ihren Büro aufzusuchen oder ihn/sie bei der zufälligen Begegnung auf dem Flur anzusprechen. So hat er/sie keine Chance,

sich Gedanken zu machen oder vorzubereiten. Versuchen Sie also stets, einen Gesprächstermin zu vereinbaren und vorher zu sagen, worum es geht.
- Führen Sie „Bittgespräche" nicht, wenn Ihr Gesprächspartner schlecht drauf ist. Sofern Sie die Möglichkeit dazu haben, wählen Sie einen Zeitpunkt, von dem Sie ausgehen können, dass der andere nicht unter (großem) Zeitdruck steht, wie das etwa kurz vor einer Besprechung der Fall ist. Ihre Erfolgschancen erhöhen Sie außerdem nicht unbedingt dadurch, wenn Sie das Gespräch mit einem gereizten, übel gelaunten Gegenüber führen. Sollten Sie also wissen, dass der andere – aus welchen Gründen auch immer – gerade im Miesepeter-Modus ist, dann warten Sie besser noch ein wenig, bis Sie sich mit Ihrem Anliegen melden.
- Ähnliches gilt für Sie selbst: Haben Sie sich gerade über etwas geärgert oder haben so richtig Wut im Bauch, dann sind Sie in einem Zustand, der es erschwert, sachliche Gespräche zu führen. Lassen Sie ein wenig Zeit vergehen, bis Sie wieder einigermaßen ruhig und ausgeglichen sind.
- Unter der Annahme, dass die obigen Voraussetzungen erfüllt sind und Sie nun das Gespräch führen, sollten Sie zunächst so sachlich und genau wie möglich schildern, was der Anlass für die Unterhaltung ist. Vermeiden Sie es, den anderen mit Vorwürfen zu konfrontieren. Tun Sie dies, erzeugen Sie eine unmittelbare Abwehrhaltung. Es ist recht simpel, vorwurfsfrei zu sprechen. Sie müssen dazu lediglich Ihren Satz mit „Ich", statt mit „Sie" oder „Du" beginnen. Der große Vorteil von „Ich-Botschaften" ist, dass

Meinungsäußerungen keine verletzende Kritik darstellen und keine Konfrontationssituation herbeiführen. Vielmehr ist der Grundton: Ich habe ein Problem – bitte hilf mir!

Dem Gegenüber wird das Einlenken oder konstruktive Suchen nach einer Lösung wesentlich erleichtert. Achten Sie dabei darauf, dass Sie Ihre „Ich-Botschaft" korrekt formulieren und nicht als verkleidete „Du-Botschaft" senden. So ist die Formulierung „Ich finde, Du bist unordentlich" eine maskierte „Du-Botschaft", weil „finden" kein Gefühl darstellt. Bedenken Sie auch, dass rhetorische „Weichmacher" Ihre Aussage verwässern. In dem Satz „Ich bin ein bisschen besorgt, weil Du in letzter Zeit manchmal zu spät gekommen bist" sollten Sie „ein bisschen" und „manchmal" weglassen, damit Ihre Botschaft klarer und kraftvoller klingt.

- Nachdem Sie den Anlass Ihrer Unzufriedenheit in Form einer sachlichen „Ich-Botschaft" dargelegt haben, sollten Sie anschließend erläutern, weshalb die Situation für Sie unbefriedigend ist bzw. warum Sie sich eine Veränderung wünschen.
- Schließlich sollten Sie in möglichst klaren Worten sagen, was Sie sich konkret erbitten. Formulieren Sie Ihre Bitte produktiv, sagen Sie also, was Sie gern hätten („Bitte sei pünktlich"), und sagen Sie nicht, was Sie nicht wollen („Bitte sei nicht unpünktlich"). Eventuell können Sie auch mit zwei Lösungsvorschlägen aufwarten. Dies hat den Vorteil, dass Ihr Gesprächspartner die Entscheidungshoheit behält. Sofern Sie hinsichtlich Ihres „Wunsches" flexibel sind (was sehr zu empfehlen ist), sollten Sie Ihre Bitte in Frageform formulieren:

Was können wir tun, um zu einer für uns alle guten Lösung zu gelangen?
- Wenn irgend möglich, wäre es von großem Nutzen für Sie, wenn es Ihnen gelingt, eventuelle Vorteile zu benennen, die Ihr Vorschlag für das Gegenüber besitzt („Dadurch hast Du auch morgens nicht so viel Stress").

Das eigentliche „Bittgespräch" besteht also aus drei bzw. vier Teilen, die wir auch als die „ARAL-Formel" bezeichnen:

- 1. Teil: **A**nlass: Was stört mich ganz konkret, aus welchem Grund bin ich unzufrieden?
- 2. Teil: **R**eaktion: Inwiefern betrifft mich die Situation, welche negativen Konsequenzen hat sie für mich?
- 3. Teil: **A**nliegen: Was sollte sich idealerweise ändern, damit es mir besser geht?
- 4. Teil: **L**ösung (gegebenenfalls): Was hat der andere davon?

Lassen Sie uns zum Abschluss dieses Abschnitts einige der Beispiele vom Beginn aufgreifen und mit der ARAL-Formel „bearbeiten" (siehe Tab. 21).

Ich (Martin-Niels Däfler) hatte einmal in einem Workshop eine etwa 55-jährige Teilnehmerin. Sie meinte, sie wäre erst vor Kurzem wirklich erwachsen geworden, als sie sich nämlich traute, ihrem Vorgesetzten all das zu sagen, was sie belastet. Zuvor hätte sie wie ein kleines Kind Angst davor gehabt, das Gespräch zu führen – aus Furcht, seine Anerkennung zu verlieren. In diesem Sinne: Werden Sie erwachsen und sprechen Sie an, was Sie belastet.

Tab. 21 Beispiele für Anwendung der ARAL-Formel. (Quelle: eigene Erstellung)

Beispiel	Anlass	Reaktion	Anliegen	Lösung
Sie würden gern in diesem Sommer mal drei statt zwei Wochen Urlaub haben	Ich habe, seit ich hier beschäftigt bin, im Sommer stets maximal zehn Arbeitstage Urlaub genommen	Ich habe festgestellt, dass mir zwei Wochen Urlaub nicht zur Erholung reichen	Ich würde dieses Jahr gern vom 4. bis zum 25. August frei bekommen	Dadurch würde ich deutlich erholter an den Arbeitsplatz zurückkommen und wäre produktiver
Sie stört es, dass Ihnen Ihr Chef so oft kurz vor Ihrem Feierabend neue Aufgaben gibt	Ich habe in der vergangenen Woche am Montag um 17.00 Uhr, am Dienstag um 17.20 Uhr und Donnerstag um 16.50 Uhr von Ihnen noch dringende Aufgaben erhalten	Ich musste, um die Aufgaben zu erledigen, länger arbeiten als geplant. Dadurch konnte ich am Montag meine Tochter nicht pünktlich vom Klavierunterricht abholen und kam am Donnerstag zu spät zu meiner Yogastunde	Ich würde mich freuen, wenn Sie mir zukünftig dringende Aufgaben früher mitteilen würden oder mir mehr Zeit zu ihrer Erledigung geben	Dadurch hätte ich weniger Zeitdruck und würde weniger Fehler machen, wäre also produktiver

(Fortsetzung)

Tab. 21 (Fortsetzung)

Beispiel	Anlass	Reaktion	Anliegen	Lösung
Sie würden gern auch mal einem spannenden Projekt mitwirken, statt immer nur Routineaufgaben zu erledigen	Ich habe im letzten halben Jahr 90 % meiner Arbeitszeit ausschließlich mit dem Erstellen von Stücklisten verbracht	Ich verliere durch den hohen Anteil an Routinetätigkeiten die Freude an meiner Arbeit und bin immer weniger motiviert	Ich würde mir wünschen, dass ich beim Projekt „Arbeitsplan-Erstellung mit CSX" mitwirken könnte	Dadurch kann ich im Projekt mein Praxiswissen einfließen lassen, sodass die Lösung anwendertauglich wird
Sie würden gern auch mal die Spätschicht übernehmen, die sonst immer Kollege Wandersleben hat	Ich habe, seitdem ich in die Abteilung gekommen bin, stets die Frühschicht übernommen	Ich habe dadurch, dass ich schon um 6.00 Uhr aus dem Haus muss, keine Chance, meine Tochter zur Schule zu bringen	Ich würde mich freuen, wenn wir uns ab nächstem Monat abwechseln könnten – in den geraden Wochen machst Du die Spätschicht, in den ungeraden ich, gern auch umgekehrt	Dadurch kannst Du auf dem Weg zur und von der Arbeit mindestens eine halbe Stunde Zeit sparen, weil Du nicht im Berufsverkehr unterwegs bist

Bringen Sie Ordnung in Ihr Privatleben

Sie lesen dieses Buch, weil Sie es a) zufällig in die Hände bekamen, b) als Geschenk erhielten oder c) tatsächlich unglücklich im Beruf sind und sich daher hier Hilfe erhoffen. Wenn Sie zur Gruppe c) zählen, dann wollen wir Sie nun ganz offen fragen: Sind Sie wirklich (nur) mit Ihrer beruflichen Situation unzufrieden? Könnte es sein, dass Sie (auch) mit Ihren privaten Lebensumständen hadern? Wir würden diese Fragen nicht stellen, wenn es keinen Grund dazu gäbe. Häufig verhält es sich nämlich so: Man hat größere/länger anhaltende Probleme mit dem Partner, mit den Kindern, mit den Eltern, mit den Geschwistern, mit dem Nachbarn, mit dem besten Freund, mit Vereins-/Parteikameraden … und ist deshalb unglücklich. Unsere Unzufriedenheit nehmen wir mit ins Büro und sind dort ebenso leicht reizbar und sensibel wie zuhause. Kein Wunder, wenn uns dann der Chef, die Kollegen, Kunden und das Kantinenessen nur noch nerven. Eingestehen wollen wir es uns aber nicht. Wir machen die Arbeit für unsere schlechte Laune verantwortlich, obwohl die eigentliche Ursache im Privaten liegt.

Selbstverständlich funktioniert es auch umgedreht. Wir sind bestens gelaunt, weil wir uns mit unserem Schatz hervorragend verstehen, weil die Kinder ausnahmsweise mal nicht verhaltensauffällig sind und weil wir mit unserem Nachbarn gemeinsam grillen, statt uns vor Gericht über herüberwachsende Äste zu streiten. So beschwingt, prallt der bissige Kommentar von Frau Huber im Meeting an uns ab wie an einer Teflonpfanne.

Auch wenn wir Meister der Selbstbeherrschung sind und uns darum bemühen, unsere privaten Sorgen nicht mit zur Arbeit zu nehmen, so können wir es doch oft nicht verhindern, dass uns unsere privat schlechte Stimmung auch den Job negativ erleben lässt. Bevor Sie kritisch die Hand heben, wollen wir gleich klarstellen: Natürlich gibt es objektiv genügend Gründe zur Unzufriedenheit, die allein beruflich bedingt sind und gar nichts mit Ihren privaten Lebensumständen zu tun haben. Und umgedreht ist es vielleicht mindestens so häufig der Fall, dass beruflicher Stress oder Probleme, die wir am Arbeitsplatz haben, zu privaten Krisen führen: „Du kommst schon zum dritten Mal diese Woche so spät aus dem Büro! Bin ich Dir denn überhaupt nicht mehr wichtig?"

Halten wir fest: Unzufrieden im Job zu sein, kann auch damit zu tun haben, dass es in unserem Privatleben nicht rundläuft. Es würde den Rahmen dieses Buches sprengen und wäre auch gar nicht unsere Intention, wenn wir nun detaillierte Ratschläge erteilen würden, was Sie alles tun könnten, um für mehr Harmonie im persönlichen Umfeld zu sorgen. Wir wollen uns damit begnügen, Ihnen im Folgenden ein paar Denkanstöße zu geben.

Denkanstoß 1: Partner
Glücksexperte Stefan Klein, den wir schon so oft zitiert haben, weiß (2013, S. 321): „Eine gute Partnerschaft macht glücklich. Sie ist, gemeinsam mit der Häufigkeit von Sex (die damit zusammenhängt), der wichtigste äußere Faktor, der die Lebenszufriedenheit bestimmt." Wir vermuten, dass Sie, geehrte Leser, diese Aussage ebenso bejahen wie wir Autoren. Der naheliegende

Ratschlag lautet also: Investieren Sie Zeit und Energie, Ihre Partnerschaft zu verbessern, so werden Sie glücklicher, was wiederum Ihre Zufriedenheit im Beruf positiv beeinflusst.

Denkanstoß 2: Freundschaften
Aus zahlreichen seriösen Studien wissen wir heute, wie wichtig Freundschaften für das Lebensglück sind. Soziale Bindungen sind einer der wenigen äußeren Faktoren, die unter nahezu allen Umständen die Lebenszufriedenheit steigern. Wer über gute soziale Kontakte verfügt, steigert damit sogar seine Lebenserwartung. Freunde wirken sich im Schnitt mindestens so stark positiv auf die Gesundheit aus, wie es Rauchen, Bluthochdruck oder Übergewicht in negativer Hinsicht tun (vgl. Klein 2013, S. 276). Zu dieser Erkenntnis ist der römische Politiker Cicero (107–44 v. Chr.) schon vor über 2000 Jahren gelangt:

> Wer die Freundschaft aus dem Leben streicht, nimmt die Sonne aus der Welt.

Aber mal ehrlich: Wie viel Zeit schenken wir denn heutzutage noch unseren Freunden? Wer trifft sich denn nach einem Elf-Stunden-Tag noch gern mit den Spezeln, wo es doch so viel bequemer ist, sich auf die Couch zu flacken und bei Facebook vorbeizuschauen – da kann man doch auch toll Kontakt halten. Nun ja, nichts gegen Facebook und andere soziale Medien, allerdings können diese nicht das vertrauliche Gespräch, die gemeinsame Aktivität, das miteinander Lachen, den freundlichen Blick … ersetzen.

Freunde sind also nicht nur „Kontakte", die man in der virtuellen Welt hat, sondern Menschen in der realen Welt, zu denen wir uns hingezogen fühlen und denen wir vertrauen können, die für uns da sind, wenn wir sie brauchen. Dies sollte jedoch nicht einseitig sein, wie Hieronimus und Wilde (2014, S. 126) betonen: „Freunde sind keine emotionale Tankstelle, die man auf einer Warteposition versauern lässt, wenn sie gerade nicht gebraucht werden." Folglich: Pflegen Sie Ihre Freundschaften, und zwar uneigennützig, also ohne damit verbundene Absichten.

Freundschaften zu pflegen heißt auch, bewusst zu entscheiden, mit wem man sich umgibt. Zum einen können wir allein aus zeitlichen Gründen nicht einen unendlich großen Freundeskreis unterhalten und zum anderen – man muss es deutlich sagen – tun einem nicht alle Menschen gut. Menschen entwickeln sich mit der Zeit, manche in eine andere Richtung als wir. Wenn wir merken, dass sich jemand, der in unserem Leben einmal eine wichtige Rolle gespielt hat, heute nicht mehr zu uns passt, dann mag es sehr schwierig sein, sich von ihm oder ihr zu lösen. Aber es ist erforderlich! In der Psychologie ist bekannt, dass wir so werden wie der Durchschnitt der Menschen, mit denen wir uns umgeben. Konkret ausgedrückt: Besteht Ihr Umfeld aus lebensbejahenden, offenen Menschen, ist die Wahrscheinlichkeit, dass Sie selbst positiv-optimistisch denken, deutlich größer, als wenn Sie überwiegend mit Miesepetern und Energieräubern zu tun haben (vgl. Grzeskowitz 2014, S. 229). Haben Sie also auch den Mut, sich von den „Freunden" zu trennen, die Ihnen nicht (mehr) gut tun.

Denkanstoß 3: Kinder

Diejenigen unserer Leser, die (wie wir Verfasser) Kinder haben, können zweifelsfrei bestätigen, dass einen der Nachwuchs hin und wieder an die Grenzen der Belastbarkeit bringen kann. Dazu hatten wir ja bereits im Vorwort Amelie Fried (1999) zitiert: „Es ist normal, wenn Sie gelegentlich Lust haben, Ihre Kinder aus dem Fenster zu werfen. Es ist nicht normal, wenn Sie es tun!" Lügen würde, wer behauptete, Kindererziehung sei eine komplikationslose, stets freudige Aufgabe. Anders ist die inzwischen unüberschaubare Zahl an Erziehungsratgebern in den Buchhandlungen wohl nicht zu erklären. Darum soll es uns auch gar nicht gehen. Was wir sagen wollen: Auch wenn Kinder in mancher Hinsicht eine große Herausforderung darstellen, so sind sie doch für die meisten Eltern das Wichtigste im Leben überhaupt. Aber es wird immer schwieriger, im Alltag genügend Zeit für die Kinder zu finden. Marc Brost und Heinrich Wefing (2015) haben diesem Thema ein eigenes Buch gewidmet – in „Geht alles gar nicht – Warum wir Kinder, Liebe und Karriere nicht vereinbaren können" lassen sie einige Väter zu Wort kommen, die von ihren oft immensen Schwierigkeiten berichten, ihren Kindern ausreichend Aufmerksamkeit zukommen zu lassen.

Die Rolle, die unsere Kinder in unserem Leben spielen, und das echte Interesse, das wir ihnen im Alltag schenken (können), klaffen immer häufiger auseinander. Mancher Vater erkennt erst, wenn die Tochter zum Studium auszieht, dass er in den vergangenen 18, 19 oder 20 Jahren so gut wie keine Zeit mit ihr verbracht hat. Manche Mutter realisiert erst jenseits der 50, dass sie zwar für ihre Kinder immer da war, aber dass es fast ausschließlich nur ums Zimmer aufräumen, Wäsche machen, Kochen und um die Hausaufgabenbetreuung ging. „Quality time", also intensiv verbrachte, gemeinsame Zeit, gab es so gut wie nicht. Ohne lehrmeisterlich zu wirken, wollen wir Sie daher einladen, sich einmal Gedanken darüber zu machen, ob Sie Ihren Kindern das Maß an Aufmerksamkeit widmen, das Sie sich eigentlich wünschen.

Denkanstoß 4: Eltern
Mit den Eltern verhält es sich ebenso wie mit dem Partner, Freunden und den Kindern – wir wollen weder moralisieren, noch den Kollegen aus Psychologie und Psychotherapie Konkurrenz machen. Deshalb nur ein paar wenige Zeilen.

Viele von uns haben ganz wunderbare Kindheitsjahre gehabt. Sie wuchsen in – wie man so schön im Deutschen sagt – „geordneten Verhältnissen" auf, bekamen Liebe und Zuwendung von ihren Eltern und durften manchen Bock schießen, ohne sich dafür drakonische Strafen einzuhandeln. Sie wussten (und wissen): Mama und Papa stehen zu mir – sie sind meine stärksten Verbündeten im Leben. Diese Menschen verfügen in aller Regel über ein solides Selbstvertrauen und -bewusstsein – mit die wichtigsten Voraussetzungen, um mit den Widrigkeiten des Lebens zurechtzukommen. Doch leider gibt es auch genügend Beispiele, in denen die Verhältnisse alles andere als harmonisch/einfach waren. Alkohol- oder medikamentenabhängige Eltern, aggressive Väter, depressive Mütter, eine prekäre wirtschaftlich-finanzielle Situation, permanent miteinander streitende Elternteile… die Liste ließe sich lange fortsetzen.

Wer nicht das Glück hatte, verständnisvoll-liebende Eltern zu haben, sondern wer unter widrigen Umständen aufgewachsen ist, der leidet meist ein Leben lang darunter. Zahlreiche Studien konnten zwar belegen, dass ein traumatisches Ereignis (wie etwa die Scheidung der Eltern) nicht zwangsläufig zu permanenten psychischen Schäden führt. Heute geht man sogar davon aus, dass dies nur bei weniger als einem Drittel der Betroffenen so ist. Und aus Untersuchungen der US-amerikanischen Psychologin Emmy Werner bei Kindern der Insel Kauai (Teil von Hawaii) wissen wir, dass familiäre Umstände beziehungsweise die Kindheit nicht allein dafür verantwortlich sind, wie wir uns entwickeln (vgl. Nuber 2005). Nichtsdestotrotz ist klar: Die Folgen einer negativen Kindheit spüren wir noch im Erwachsenenalter. Oft entfremden sich die Betroffenen dann von ihren Eltern und machen ihnen Vorwürfe. Bodo Schäfer (2014, S. 203) sieht genau darin ein Hemmnis, sich zu befreien und glücklich zu werden: „Erst, wenn wir unseren Eltern vergeben, werden wir wirklich erwachsen. Bis zu diesem Zeitpunkt bleiben wir Kind, weil wir emotional noch von unseren Eltern und von dem, was diese uns zugefügt haben, abhängig sind."

Vielleicht wollen Sie sich ja mal bei passender Gelegenheit ein bisschen Zeit nehmen und in Ruhe über Ihr Verhältnis zu Ihren Eltern nachdenken? Wenn Sie eine unschöne Kindheit hatten, wollen Sie eventuell auch das Gespräch mit Ihren Eltern suchen, um manches aus der Welt zu räumen?

Lösen Sie Konflikte konstruktiv

Der Begriff Konflikt entstammt dem lateinischen Terminus „conflictus", was so viel wie „Zusammenprallen" bedeutet. Ein Konflikt kann in Anlehnung an den österreichischen Konfliktforscher Friedrich Glasl (2011, S. 14 ff.) definiert werden als …

> … eine (länger andauernde) Situation, in der Ziele, Bedürfnisse, Erwartungen, Wertvorstellungen oder Handlungen der Betroffenen unvereinbar erscheinen. Bei Konflikten sind sich die Parteien in der Bewältigung der Situation uneins und entwickeln dabei negative Gefühle. Diese Gefühle verursachen einen starken Handlungsantrieb; die Aktionsbereitschaft ist bei Konflikten also sehr hoch.

Generell gilt: (Fast) jeder Konflikt hat zwei Ebenen: eine Sachebene und eine Beziehungsebene. In der Regel ist nur die Sachebene sofort zu erkennen (die Spitze des sogenannten „Konflikteisbergs"). Wenn man sich tatsächlich nur über Sachthemen uneins ist, dann liegt kein „echter" Konflikt, sondern lediglich eine Meinungsverschiedenheit oder ein Missverständnis vor. Allerdings erkennt man das oft schwer, denn Beziehungskonflikte werden fast immer auf der Sachebene ausgetragen und erscheinen deshalb „getarnt" – man streitet sich über Sachthemen, in Wirklichkeit ist aber die Beziehung gestört. Dann besteht die Gefahr, dass man an der falschen Ursache arbeitet. Dies wird nach kurzer Zeit einen Folgekonflikt verursachen, der in anderem Deckmantel erscheint, jedoch die gleiche Basis hat: die Beziehungsstörung.

Solche Beziehungsstörungen sind am Arbeitsplatz besonders häufig –zahlreiche Berufstätige leiden darunter. Auseinandersetzungen mit Vorgesetzten und Kollegen sind einer der bedeutsamsten Stressfaktoren und damit Ursache von Unzufriedenheit am Arbeitsplatz. Sich in Konflikten durchzusetzen bzw. diese konstruktiv zu lösen, erfordert viele der Fähigkeiten, über die wir im vorherigen Abschnitt schon gesprochen haben. Darüber hinaus gibt es etliche weitere Punkte, die zu beachten sind, wenn man Konflikte vermeiden bzw. beilegen möchte – hier unsere zehn besten Tipps:

(1) Machen Sie sich klar: Das Leben besteht aus Konflikten
Konflikte sind alltäglich; zwischen Eheleuten, in Familien und Lebensgemeinschaften herrscht häufig dicke Luft. Papst Franziskus drückte dies beim Weltkirchentag im September 2015 in Philadelphia humorvoll so aus:

> Familienleben kann Teller fliegen lassen. Kinder können Kopfschmerzen verursachen. Und über Schwiegermütter will ich erst gar nicht reden. (zitiert nach Diederichs 2015)

Auch zwischen Nachbarn, Geschäftspartnern und natürlich unter Kollegen und mit Vorgesetzten werden Konflikte ausgetragen. Aber: Konflikte haben nicht nur negative Seiten, denn sie helfen uns, Schwierigkeiten zu erkennen und uns weiterzuentwickeln sowie Beziehungen zu vertiefen. Ohne Konflikte/Streit und Auseinandersetzungen kommt keine zwischenmenschliche Beziehung aus, da die Funktion eines Streits auch darin liegt, Dinge klarzustellen, indem z. B. Worte ausgesprochen werden, die einem normalerweise nicht über die Lippen kommen. Streit verbindet folglich genauso, wie er trennt. Konflikte können helfen, die Ursachen für Unzufriedenheit zu finden, und wirken deshalb wie ein (reinigendes) Gewitter. Im Berufsleben sorgen Konflikte für gute Lösungen, wie Ron Friedmann (2015) darlegt:

> Gesunde Diskussionen regen die Mitglieder eines Teams zu gründlicherem Nachdenken an: Man neigt dann eher dazu, sich Gedanken über Alternativen zu machen, und versucht, keinen voreiligen Konsens zu erzielen. Auch wenn viele Menschen Konflikte als unangenehm empfinden, kann das Miterleben offener Diskussionen sogar anregend auf die Mitarbeiter wirken, weil sie dadurch bessere Strategien für die Erledigung ihrer Arbeit entwickeln.

Dennoch dominieren meist die negativen Aspekte – man spricht dann von „dysfunktionalen" Konflikten. Diese haben eine enorme Bedeutung für die Wirtschaft. Daniel Dana, US-amerikanischer Psychologieprofessor, behauptet, dass 65 % der Performance-Probleme in Unternehmen aus belasteten Beziehungen zwischen Arbeitnehmern resultieren (vgl. O'Rourke und Collins 2008, S. 2). Eine Umfrage zu Konfliktursachen und -kosten, die Martin-Niels Däfler (2013) durchgeführt hat, zeigt:

- 53 % der Befragten haben in den vergangenen zwölf Monaten mindestens einen Konflikt am Arbeitsplatz erlebt,

- 16 % der Befragten haben in den vergangenen zwölf Monaten wegen eines Konfliktes krankgefeiert und
- zehn Prozent der Arbeitszeit gehen durchschnittlich durch Konflikte verloren.

Der britisch-schweizerische Schriftsteller Alain de Botton (2012, S. 263) bestätigt das:

> [Ein Unternehmen] ist höchst anfällig für interne Zwistigkeiten, für das kleinliche Vorenthalten von Informationen, für das Schwelen giftigen Grolls wegen ungerechter Lohnniveaus, für Schuppen auf dem Kragen eines Managers, für falsche Worttrennungen in Firmenveröffentlichungen.

Konflikte in der Arbeitswelt sind im Gegensatz zu privaten Auseinandersetzungen durch einige erschwerende „Rahmenbedingungen" gekennzeichnet:

- Das Arbeitsverhältnis ist fast immer materielle Existenzgrundlage.
- Das Arbeitsverhältnis ist wesentlicher Teil des sozialen Status.
- Hierarchie- und Machtstrukturen bedingen, dass es für Arbeitnehmer kaum Ausweichmöglichkeiten gibt.

Die Folge all dieser Aspekte ist ein hohes Angstpotenzial; Angst vor dem Verlust des Arbeitsplatzes, vor Fehlern, vor Konkurrenten, vor Autoritätsverlust, vor Innovationen, vor Überforderung oder die Angst davor, überflüssig zu sein.

Zusammengefasst: Konflikte gehören zum (Arbeits-) Leben dazu. Sie haben zwar auch positive Aspekte, jedoch belasten insbesondere Auseinandersetzungen im Job die Betroffenen massiv, weshalb es sehr sinnvoll ist, sich mit Konfliktpräventions- und -lösungsmethoden zu beschäftigen.

(2) Prüfen Sie zuerst, ob nicht vielleicht nur ein Missverständnis vorliegt

Oft lassen sich Auseinandersetzungen auf ganz einfache, akustische Missverständnisse zurückführen. Man hat das, was ein anderer gesagt oder geschrieben hat, einfach nicht korrekt verstanden. In Gesprächen hat man vielleicht nicht aufmerksam zugehört oder es gab Störgeräusche in der Umgebung. Deshalb: Hören Sie Ihrem Gegenüber stets konzentriert zu und fragen Sie bei Unklarheiten sofort nach. Gleiches gilt analog für die schriftliche Kommunikation.

Auch neurologische Filterprozesse können zu Missverständnissen führen. Auf gut Deutsch heißt das: Wir nehmen nur einen Bruchteil all der Informationen, die auf uns einströmen, bewusst wahr. Das Nervensystem filtert von den eintreffenden elf Millionen Bits, die wir pro Sekunde empfangen, nur ca. 200 heraus, die bewusst gleichzeitig wahrgenommen werden können. Diese 200 Bits sind das, was nach dem Filtern übrig bleibt, nach dem Löschen der Informationen, die zu diesem Zeitpunkt nicht wichtig sind. So soll unser Gehirn vor Überlastung geschützt werden.

Eine weitere Besonderheit unseres Gehirns sorgt dafür, dass jeder von uns die Umwelt anders wahrnimmt.

Ost-Strategie: So verbessere ich meine ... 253

Aufgrund von persönlichen Erfahrungen und Interessen bevorzugen wir nämlich bestimmte Informationen, während wir andere eher vernachlässigen oder vielleicht überhaupt nicht zur Kenntnis nehmen. Ganz deutlich ist unsere Fähigkeit zum Ausfiltern von Unerwünschtem beim sogenannten „Cocktailpartyeffekt". Es ist unsere Fähigkeit, aus einer Geräuschkulisse ein einzelnes Wort (wie etwa unseren Namen) herauszuhören. Das Murmeln und Gläserklirren blenden wir einfach aus.

Weitere sogenannte Modellierungsprozesse sorgen dafür, dass wir Informationen verfälscht aufnehmen:

- Unser Gehirn tilgt bestimmte Informationsanteile aus der Erfahrung – wir vergessen vieles, was uns nicht zweckdienlich erscheint. Der Nutzen davon ist der Schutz vor Reiz- und Informationsüberflutung, während der Nachteil der Verlust von später eventuell wichtigen Detailinformationen sein kann.
- Die Generalisierung ist der Prozess, der es uns möglich macht zu lernen, indem wir eine bestimmte Erfahrung verallgemeinern, ohne uns jedes Mal das individuelle Ereignis bewusst zu machen. Nachteilig ist, dass auf diese Weise Vorurteile aufgebaut werden.
- Schließlich verzerrt unser Gehirn Informationen; es speichert unsere Wahrnehmungen anders ab und gibt sie anders wieder, als sie wirklich sind bzw. waren.

Alle diese Filterprozesse sind uns Menschen in der Regel nicht bewusst. So schafft jeder Mensch ständig blinde Flecken in seiner Wahrnehmung.

Auf den Punkt gebracht: Auseinandersetzungen sind oft auf Missverständnisse und nicht auf gegensätzliche Standpunkte zurückzuführen. Missverständnisse können ihre Ursache darin haben, dass wir nicht aufmerksam zugehört oder bestimmte Information nicht oder verzerrt wahrgenommen haben. So einfach wie treffend hat dies die französische Schriftstellerin Anaïs Nin (1903–1977) ausgedrückt:

> Wir sehen die Dinge nicht, wie sie sind. Wir sehen sie so, wie wir sind.

Deshalb: Bevor Sie anfangen, sich über etwas aufzuregen oder zu streiten, sollten Sie prüfen, ob nicht vielleicht ein Missverständnis vorliegt, das durch eine einfache (Nach-)Frage aus der Welt geschafft werden kann.

(3) Fragen Sie sich, ob Ihre grundlegenden körperlichen Bedürfnisse erfüllt sind

Oft haben Konflikte eine ganz banale Ursache! Unser Empfinden bzw. unsere „Reizbarkeit", sogar unser gesamtes Verhalten hängt nämlich maßgeblich von unserer momentanen Verfassung ab. Und diese wiederum wird sehr stark davon beeinflusst, wie gut unsere grundlegenden körperlichen Erfordernisse erfüllt sind, vor allem, wie hoch/niedrig unser Zuckerspiegel ist, ob wir ausgeschlafen sind und ob wir genügend frische Luft abbekommen haben.

Der Arzt, Kabarettist und Schriftsteller Eckart von Hirschhausen schlägt in seinem Buch „Glück kommt selten allein" (2009) einen einfachen Schnelltest vor, mit dem wir jederzeit überprüfen können, ob unsere Grundbedürfnisse befriedigt sind. Wenn wir also an einem Tag häufiger als sonst bei anderen anecken, dann sollte die erste Maßnahme sein, diesen Test durchzuführen:

- Habe ich genug gegessen oder bin ich vielleicht unterzuckert?
- Habe ich ausreichend geschlafen oder bin ich vielleicht übermüdet?
- Habe ich mich genügend (in der frischen Luft) bewegt oder bin ich vielleicht mangels Sauerstoff leicht reizbar?

(4) Erkennen Sie: Konflikte haben viel mehr mit uns selbst zu tun, als wir (zunächst) denken

Was den einen am anderen stört oder auf die Palme bringt, lässt einen Dritten völlig kalt. Sicherlich haben Sie das schon selbst erfahren: Ein Kollege berichtet Ihnen über das unmögliche Verhalten von Frau Schlett, Sie können aber überhaupt nichts Schlimmes daran finden. Warum ist das so? Weil wir alle unterschiedliche Persönlichkeiten mit verschiedensten Meinungen, Vorlieben, Interessen und Werten/Prinzipien sind. Zudem unterscheiden wir uns in charakterlicher Hinsicht – der eine ist eben extrovertierter oder ordentlicher oder gutmütiger oder … als der andere. Wer mehr über Persönlichkeitstypen wissen möchte, dem empfehlen wir den kostenlosen „Big Five-Persönlichkeitstest".

Big Five-Persönlichkeitstest

http://de.outofservice.com/bigfive

Hinzu kommt, dass uns Erfahrungen aus der Kindheit, (verdrängte) traumatische Erlebnisse und der Einfluss von Partnern, Familienmitgliedern, Freunden, Kollegen, Lehrern … formen. Folglich ist es nur zu verständlich, wenn wir im Alltag immer wieder mit anderen zusammenrauschen – weil eben unterschiedliche Persönlichkeiten aufeinandertreffen. Dies ist uns allerdings oft nicht klar bzw. verstehen wir zweierlei nicht: erstens, dass andere Menschen ein anderes Weltbild haben als wir, und zweitens, dass uns nur ein Bruchteil unserer Persönlichkeit bewusst ist. Wir wissen oft selbst nicht, warum wir etwas tun/sagen bzw. warum uns etwas/ein anderer stört. Das heißt: Die „wahren" Konfliktursachen liegen eigentlich in uns und nicht in unserem Gegenüber. Glasl (2011, S. 38) drückt das so aus:

> In Konflikten wird oft etwas von dem inneren Ringen, das jemand mit seinem Licht und Schatten erlebt und nicht ganz bewältigt, nach außen verlagert: Wenn ich mir nicht eingestehen will, dass mich meine eigenen Schwächen

ärgern, dann kann es unbemerkt geschehen, dass ich diese Schwächen desto deutlicher im Gegner sehe und heftig an ihm bekämpfe. Die Aggression gegen den Schatten des Feindes ist die nach außen geleitete Kraft, die eigentlich nach innen meinem eigenen Schatten gilt. Darum sind soziale Konflikte immer eine existentielle Herausforderung an unser Selbstbild.

Da also das, was wir an anderen Menschen wahrnehmen und was uns an ihnen stört, sehr viel mit uns selbst zu tun hat (das nennt man „Resonanz-Gesetz"), können Sie jeden Konflikt dazu nutzen, etwas über sich selbst herauszufinden. Konflikte zu vermeiden, beginnt daher mit einer ehrlichen Selbstanalyse, mit dem Versuch, mehr über sich und seine Persönlichkeit zu erfahren! Vielleicht kommt dabei heraus, dass Sie mit sich selbst nicht zufrieden sind? Dies würde vermutlich manche konfliktäre Situation erklären. Kurt Tepperwein (2013, S. 59) formuliert das prägnant so: „Wie wollen Sie andere lieben, wenn Sie sich selbst nicht mögen? Alles, was Sie an anderen kritisieren, ist schlussendlich Selbstkritik."

Nicht nur generell sollte man sich analysieren, sondern auch ganz spezifisch, wenn man sich über einen anderen aufregt oder ärgert. Stellen Sie sich dann diese Fragen:

- Warum reizt mich das Verhalten des anderen so sehr?
- Welcher meiner Werte wird hier verletzt?
- Was ist mein Anteil: Was habe ich zu der Situation beigetragen?

(5) Erkennen Sie frühzeitig Konfliktsymptome

Konflikte üben auf die meisten Menschen eine Wirkung aus wie ein Fluss im Gebirge: Wir geraten in den Strudel der Konfliktereignisse und merken plötzlich, wie uns eine Macht mitzureißen droht. Konflikte beeinträchtigen unsere Wahrnehmungsfähigkeit und unser Denk- und Vorstellungsleben – wir sehen die Umwelt nicht mehr richtig; unser Auge ist „getrübt": Wir betrachten uns sowie die Konfliktpartei verzerrt und völlig einseitig. Unser Denken und Handeln folgen Zwängen, die uns nur zu einem kleinen Teil bewusst sind und denen wir uns kaum entziehen können (vgl. Glasl 2011, auch folgende Absätze).

Auch unser Gefühlsleben wird stark beeinflusst – wir sind anfangs hin- und hergerissen zwischen Verstehen und Ablehnung. Allmählich breiten sich jedoch nur noch negative Gefühle aus, von denen wir uns zunehmend schwerer lösen können. Gleiches gilt für unseren Willen: Wir konzentrieren uns immer mehr auf unsere vermeintlichen Interessen und sind zunehmend weniger an Kompromissen/Lösungen interessiert.

Alle diese Veränderungen wirken zusammen, beeinflussen sich gegenseitig und haben zur Folge, dass wir immer mehr die Kontrolle über uns selbst verlieren. Das zeigt sich in unserem Verhalten: Wir werden immer aggressiver. Damit wird ein Teufelskreis gestartet, denn durch unser Verhalten wird die Gegenpartei zunehmend starrer und greift uns öfter an.

Also: Im Konfliktverlauf sehen wir die Welt anders, als sie wirklich ist – unser Blick reduziert sich zur selektiven Aufmerksamkeit. Manche Dinge sehen wir außergewöhnlich scharf, andere übersehen wir. Das, was uns am anderen stört, registrieren wir deutlich, unsere eigenen Schwächen dagegen kaum. Selbst- und Fremdbild klaffen immer mehr auseinander; die Konfliktgegner können alles nur noch so sehen, wie es ihren vorgefassten Meinungen entspricht. Wir haben Scheuklappen auf!

Um diese fatale Entwicklung so früh wie möglich zu unterbrechen, sollten Sie stets auf erste Anzeichen von Konflikten achten, um so schnell reagieren zu können. Passen Sie jedoch bitte auf: Die folgenden Merkmale können auf Ablehnung hindeuten, müssen es aber nicht zwangsläufig.

Körpersprachliche Signale für Ablehnung: Ihr Gegenüber …

- presst seine Lippen aufeinander.
- nimmt seinen Kopf zurück (Ablehnung).
- nimmt seinen Kopf nach vorn, runzelt die Augenbrauen und fokussiert Sie.
- schiebt, wirft oder wischt scheinbar etwas mit der Hand weg.
- sitzt Ihnen starr und steif gegenüber.
- wendet sich ab und zeigt Ihnen die kalte Schulter.
- weicht Ihrem Vorschlag aus, indem es den Oberkörper zur Seite schiebt.

Verbale Signale für Ablehnung: Ihr Gegenüber …

- widerspricht Ihnen häufig.
- macht abfällige Bemerkungen
- verwendet gehäuft „Killerphrasen", Sarkasmus/Zynismus.

- lenkt vom Thema ab, eröffnet „Nebenkriegsschauplätze".
- hat einen spitzen/gereizten „Unterton".
- spricht auffällig laut oder leise.

(6) Überlegen Sie, ob ein Konfliktlösungsgespräch überhaupt einen Sinn ergibt

Bevor Sie einen Konflikt lösen, sollten Sie sich fragen: „Bin ich bereit, diesen Streit zu beenden und dafür eventuell auch Zugeständnisse zu machen?" Wenn für Sie nämlich im Vorhinein feststeht, dass nur der andere Schuld hat und Ihr Verhalten tadellos ist, dann ist es sinnlos, eine Schlichtung zu beginnen – eine gewisse Kompromiss- oder Veränderungsbereitschaft muss bei Ihnen und Ihrem Gegenüber vorhanden sein. Dies ist regelmäßig dann nicht mehr der Fall, wenn der Konflikt schon weit vorangeschritten ist.

Wie Sie im Tipp 5 gelesen haben, tendieren Konflikte dazu zu eskalieren – Glasl (2011) unterscheidet in seiner „Konflikteskaltionstreppe" neun unterschiedliche Stufen. Ist man auf einer der unteren Stufen angelangt, besteht kaum noch eine Chance auf eine gütliche Einigung, dann hilft nur noch ein Machteingriff von außen. Versuchen Sie also, das Eskalationsniveau des Konflikts zu bestimmen und Ihre Einigungsbereitschaft sowie die Ihres Kontrahenten zu ermitteln.

(7) Wählen Sie einen passenden Zeitpunkt und -ort für das Konfliktlösungsgespräch

Gehen Sie auf die Person zu, mit der Sie im Streit liegen, und sagen Sie ihm/ihr, dass Sie das Problem bzw.

die Auseinandersetzung gern lösen möchten. Führen Sie das Gespräch nicht unmittelbar danach, sondern vereinbaren Sie einen Termin mit Ihrem Kontrahenten, sodass auch er/sie die Gelegenheit hat, sich vorzubereiten. Gut geeignet sind Termine am späten Nachmittag, weil Sie dann keinen Druck „nach hinten raus" haben und Sie anschließend nach Hause gehen können.

Wählen Sie einen neutralen Ort für das Konfliktgespräch, also nicht Ihr Büro oder das des Kontrahenten beziehungsweise eines der Betroffenen. Sorgen Sie dafür, dass Sie ungestört sind, keine Zuhörer haben und dass keine Vorgesetzten anwesend sind.

(8) Legen Sie die wahren Konfliktursachen frei
Beginnen Sie das Gespräch, indem Sie klarmachen, dass es Ihnen nicht darum geht, die Schuldfrage zu klären, sondern dass es das Ziel ist, gemeinsam das Problem zu lösen. Überlegen Sie zunächst, was überhaupt das Thema ist und wie es zum Streit kommen konnte. Versuchen Sie, sich in Erinnerung zu rufen, was sachlich alles in der Vergangenheit vorgefallen ist.

Jeder der Konfliktpartner schildert nun nacheinander so konkret und spezifisch wie möglich den Konflikt. Lassen Sie dabei Ihrem Gegenüber den Vortritt. Noch besser, als seine Sicht darzulegen ist es, die des Gegenübers zu schildern. Der Mathematiker Anatol Rapoport hat diese Methode ersonnen (vgl. Watzlawik 2010, S. 88 f.). Im Falle eines Konfliktes erklärt nicht jede Partei ihre Position, sondern A beginnt damit (im Beisein von B), den Standpunkt von B zu erklären, und zwar so genau und lange, bis B dieser Aussage zustimmt. Anschließend erläutert B die Position von A – ebenfalls, bis A damit einverstanden ist. Durch dieses Vorgehen erhält man oftmals überraschende Einsichten, nach dem Motto: „Ich wusste ja nicht, dass Sie denken, dass ich das denke …"

Fassen Sie bei unpräzisen oder pauschalen Aussagen nach, beispielsweise wenn es heißt: „Immer machen Sie dies und das." Fragen Sie dann nach: „Wann genau war dies zuletzt der Fall?" Außer bei Unklarheiten gilt jedoch: In dieser Phase darf es keine Anschuldigungen, keine Diskussionen, kein Unterbrechen und keine sofortige Suche nach Lösungen geben.

Danach geht es darum, die wahren Konfliktursachen freizulegen. Führende Konflikt- und Kommunikationsexperten – ob Carl Rogers, Marshall Rosenberg oder Roger Fisher – sind sich einig: Die wichtigste Maßnahme, um Auseinandersetzungen aus der Welt zu schaffen, ist es, die Bedürfnisse, Interessen oder Motive des Gegenübers in Erfahrung zu bringen. Ja, es ist wirklich so einfach. Dennoch vergessen wir im Alltag nur zu häufig, nach dem Warum zu fragen. Wir streiten über Positionen und versuchen nicht, die Interessen offenzulegen. Was tun wir stattdessen? Wir unterstellen unserem Gegenüber schlechte Absichten. Wer sich jedoch die Mühe macht und die Bedürfnisse des anderen durch die banale Frage „Warum machst du das?" oder „Warum ist Ihnen das wichtig?" eruiert, wird sicherlich oft genug überrascht feststellen, dass die Beweggründe völlig andere sind, als wir dachten.

Das wohl bekannteste Beispiel für die Anwendung der „Warum-Methode" liefert Roger Fisher in seinem Buch „Harvard-Konzept" (vgl. Fisher et al. 2009): Zwei Töchter streiten um die einzige vorhandene Orange. Die Mutter entscheidet so, wie wir es wohl alle machen würden: Sie teilt die Frucht in zwei Hälften. Doch keines der Kinder ist wirklich zufrieden. Weshalb? Hätte die Mutter gefragt: „Warum wollt ihr die Orange haben?", so hätte die eine Tochter vielleicht gesagt: „Ich möchte Orangensaft pressen." Und die andere hätte geantwortet: „Ich will einen Kuchen backen und benötige die Schale." Zugegebenermaßen ist dies ein idealtypisches Beispiel. Nicht alle Probleme im Leben sind Orangen. Dennoch ist es oft genug hilfreich, wenn man versucht, die Motive des anderen in Erfahrung zu bringen.

(9) Suchen Sie Lösungen
Nachdem jeder Betroffene seinen Standpunkt dargelegt hat, sollten Sie nun Übereinstimmungen bei den Bedürfnissen und Positionen herausarbeiten: „Worin sind wir uns einig?" Zeigen Sie jedoch auch die Unterschiede/Differenzen auf: „Worin sind wir uns (noch) uneinig?"

Entwickeln Sie dann Lösungen. In diesem Stadium der Konfliktlösung arbeiten Sie die einzelnen Streitpunkte der Reihe nach ab. Entscheidend für den Erfolg ist, dass die verschiedenen Themen getrennt behandelt und nicht miteinander vermischt werden. Gehen Sie dabei stets nach dem gleichen Muster vor:

- Welche Lösungen fallen Ihnen ein, um diese Uneinigkeit zu beseitigen?
- Welche der Lösungen sind realisierbar?
- Welche dieser Lösungen werden von Ihnen und Ihrem Kontrahenten akzeptiert?

Achten Sie darauf, dass mehr als ein Lösungsvorschlag erarbeitet wird, damit Sie eine echte Auswahl haben und gegebenenfalls einen Kompromiss schließen können. Versuchen Sie, Bewegung in die Diskussion zu bringen, beispielsweise indem Sie Für und Wider zu einzelnen Alternativen zusammentragen oder ein Brainstorming durchführen. Wichtig dabei ist: Lassen Sie alle Vorschläge zu – schließlich können auch anfangs absurd erscheinende Ideen der Schlüssel zum Erfolg sein. Achten Sie besonders auf beiläufig geäußerte Angebote an die Gegenseite, denn diese sind erfahrungsgemäß oft ausschlaggebend für eine gütliche Einigung.

Ebenso wie die Frage nach dem Warum helfen kann, viele konfliktträchtige Situationen zu lösen, kann auch die Frage „Warum eigentlich nicht?" dazu beitragen, einen Streit zu beenden. Wann immer Ihre Position, Ihre Meinung oder Ihr Wunsch mit dem Ihres Gegenübers kollidiert, sollten Sie prüfen: Warum machen wir es eigentlich nicht so, wie es der andere vorschlägt? Welchen Nachteil hätte ich davon? Natürlich bedeutet das nicht, dass man stets „Ja und Amen" sagen sollte, aber oftmals lohnt sich eine Auseinandersetzung gar nicht. Es geht ums Grundsätzliche: Möchte ich recht haben oder möchte ich glücklich leben? Mal ehrlich: Wir investieren zu viel Zeit und Energie, um zu beweisen, dass wir im Recht und andere im Unrecht sind. Also: „Kämpfen" Sie nur dann um etwas, wenn es Ihnen wirklich wichtig ist.

Was soll man tun, wenn dies nicht der Fall ist oder wenn sich partout kein Kompromiss finden lässt? Wenn keine Verständigung gelungen ist, so bleibt Ihnen nur festzustellen, dass das Gespräch ergebnislos war. Schlagen

Sie vor, es zu einem späteren Zeitpunkt – mit dann hoffentlich mehr Einigungswillen – erneut zu versuchen. Machen Sie sich aber auch bewusst (wie eingangs bereits angeführt): Es ist sinnlos, eine kooperative Konfliktklärung zu suchen, wenn die Konfliktpartner kein ernsthaftes Interesse daran haben, den Streit lösen zu wollen. Dann ist es besser, offen zu sagen, dass der Konflikt fortbesteht und dies von den Betroffenen offensichtlich auch so akzeptiert wird.

(10) Legen Sie Kriterien und „Spielregeln" für die Zukunft fest

Unter der Annahme, dass Sie sich mit Ihrem Gegenüber auf eine Lösung verständigen konnten, sollten Sie nun noch sicherstellen, dass die Lösung auch dauerhaft ist. Außerdem müssen Sie mit den Betroffenen noch Kriterien festlegen, mit deren Hilfe Sie messen können, ob die Vereinbarung erfüllt und eingehalten wird.

Abschließend sollten Sie nochmals alle Ergebnisse (Lösungen und Kriterien) wiederholen und sich bei Ihrem Gegenüber versichern, dass alle das Gleiche verstanden haben. Idealerweise sprechen Sie nun noch darüber, wie Sie es vermeiden können, dass ähnliche Konflikte in der Zukunft erneut entstehen. Vielleicht wollen Sie sich dazu ein paar gemeinsame „Spielregeln" überlegen. Stellen Sie zum Abschluss die Frage: „Können wir nach diesem Gespräch zukünftig (wieder) konstruktiv miteinander arbeiten?" Wenn dem so ist, sollten Sie nun gemeinsam ein Bier, einen Prosecco oder ein anderes Getränk Ihrer Wahl zu sich nehmen.

Lernen Sie, mit einem schwierigen Chef umzugehen

Ein gutes Verhältnis zum Vorgesetzten und den anderen Teammitgliedern ist ein außerordentlich wichtiger Wohlfühlfaktor am Arbeitsplatz. Doch leider ist die Beziehung zum Chef und/oder Kollegen oft nicht von gegenseitiger Sympathie und Wertschätzung getragen. Manchmal empfinden wir die anderen bzw. deren Verhalten sogar schlichtweg als unerträglich. Wie Sie besser mit den Personen klarkommen, die Sie nerven, erfahren Sie in diesem Kapitel. Zudem kann es sich lohnen, nochmals im Kapitel „Konflikte" nachzulesen, denn vieles, was wir dort geschrieben haben, trifft auch auf den Umgang mit unangenehmen Mitmenschen zu.

Bevor wir Ihnen konkrete Tipps präsentieren, wollen wir jedoch einen allgemeinen Hinweis geben, den Sie in ähnlicher Form hier schon gelesen haben, nämlich: Wenn andere an Ihren Nerven zerren, muss das nicht zwangsläufig an diesen liegen, sondern vielleicht an Ihnen. Anders formuliert: Wie sieht es mit Ihrer Toleranz aus? Ist Ihnen klar, dass jeder seine Sicht der Dinge und seine ganz spezifischen Wertvorstellungen hat?

Jeder ist eben eine eigene Persönlichkeit, auch Ihr Chef und Ihre Kollegen. Das müssen Sie akzeptieren, denn – wie wir schon so oft geschrieben haben: Ändern können Sie nur sich selbst, aber niemand anderen. Fangen Sie also bei sich an, wenn Sie das Verhältnis zu den Menschen an Ihrem Arbeitsplatz verbessern wollen. Fragen Sie sich: „Inwieweit liegt es an mir, dass ich mich mit anderen nicht verstehe?" Versuchen Sie, Ihre Einstellung neu zu definieren: Solange Sie andere als „schwierig" wahrnehmen, wird er oder sie auch schwierig sein.

Hieronimus und Wilde (2014, S. 200) wissen:

> Sie werden immer auf Menschen treffen, die anders sind als Sie. Von manchen können Sie lernen und das nutzen. Andere verhalten sich, als würden sie auf einem anderen Planeten leben als Sie. Das tun sie tatsächlich. Deshalb verstehen Sie sich nicht.

Sie ahnen sicherlich schon, weshalb wir das schreiben: Der beste Weg, leichter mit „schwierigen" Menschen umzugehen, besteht darin, mehr Verständnis für die Situation anderer zu zeigen. Klar, das fällt oft nicht leicht. Es sollte jedoch einen Versuch wert sein. Eine ganz einfache Frage kann dabei helfen: „Wenn Sie sich über jemanden aufregen oder ärgern, fragen Sie sich: Wer hat ihn/sie so behandelt, wie er/sie (heute) andere behandelt?" (Scheuermann 2013, S. 122)

Natürlich ist mehr notwendig, als sich in Toleranz zu üben, wenn man von Plagegeistern, Querulanten, Intriganten, Nervensägen oder Wichtigtuern umzingelt ist. Wir betrachten dabei zunächst die Chefs und dann die Kollegen.

Jörg Steinfeldt (2013, S. 136) bringt in seinem Buch „Die Burn-out-Mode" auf den Punkt, was zahlreiche Menschen aus eigener, leidvoller Erfahrung bestätigen können:

> Die Arbeitnehmer sind weniger mit Arbeitsinhalten und ihrem Gehalt unzufrieden als vielmehr von ihrem Vorgesetzten frustriert. Und das in einem erheblichen Ausmaß.

Inkompetent, mangelndes soziales Verhalten, Hass – die Mehrheit der Beschäftigten lehnt ihren direkten Vorgesetzten ab. Wer nicht physisch geht, also kündigt, geht psychisch, entweder in die innere Kündigung [...] oder er wird krank.

Der Personalberater Heiner Thorborg (2015) erklärt, weshalb so viele Vorgesetzte sozial inkompetent sind:

Viele Probleme in der Wirtschaft gehen auf Menschen mit psychischen Problemen zurück, insbesondere auf Narzissten und Psychopathen. Beiden Typen ist gemeinsam, dass sie so mit dem eigenen Ich beschäftigt sind, dass sie die Befindlichkeiten anderer nicht wirklich berühren. Forscher sagen, in Chefetagen sei der Anteil der Psychopathen sechsmal höher als im Bevölkerungsdurchschnitt [...] Innere Kälte hilft in vielen Organisationen tatsächlich beim Aufstieg, sind psychopathisch Gestörte doch selbstsicher, überzeugend, angstlos und fokussiert auf das Positive. Wer andere emotionsfrei beobachtet, lernt zudem schnell zu manipulieren, ja, wird oft gar als besonders charmant erlebt. Wer sich rücksichtslos durchsetzt, Ressourcen an sich reißen und andere ohne Skrupel feuern oder ausmanövrieren kann, hat im Konzern gewisse Vorteile. Diese Menschen sind oft unermüdliche Arbeiter, jagen sie doch nach etwas, das ihre innere Leere füllen soll – und kommen dennoch nie ans Ziel.

Und Inka Michler (2015) erläutert in ihrem Beitrag „Die dunklen Geheimnisse hinter dem Manager-Erfolg", was die eigentlichen Ursachen sind, weshalb so viele „auffällige" Persönlichkeiten Manager werden:

Gekränktes Ehrgefühl, fehlende Anerkennung, Liebesentzug, extreme Armut: Die Liste der Umstände ist lang, die Kindern Wunden in die Seele reißen. Viele Betroffene kämpfen ein Leben lang mit den Folgen – von Ängsten, über Bindungsstörungen bis hin zu Depressionen. Manchen allerdings gelingt es, frühe Verletzungen in Antriebsstärke umzumünzen. Sie setzen alles daran, es allen zu zeigen, ganz im Sinne Machiavellis steht Macht für sie über der Moral. Und nicht selten haben sie damit auch Erfolg, beruflich zumindest; dann endet die Karriere in der Chefetage.

Nun mag es bedauerlich sein und unser Verständnis ein klein wenig fördern, wenn wir wissen, dass hinter dem unmöglichen Verhalten von Herrn Kleinschmidt wahrscheinlich „innere Leere" oder eine verkorkste Kindheit steht, doch hilft dies nur bedingt im beruflichen Alltag, wenn wir mal wieder das Ziel eines Wutausbruchs von Herrn Kleinschmidt wurden. Deshalb nun einige Empfehlungen, wie Sie lockerer mit komplizierten Menschen klarkommen.

Seien Sie höflich und gehen Sie professionell miteinander um

Welche Erwartung haben Sie an Ihren Boss? Etwa eine solche, wie sie Wolf Lotter (2014, S. 33), Essayist des Magazins „brand eins", beschreibt:

> Es ist das Bild von der alten industriellen Erwerbsarbeit, die (sic!) unsere Aussicht auf gute Arbeit trübt. Der Chef ist dabei eine Art Supernanny, die liefern muss – einen exakten Rahmen, genaueste Vorgaben, ein Gehalt, Sozialleistungen, ein Büro und dazu noch gute Laune und einen ordentlichen Klacks Sinn.

Wer eine „Supernanny" zum Vorgesetzten möchte, der wird unweigerlich enttäuscht werden. Sprechen wir es deutlich aus: Ihr Chef ist nicht dazu da, all Ihre beruflichen Wünsche zu erfüllen. Auch muss Ihr Chef nicht Ihr Freund werden; das Verhältnis zu ihm/ihr ist in erster Linie durch die hierarchische Stellung geprägt. Nichtsdestotrotz dürfen Sie selbstverständlich von Ihrem Vorgesetzten ein faires und höfliches Verhalten erwarten. Dieses sollten auch Sie zeigen. Selbst wenn Ihr Boss eine echte menschliche Katastrophe ist und keinen Anstand besitzt, so sollten Sie es ihm/ihr nicht gleichtun. Begegnen Sie ihm oder ihr stets höflich, also etwa indem Sie auf dem Flur grüßen oder im Gespräch Blickkontakt aufnehmen. Sie haben es in diesem Buch inzwischen öfter vernommen: Das, was wir von anderen verlangen, sollten wir zuerst selbst geben/zeigen.

Beweisen Sie nicht nur, dass Sie eine gute Kinderstube genossen haben, sondern lassen Sie sich durch Ihre Antipathie auch nicht dazu verleiten, schlechte Arbeit abzuliefern, um es Ihrem Chef „heimzuzahlen". Auch (oder gerade) ein Vorgesetzter, den Sie nicht ausstehen können, sollte erstklassige Arbeit von Ihnen bekommen. Liefern Sie keinen sachlichen Vorwand, unfair mit Ihnen umzugehen.

Bieten Sie Lösungen an
In einer Sache gleichen sich alle Manager: Sie mögen keine Sorgenkinder, die ständig in ihrem Büro stehen und darüber klagen, was alles nicht läuft. Vielleicht kennen Sie solche Typen, die über alles motzen, nie zufrieden sind und in allem ein Problem sehen, jedoch nie konstruktive Ideen haben? Viele Vorgesetzte reagieren allergisch auf diese

Sorte Mitarbeiter und sind gerade zu ihnen besonders eklig. Sofern Sie eventuell auch (ein wenig) zum Lamentieren neigen, sollten Sie diesen Ratschlag beherzigen: Wann immer Sie ein Problem identifiziert haben, analysieren Sie es und machen sich Gedanken zur Lösung, bevor Sie damit zum Chef gehen.

Dazu ein Beispiel: Angenommen, Sie arbeiten in der Auftragsbearbeitung und stellen fest, dass es bei einem bestimmten Produkt immer wieder Schwierigkeiten gibt – die Kunden melden sich überdurchschnittlich oft mit Rückfragen bei Ihnen. Statt zum Boss zu rennen und darüber zu jammern, wäre es sinnvoll, die Ursache des Problems zu ermitteln. Vielleicht stellen Sie fest, dass die Angaben im Verkaufsprospekt unvollständig sind? Überlegen Sie, wie man den Fehler beheben könnte. Mit Ihrem Vorschlag im Gepäck können Sie nun das Gespräch suchen. Idealerweise haben Sie sogar zwei Lösungsvorschläge entwickelt. Die meisten Chefs werden Sie dafür lieben, wenn Sie nun sagen: „Um das Problem zu beheben, könnten wir entweder den Prospekt neu drucken lassen oder wir informieren unsere Kunden per E-Mail. Ich schlage aus Kostengründen Letzteres vor. Was meinen Sie?"

Fragen Sie, um Unklarheiten zu vermeiden
Chefs, denen man es einfach nicht recht machen kann, geben oft zu wenige Anweisungen über die Aufgaben, die man erledigen soll. Deshalb: Fragen Sie nach, was genau Sie bis wann erledigen sollen. Je detaillierter Sie fragen, desto mehr Informationen bekommen Sie, desto weniger können Sie falsch machen, desto weniger Anlass für Kritik

bieten Sie, desto weniger Konflikte sind die Folge. Ganz generell gilt: Ermitteln Sie, was Ihr Vorgesetzter möchte und was nicht. Finden Sie heraus, wie Sie Ihren Job ausführen sollen, damit er oder sie zufrieden ist.

Seien Sie loyal
Auch wenn es Ihnen eventuell schwerfallen sollte: Egal, was Sie von Ihrem Vorgesetzten denken, sprechen Sie nie schlecht in der Öffentlichkeit über ihn oder sie. Es gilt ein simpler, grundsätzlicher Zusammenhang: Wie wir unsere Mitmenschen wahrnehmen, sagt viel über unsere eigene Persönlichkeit aus. Wie positiv man andere Menschen beurteilt, so glücklich, gutherzig und emotional stabil ist man selbst (vgl. Wood und Roberts 2006).

Manchmal verraten wir gerade dann etwas über uns selbst, wenn wir über andere sprechen. Wer seine Mitmenschen in einem positiven Licht sieht und gut über sie redet, der ist wahrscheinlich selbst ein zufriedener und beliebter Zeitgenosse – wohingegen jemand, der schlecht über andere spricht, eher zu psychischen Problemen und unsozialem Verhalten neigt (Römer 2010).

Wir wissen: Gerade, wenn man besonders viel Wut im Bauch hat, sucht man ein Ventil für seine negativen Gefühle. Was wäre da leichter, seinem Frust – insbesondere über Social-Media – Luft zu machen. Wie eben geschrieben, liefern Sie damit aber nicht nur ein negatives Zeugnis über sich selbst, sondern Sie gießen damit auch Öl ins Feuer. Sie wissen nämlich nie, über welche Kanäle und in welcher Form Ihre Äußerungen zu dem zurückkommen, über die Sie sie getroffen haben.

Loyal zu sein bedeutet darüber hinaus auch, vertrauliche sowie kompromittierende Informationen, die man über seinen Chef besitzt, für sich zu behalten. Dies ist sowohl arbeitsvertraglich als auch in menschlicher Hinsicht geboten. Selbstverständlich trifft dies nicht bei Verstößen gegen betriebsinterne Vorschriften (Stichwort „Compliance-Regeln") und auf strafrechtlich relevante Erkenntnisse zu – hier müssen Sie die entsprechenden unternehmensinternen/-externen Ansprechpartner unverzüglich informieren.

Begegnen Sie cholerischen Chefs mit Selbstbewusstsein
Oft meinen es Choleriker nicht persönlich und nutzen einen nur als zufällig anwesende Projektionsfläche für ihren Ärger. Meistens haben sie zudem bereits nach einer halben Stunde ihre „Attacke" vergessen. Und: In vielen Fällen steckt hinter dem Wutausbruch etwas ganz anderes, z. B. Angst (vgl. Schäfer 2014, S. 177). Dennoch ist es freilich alles andere als angenehm, Zielscheibe eines Cholerikers zu sein.

Bieten Sie cholerischen Chefs sprichwörtlich die Stirn. Wenn Sie Ziel einer seiner „Anfälle" werden, stehen Sie auf und stellen Sie sich aufrecht hin. Blicken Sie ihm oder ihr in die Augen, anstatt Ihren Blick wie ein Opferlamm auf den Boden gleiten zu lassen.

Begegnen Sie zynischen Chefs mit Offenheit
Zyniker sind oft – auch, wenn man es nicht vermutet – sehr sensibel und reagieren betroffen, wenn man sie direkt anspricht. Tadelt Sie der Zyniker mal wieder mit einer unangepassten Bemerkung, so entgegnen Sie in einem

ruhigen Ton: „Ich empfinde Ihre Aussage als sehr verletzend und bitte Sie, nicht in diesem Ton mit mir zu reden."

Begegnen Sie besserwisserischen Chefs mit Lob
Besserwisser suchen Anerkennung. Sie erreichen viel, wenn Sie ihnen oft zustimmen („Ja, das ist richtig"; „Genauso sieht es Dr. Huber auch") und vorsichtig loben („Das ist ein guter Vorschlag"). Passen Sie aber auf, dass Sie nicht übertreiben. Wenn Sie einen Besserwisser überzeugen wollen, so schaffen Sie dies am einfachsten, indem Sie Fakten liefern – Fakten, denen Ihr Chef nicht widersprechen kann. Alles, was Sie vortragen, sollte allerdings gut und stichhaltig begründet sein.

Begegnen Sie autoritären Chefs mit Zustimmung
Autoritäre Chefs dulden keinen Widerspruch und erwarten, dass man sich nach ihren Anweisungen richtet. Der schmerzfreie Weg besteht darin, genau das zu tun. Wenn Sie dies nicht dauerhaft können oder wollen, dann versuchen Sie es mit folgender Strategie: Fragen Sie Ihren Chef gelegentlich nach Rat, holen Sie seine Meinung ein. Wahrscheinlich wird er ein solches Verhalten schätzen und Ihnen mehr Freiraum schenken.

Begegnen Sie kontrollwütigen Chefs mit Informationen
Kontrolleure wollen über jeden noch so kleinen Schritt informiert werden und delegieren, wenn überhaupt, nur banale Aufgaben. Wenn Sie eigenständiger arbeiten wollen, so müssen Sie langsam das Vertrauen Ihres Vorgesetzten gewinnen, und zwar einerseits durch möglichst

fehlerfreie Arbeit und andererseits durch permanente Informationen. Unterrichten Sie Ihren Chef regelmäßig über Ihre Arbeitsfortschritte und geben Sie ihm/ihr das Gefühl von Sicherheit.

Lassen Sie einen neutralen Außenstehenden urteilen
Wenn Sie mit dem Verhalten Ihres Chefs nicht klarkommen oder ein spezielles Problem haben, können Sie sich an einen vertrauenswürdigen Kollegen aus einer anderen Abteilung oder einen möglichst objektiv denkenden Freund wenden. Berichten Sie ihm sachlich vom Verhalten Ihres Chefs. Bitten Sie dann um seine Einschätzung und fragen Sie, was er in dieser Situation tun würde.

Drohen Sie nie damit zu kündigen
Eskaliert die Auseinandersetzung mit Ihrem Chef, so können Ihnen unter Umständen unbedachte Äußerungen entfahren, die Ihnen später leidtun. So sollten Sie sich davor hüten, als Drohmittel Ihre Kündigung in Aussicht zu stellen: „Wenn XY nicht geändert wird, dann gehe ich!" Wer das sagt, der muss im Zweifelsfall mit dieser Antwort rechnen: „Dann tun Sie das." In diesem Fall müssen Sie auch konsequent sein, wenn Sie glaubwürdig bleiben wollen.

Ziehen Sie die Konsequenzen
Sollten tatsächlich alle Maßnahmen, die Sie ergriffen haben, um das Verhältnis zu Ihrem Boss zu verbessern, versagen und sollte Ihnen die tägliche Fahrt ins Büro zur psychischen, vielleicht sogar zur physischen Qual werden, dann sollten Sie die Notbremse ziehen und die Abteilung oder das Unternehmen wechseln. Es nützt

nichts, dauerhaft mit Bauchschmerzen acht oder mehr Stunden am Tag mit einem Chef zu verbringen, der Ihnen das Leben zur Hölle macht. Gute Chefs haben gute Mitarbeiter – verlassen Sie daher einen schlechten Chef und lesen Sie das Kapitel „Exit-Strategie".

Suchen Sie juristischen Beistand
Sollte das Verhalten Ihres Chefs Formen annehmen, die unter den Tatbestand Mobbing fallen, dann sollten Sie sich unbedingt anwaltlichen (und psychologischen) Rat holen. Ganz wichtig: Halten Sie alle Vorgänge, die aus Ihrer Sicht nicht korrekt waren, schriftlich fest. Je detaillierter Ihre Dokumentation ist, desto größer sind Ihre Erfolgsaussichten vor dem Arbeitsgericht.

Lernen Sie, mit schwierigen Kollegen umzugehen

Nicht nur Chefs können einem das (Berufs-)Leben zur Qual machen, sondern auch die lieben Kollegen. Wohl jeder kann von unliebsamen Kollegen ein Lied singen, die einem den Blutdruck steigen lassen. Mit welchen Typen man es da alles zu tun hat! Da gibt es Neider, Intriganten, Tratschmäuler, Verräter, Besserwisser, Choleriker, Streithähne, Faulpelze, Schlamper, Eigenbrötler, Profilierungssüchtige, Schleimer, Blender, Geltungssüchtige und noch so manche mehr. Und dann haben wir noch jene, die mit Gehaltserhöhungen oder Beförderungen prahlen, übermäßig laut telefonieren, permanent zu spät kommen, nur jammern oder für alles eine Ausrede haben. Mit diesen und weiteren Eigenschaften treiben sie uns zur Weißglut. Aber: Wir können uns leider nicht aussuchen, mit wem wir zusammenarbeiten. Dennoch muss man irgendwie mit ihnen auskommen (vgl. Warkentin 2015), getreu einem Ausspruch von Konrad Adenauer:

> Nehmen Sie die Menschen, wie sie sind, andere gibt' s nicht.

Freilich ist es damit nicht getan! Sinngemäß gilt für den Umgang mit unliebsamen Kollegen Ähnliches wie bei den Strategien gegen eigenwillige Chefs, aber darüber hinaus sind noch einige weitere „Regeln" zu beachten, mit denen wir uns nun auseinandersetzen wollen.

Analysieren Sie Ihr Verhalten
Wie ein roter Faden zieht sich diese Aussage durch unser Buch: Eventuell sind Sie es ja, die (teilweise) dafür verantwortlich sind, wenn die Kollegen sonderbar reagieren? Mitunter ist es auch nur so ein diffuses Gefühl, ohne dass wir genau benennen könnten, was uns am anderen stört. Vielleicht helfen Ihnen diese Fragen, ein belastetes Verhältnis zu einem Kollegen zu entspannen:

- Warum nehmen Sie den Kollegen so negativ wahr? Was genau nervt Sie?
- Sind Sie sich charakterlich einfach zu unähnlich? Oder verspüren Sie eventuell Neid/Missgunst?

- Erinnert Sie der Kollege an jemanden, mit dem Sie keine guten Erfahrungen gemacht haben?
- Bieten Sie den Kollegen Angriffsflächen? Was könnte die Kollegen an Ihnen reizen? Was machen Sie vielleicht falsch, das Ihre Kollegen so feindselig stimmt?

Versuchen Sie es zunächst einmal mit Annäherung

Wie gut kennen Sie eigentlich den Kollegen/die Kollegin, der/die Sie so nervt? Vielleicht sehen Sie nur einen Teil seiner/ihrer Persönlichkeit? Vielleicht ist es einfach Unsicherheit oder Vorsicht, die ihn/sie so handeln lässt? Eventuell hat er/sie auch schlechte Erfahrungen gesammelt? Wenn es Ihnen nicht zu schwer fallen sollten: Probieren Sie, Kontakt zu dem-/derjenigen aufzunehmen und ihn/sie ein wenig besser kennenzulernen. Setzen Sie sich in der Kantine mal neben ihn/sie oder fangen Sie in der Teeküche ein Gespräch an. Es könnte gut sein, dass Sie mehr Verständnis für die „Nervensäge" aufbringen, wenn Sie ihn/sie ein wenig besser kennenlernen.

Bewahren Sie Ruhe

Sollten Sie mit einem Kollegen so richtig zusammenrauschen und in ein Streitgespräch verwickelt werden, dann lautet das oberste Prinzip: Lassen Sie sich nicht zu Wutausbrüchen oder unflätigen Bemerkungen hinreißen. Versuchen Sie, die Auseinandersetzung nicht weiter anzuheizen. Sobald Sie merken, dass Sie selbst zu explodieren drohen, dann gehen Sie mit der Bemerkung aus dem Büro: „Auf dieser Basis möchte ich nicht mit Ihnen/Dir reden." Suchen Sie lieber zu einem späteren Zeitpunkt, wenn sich die Gemüter beruhigt haben, das Gespräch.

Lästern Sie nicht
Mit den anderen Teammitgliedern über den nervigen Kollegen abzulästern mag kurzfristig befriedigen. Oft bekommt man die eigene Meinung von den anderen bestätigt, was Genugtuung verschafft. Dennoch: Unterlassen Sie das und lästern Sie nicht über Kollegen! Sie schießen damit ein Eigentor: Wer sich permanent über andere beschwert oder sie durch den Kakao zieht, wird schnell selbst zur Zielscheibe. Auf die meisten Vorgesetzten wirkt diese Verhaltensweise außerdem unprofessionell. Lästern hilft also nicht, sondern verschärft die ohnedies konfliktbeladene Situation und verhärtet die Fronten.

Fragen Sie nach
Wenn Sie mit einem (pauschalen) Vorwurf konfrontiert werden (zum Beispiel „Immer sind Sie spät dran"), so fragen Sie direkt nach: „Sie sagen, ich sei immer spät dran. Können Sie bitte ein konkretes Beispiel nennen?" Mit dieser Methode bringen Sie so manchen Querulanten zum Schweigen.

Bestärken Sie gewünschtes Verhalten
Statt auf den vermeintlichen oder tatsächlichen Schwächen eines Kollegen herumzureiten, sollten Sie versuchen, das Positive zu sehen und Ihren unliebsamen Kollegen für das zu loben bzw. anzuerkennen, was er/sie gut macht. Dies muss nicht explizit und ausführlich geäußert werden. Ein knappes, aber ehrliches „gut gelungen" oder selbst ein kurzes Lächeln können die Fronten aufweichen.

Sie werden so nicht als Nörgler wahrgenommen, weshalb eine spätere Kritik leichter angenommen wird.

Legen Sie sich die passende Antwort zurecht
Wie in der Einleitung zu diesem Abschnitt geschrieben, haben wir es mit unterschiedlichsten Problemtypen zu tun. Hilfreich kann es sein, wenn Sie sich für die „Ärgermacher" in Ihrem Umfeld eine knappe, treffsichere Antwort zurechtlegen (vgl. Kals 2014), wie sie in Tab. 22 dargestellt sind.

Suchen Sie das Gespräch mit dem schwierigen Kollegen
Die beste und einfachste Möglichkeit, eine störende Verhaltensweise zu beseitigen, ist es, den Betreffenden direkt anzusprechen. Machen Sie dabei Ich-Aussagen und kritisieren Sie nicht die Person, sondern nur das Verhalten bzw. den Sachverhalt, der Sie stört. Sagen Sie also nicht: „Sie sind faul", sondern: „Ich komme in letzter Zeit ungern ins Büro, weil ich einen Teil Ihrer Arbeit erledigen muss. Gern würde ich mit Ihnen eine Lösung finden, die uns beide zufriedenstellt." Führen Sie solche Gespräche jedoch nicht unmittelbar nach einer Auseinandersetzung – denn dann sind beide Seiten noch emotional aufgewühlt und es fällt schwer, eine rationale Diskussion zu führen.

Ziehen Sie einen Vermittler hinzu
Kommen Sie im direkten Gespräch nicht weiter, so mag es manchmal eine gute Idee sein, einen neutralen Dritten zu bitten, den Konflikt mit dem schwierigen Kollegen zu lösen beziehungsweise bei der Lösungsfindung zu helfen. Dies setzt allerdings voraus, dass sowohl Sie als auch der

Tab. 22 Problemtypen und passende Antworten. (Quelle: eigene Erstellung)

Problemtyp	Passende Antwort
Choleriker	„So einen Ton pflegen wir nicht in unserem Unternehmen."
Verräter	„Ich habe sehr wohl bemerkt, dass Sie Informationen weitergeben, die nur für Sie bestimmt waren, um sich dadurch Vorteile zu verschaffen. Das akzeptiere ich nicht."
Faulpelz	„Wir teilen uns im Team die Arbeit fair auf und nehmen aufeinander Rücksicht, wenn einer mal besonders viel zu tun hat. Wer sich jedoch auf Kosten anderer zurücklehnt, der darf hier nicht mit Unterstützung rechnen."
Neider	„Gönnen Sie mir diesen Erfolg vielleicht nicht?"
Besserwisser	So lange nachfragen, bis keine Antwort mehr kommt: „Bestimmt können Sie mir noch ein paar Detailfragen spontan beantworten."
Tratsche	„Offen gesagt, interessiert es mich nicht, was Frau Kühmann gemacht haben soll. Ich respektiere ihr Privatleben."
Schleimer	„Schön, dass Sie das so positiv werten. Wie genau gelangen Sie denn zu Ihrem Urteil?"
Nörgler	„Danke, dass Sie uns auf die Gefahren hingewiesen haben. Wollen wir uns aber auf die Chancen konzentrieren, es sei denn, Sie können uns klar darlegen, warum das Ganze nicht funktionieren wird."

betroffene Kollege überhaupt an einem Kompromiss interessiert sind.

Sprechen Sie mit Ihrem Chef

Zu Ihrem Vorgesetzten sollten Sie erst dann gehen, wenn Sie selbst mit dem schwierigen Kollegen gesprochen haben und zu keiner Lösung gekommen sind. Sie sollten also alles unternommen haben, was Sie selbst tun können, um das belastete Verhältnis zu Ihrem Kollegen zu entkrampfen, bevor Sie diesen Schritt machen. Denn wer den Chef mit internen Konflikten belastet, kommt schnell in den Verruf, ein durchsetzungsschwacher Nörgler zu sein.

Exit-Strategie: So finde ich einen neuen Job

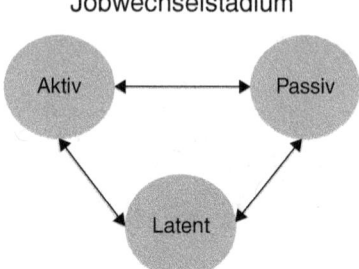

Abb. 17 Jobwechselstadien. (Quelle: eigene Erstellung)

Die Exit-Strategie haben wir so genannt, weil es in bestimmten Situationen nur dann eine Chance zur Steigerung der Zufriedenheit gibt, wenn Sie das System (also Ihre aktuelle Stelle) verlassen und Ihr Glück woanders suchen. Ursächlich dafür können Gründe sein, die an Ihnen liegen – weil Sie beispielsweise einfach den falschen Beruf gewählt haben – oder am Arbeitgeber beziehungsweise am Umfeld. Wie auch immer: Voraussichtlich würden Sie weder mit der Nord- noch mit der Ost-Strategie signifikante Fortschritte erzielen.

Für wen ist die „Exit-Strategie" geeignet?
Wir unterscheiden zwischen drei Jobwechselstadien, deren Zusammenhang in Abb. 17 wiedergegeben ist und die wir im Folgenden erklären werden. Vorab: Die Exit-Strategie kommt für alle Jobwechselstadien in Betracht.

Jobwechselstadium „AKTIV" – Für aktiv Jobsuchende
Sie halten es nicht mehr aus – schon die tägliche Fahrt zur Arbeit ist eine Qual! Lieber würden Sie eine

Wurzelbehandlung über sich ergehen lassen, als Ihrem Chef oder bestimmten Kollegen zu begegnen. Oder Sie fühlen sich wie ein Sklave behandelt, da die Arbeitsbedingungen unterirdisch sind und Sie für einen Hungerlohn schuften müssen. Keine Frage: In einer solchen Situation will man nur so schnell wie möglich den Job bzw. Arbeitgeber verlassen. Der Druck zu gehen ist so groß, dass Sie sich aktiv auf Jobsuche begeben.

Natürlich ist die Exit-Strategie auch für all jene geeignet, die gezwungenermaßen nach einem Job suchen müssen. Die Gründe können vielfältig sein. Zum Beispiel interne Umstrukturierung, Stellenabbau, Firmenschließung oder privater Ortswechsel. Vielleicht haben Sie auch gerade Ihr Studium abgeschlossen oder wurden nach abgeschlossener Ausbildung nicht übernommen.

Jobwechselstadium „LATENT" – Für latent Jobsuchende

Sie haben morgens kein Magendrücken, wenn Sie an die Arbeit denken; mit Ihrem Chef und den meisten Kollegen kommen Sie ganz gut aus. Ihr aktueller Job ist zwar nicht der „Burner", aber Sie machen ihn eben, da er für Sie bequem und komfortabel ist. Ihr Gehalt könnte durchaus besser sein. Ihnen ist klar, dass Sie der Arbeitsinhalt dauerhaft nicht befriedigen wird und Sie auch mittelfristig keine großen Perspektiven sehen. Eine gewisse Routine hat sich bei Ihnen eingestellt. Sie sind schon einige Zeit beim selben Arbeitgeber und hätten durchaus Lust, mal wieder etwas Neues kennenzulernen und den nächsten Schritt zu wagen. Sie sind zwar nicht aktiv auf Jobsuche, aber durchaus offen für interessante Angebote, die man Ihnen unterbreitet.

Jobwechselstadium „PASSIV" – Für alle, die aktuell kein Interesse an einem Jobwechsel haben

Sie sind super happy mit Ihrer aktuellen beruflichen Situation und befinden sich im sogenannten „Flow". Das bedeutet, dass Sie sich nicht über- oder unterfordert fühlen und auch mit Ihrer Entlohnung sind Sie sehr zufrieden. Sie haben keinerlei Anlass, über einen Jobwechsel nachzudenken, und auch kurz- und mittelfristig sehen Sie für sich gute Perspektiven in Ihrer gegenwärtigen Firma. Mit Ihrem Chef und Ihren Kollegen kommen Sie sehr gut aus.

Auch wenn es Ihnen aktuell nicht bewusst sein mag, die „Exit-Strategie" ist für alle Berufstätigen relevant, egal in welchen Zufriedenheitsgrad/Jobwechselstadium sie sich gerade befinden. Der Grund liegt darin, dass Sie sehr schnell (beispielsweise durch äußere Bedingungen und ohne Ihr Zutun) in ein anderes Jobwechselstadium gelangen können. So kann aus einer totalen Job-Zufriedenheit (Jobwechselstadium PASSIV) innerhalb kürzester Zeit eine totale Job-Unzufriedenheit (Jobwechselstadium AKTIV) werden. Nachfolgende Beispiele verdeutlichen den Wechsel in unterschiedliche Jobwechselstadien.

Von PASSIV auf AKTIV
Durch einen unvorhersehbaren Stellenabbau sind Sie von einer Kündigung betroffen und müssen sich jetzt aktiv darum kümmern, wie Sie wieder eine Beschäftigung finden, die Ihren Ansprüchen genügt.

Von PASSIV auf LATENT
Sie waren mit Ihrem Job und Ihrer Führungskraft rundherum zufrieden. Durch Ihre interne Versetzung haben Sie nun einen neuen Chef, mit dem Sie nicht mehr so gut klarkommen.

Exit-Strategie: So finde ich einen neuen Job 287

Von LATENT auf PASSIV

Ihr bisheriger Boss, den sie genauso lieben wie Fußpilz, verlässt das Unternehmen. Sie und Ihr gesamtes Team sind von der neuen Führungskraft total begeistert. Das Arbeitsklima ist perfekt und Sie haben wieder Freude an Ihrer Arbeit.

Von LATENT auf AKTIV

Sie haben schon eine Menge Akten auf dem Schreibtisch liegen, müssen unfreiwillig Überstunden machen und bekommen jetzt noch mehr Arbeit zugeteilt. Sie sind mit der Situation überfordert. Eine Verbesserung ist kurz- und mittelfristig nicht in Sicht. Darüber hinaus erhalten Sie kaum Anerkennung und Wertschätzung für Ihre Mehrarbeit.

Von AKTIV auf PASSIV

Endlich hat man Ihr Potenzial erkannt. Sie erhalten die lang ersehnte Beförderung inklusive einer angemessenen Gehaltserhöhung. Der neue Job macht Ihnen so richtig Spaß und Sie schweben auf Wolke 7.

Von AKTIV auf LATENT

Ihre langjährige, gute Arbeit wird plötzlich – es geschehen noch Zeichen und Wunder – mit einer ordentlichen Gehaltserhöhung belohnt. Das verschafft Ihnen einerseits Genugtuung und andererseits finanzielle Sicherheit. So beschließen Sie, doch noch länger in der Firma zu bleiben, auch wenn es nicht Ihr Traumjob oder Wunscharbeitgeber ist.

Sie sehen also: Die Exit-Strategie ist für jeden Beschäftigten relevant – für die einen mehr als für andere, weil sie sich aktuell in einer unbefriedigenden Situation befinden. Selbst wenn Sie – was wir natürlich hoffen – derzeit keinen Grund sehen, sich einen neuen Job zu suchen, so wird das vielleicht irgendwann der Fall sein; dann sind Sie bestens mit den folgenden Ausführungen vorbereitet.

Schritt 1: Analyse und Strategie: Muss ich meinen Job wirklich wechseln?

Okay, Ihnen ist klar, dass Sie einen neuen Job brauchen, um (wieder) glücklich im Beruf zu werden. Aber verfallen Sie nicht gleich in Aktionismus! Denken Sie an das, was schon Mark Twain so treffend formuliert hat:

> Wer nicht genau weiß, wohin er will, der darf sich nicht wundern, wenn er ganz woanders ankommt.

Das Thema „Welcher Job passt zu mir?" bzw. „Welcher Beruf macht mich wirklich glücklich?" ist so umfassend, dass wir uns hier (leider) nur sehr eingeschränkt damit befassen können. Die folgenden Ausführungen basieren auf der Annahme, dass Sie mit Ihrem Beruf eigentlich recht zufrieden sind, nur nicht mit Ihrem gegenwärtigen Arbeitgeber oder dem Umfeld. Sofern Sie jedoch ernsthaft an Ihrer Berufswahl zweifeln oder Lust haben, etwas Neues auszuprobieren, dann ist eine systematische Selbstanalyse sehr empfehlenswert. Dazu haben wir zwei Buchtipps:

- Jürgen Nawatzki: Mit Selbstcoaching zum Traumjob: Wie Sie in fünf Schritten Ihre wahre Berufung entdecken und umsetzen, Springer-Verlag 2013

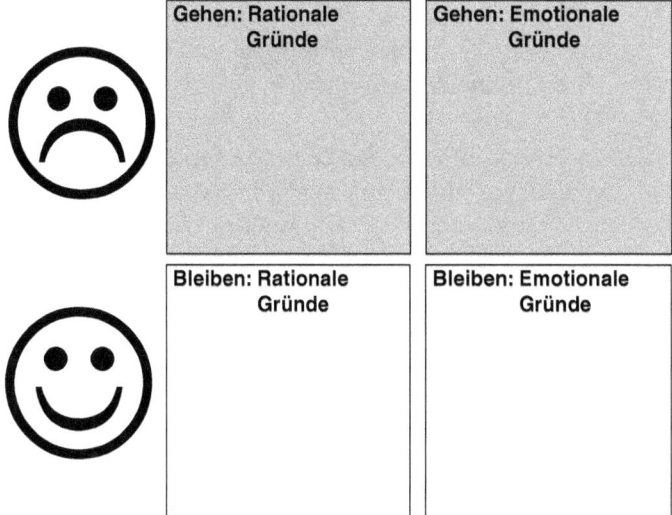

Abb. 18 Gehen-oder-Bleiben-Bilanz. (Quelle: eigene Erstellung)

- Angelika Gulder: Finde den Job, der dich glücklich macht: Von der Berufung zum Beruf, 3. Auflage, Campus Verlag 2013

Gehen wir also davon aus, dass Sie auch künftig in dem Berufsfeld arbeiten wollen, in dem Sie derzeit tätig sind. Analysieren Sie zunächst in Ruhe Ihre Situation. Dazu haben wir mit der „Gehen-oder-Bleiben-Bilanz" (siehe Abb. 18) eine Vorlage vorbereitet, in der Sie Ihre emotionalen sowie rationalen Argumente, zu gehen oder zu bleiben, systematisch sammeln können.

Wir wissen heute, dass es für unsere Entscheidungen eigentlich keine rationalen Gründe gibt. Letztlich treffen wir unsere Entscheidungen mit dem Bauch:

> Die Forscher haben erst angefangen zu verstehen, was bei Entscheidungen in uns vorgeht. Und sie entdecken dabei, wie sehr wir beeinflusst werden: von den Hormonen, den Tricks von Verkäufern, der eigenen Herkunft und der Familie und natürlich von unseren spontanen Gefühlen. […] Von der Antike bis ins 20. Jahrhundert war die herrschende Meinung gewesen: Menschen entscheiden rational. Gefühle stören dabei nur. Damasios [Antonio Damasio, portugiesischer Hirnforscherer; Anm. d. Autoren] Patienten brachten eine andere Wahrheit ans Licht: Ohne Gefühl ist der Verstand hilflos. […] Das Gehirn ausschalten und dem Bauch folgen: Ist das also die Lösung? Nein, auf den Bauch allein ist ebenfalls kein Verlass. Erstaunlich leicht lassen wir uns von unseren unbewussten Vorurteilen, Ängsten und Assoziationen beeinflussen. […] Aus guten Gründen also haben Menschen beides, Gefühl und Verstand. Das Geheimnis guten Entscheidens besteht darin, beide mitreden zu lassen. (Heinrich et al. 2011)

In diesem Sinne laden wir Sie ein, die Matrix über einen längeren Zeitraum auszufüllen und dabei sowohl auf Ihren Kopf als auch auf Ihren Bauch zu hören. So können Sie auf einfache Art und Weise eine Standortbestimmung vornehmen. Sie werden sehen, dass einzelne Felder unterschiedliche Gewichtungen bekommen.

- **Was sind rationale Gründe für meinen Jobwechsel?**
  Beispiel: Ein Gehaltsvergleichscheck hat Ihnen gezeigt, dass Sie 15 % weniger verdienen als andere in der

gleichen Branche, mit der gleichen Berufserfahrung und derselben Position.
- **Was sind emotionale Gründe für meinen Jobwechsel?** Beispiel: Ich erhalte zu wenig Wertschätzung und Anerkennung für meine geleistete Arbeit von meiner direkten Führungskraft.
- **Was sind rationale Gründe zu bleiben?** Beispiel: Der Weg von meinem Wohnort zu meinem Arbeitsplatz ist nicht weit. Ich kann zu Fuß gehen oder mit dem Fahrrad zur Arbeit fahren.
- **Was sind emotionale Gründel zu bleiben?** Beispiel: Die zwischenmenschliche Beziehung zu meinen direkten Kollegen sowie die Zusammenarbeit sind hervorragend. Ich würde meine Kollegen bei einem Jobwechsel vermissen.

Strategie und Zielsetzung

Haben Sie Ihre Gründe/Wechselmotivation herausgearbeitet, geht es nun darum, konkrete Ziele für Ihre weitere berufliche Weiterentwicklung festzulegen. Dabei helfen Ihnen die Fragen in Tab. 23.

Nehmen Sie sich für diese strategischen Entwicklungsfragen ausreichend Zeit, schließlich stellen sie ja ganz entscheidende Weichen in Ihrem Leben. Fühlen Sie tief in sich hinein und versuchen Sie zu ermitteln, was Sie wirklich antreibt. Britta Stuff (2015) weist dabei auf einen wichtigen Aspekt hin, nämlich, ob der angestrebte Job nur deshalb begehrenswert erscheint, weil er so schön kompatibel mit dem ist, was andere von einem erwarten:

> Es gibt keinen Königsweg zum Flow, und man kann ihn nicht von oben verordnen. Es geht auch nicht nur darum

Tab. 23 Fragen zur Festlegung von Zielen für den Jobwechsel. (Quelle: eigene Erstellung)

Frage	Ihre Antwort
Wer bin ich? Für was stehe ich?	
Was kann ich, was andere nicht können?	
Was können andere, was ich nicht so gut kann?	
Was erwarte ich mir von einem neuen Job und von einem neuen Arbeitgeber?	
In welche Richtung möchte ich mich in den nächsten fünf bis zehn Jahren entwickeln?	
Welche Situation soll nie wieder eintreten?	
Was soll sich durch einen Jobwechsel bei mir verbessern?	
Was möchte ich gern beibehalten?	
Muss ich wirklich meinen Job wechseln, um glücklicher im Beruf zu sein?	

herauszufinden, was man gut kann, sondern auch darum, ob es sich mit dem, was man vom Leben will, verträgt. Will man Anwalt sein, weil es einen glücklich macht? Oder will man Anwalt sein, weil der Vater schon Anwalt war? Will man den Kuchen für den Kindergeburtstag wirklich selbst backen – oder tut man es nur, weil alle anderen Mütter das auch tun?

Bei Ihrer Selbstanalyse sollten Sie auch mit Personen Ihres Vertrauens sprechen. Vielleicht wollen Sie mit Ihrem besten Freund/der besten Freundin die oben genannten Fragen gemeinsam durchgehen: „Wie erlebst Du mich, was würdest Du mir raten?" Von außen betrachtet sieht die Welt oft anders aus.

Eine weitere Möglichkeit, herauszufinden, ob man lieber im alten Job bleibt oder sich einen neuen sucht, liefert der Selbsttest „Gehen oder bleiben?" des Psychologen und Karriereberaters Christoph Burger, den wir in Tab. 24 wiedergeben (Burger 2015).

Bitte vergeben Sie bei Ihren Antworten folgende Punktwerte:

trifft zu = + 3
trifft eher zu = + 1
trifft eher nicht zu = − 1
trifft nicht zu = − 3

Auswertung der Gesamtpunktzahl des Selbsttests „Gehen oder Bleiben?"
Gesamtpunktzahl 10 bis 39

Herzlichen Glückwunsch! Ihre Wechselampel steht auf Grün. Ihr jetziger Job bietet unterm Strich das, was ein Job bieten kann. Wenn Sie gute Chancen sehen, sich zu verbessern: Greifen Sie zu!

Gesamtpunktzahl 0 bis 9

Ihre Wechselampel steht auf Gelb: Kein Job ist ideal – ihr jetziger birgt einige Gründe für einen Wechsel. Da kann es nicht schaden, wenn Sie die Chancen, sich zu verbessern, gezielt ausloten.

Gesamtpunktzahl − 1 bis − 39

Ihre Wechselampel steht auf Rot: Ihr Job lässt leider zu wünschen übrig – je mehr Ihre Punktzahl ins Negative geht, desto deutlicher. Sie sollten versuchen, Ihre Situation zu verbessern.

Tab. 24 Selbsttest „Gehen oder Bleiben?". (Quelle: Burger 2015)

Frage	Punkte
Manche Jobs verlangen zu wenig, manche zu viel. Mein Job fordert mich genau richtig!	
Ich bekomme alle Informationen, die ich brauche. Die Abläufe sind zweckmäßig	
Meine Ziele sind klar, mein Verhältnis zum Chef gut. Wir können auch über heikle Situationen sprechen	
Mein Verhältnis zu Kollegen, gegebenenfalls Kunden und gegebenenfalls Mitarbeitern ist gut	
Die Verteilung der Arbeitszeit passt für mich. Die geforderte Arbeitsintensität stimmt und die Freizeit ist ausreichend	
Stressoren wie Lärm, körperliche oder psychische Überforderung gibt es in meinem Job nicht. Der Anfahrtsweg ist gut zu bewältigen.	
Ich gehe stets mit einem guten Gefühl zur Arbeit	
Bei der Arbeit kann ich am häufigsten das machen, was ich am besten kann und ich am liebsten mache	
Meine Arbeit gibt mir das Gefühl, etwas Sinnvolles zu tun	
Das Verhältnis zwischen meiner Leistung einerseits, Entgelt und Rentenerwartung andererseits ist gut	
Mein Arbeitsplatz ist sicher, dies verleiht mir ein beruhigendes Gefühl	
Meine Arbeit gibt mir das Gefühl, etwas gestalten und voranbringen zu können	
Meine Arbeitsstelle bietet mir Weiterbildungsmöglichkeiten und gute Perspektiven für die Zukunft	
Gesamtpunktzahl	

Schritt 2: Vorbereitung – Worauf sollte ich achten?

Bereits der römische Philosoph Seneca (4 v. Chr. – 65 n. Chr.) wusste:

> Glück ist, was passiert, wenn Vorbereitung auf Gelegenheit trifft.

Eine gründliche Vorbereitung ist auch beim Thema „Jobwechsel" und „Karriereplanung" erfolgsentscheidend. In diesem Abschnitt beschreiben wir, worauf Sie besonders achten sollten, um Kommunikationspannen und Tritte ins Fettnäpfchen zu vermeiden. Ein Kündigungsschreiben ist schnell aufgesetzt. Und genauso schnell kommt unter bestimmten Umständen auch das böse Erwachen hinterher.

In Tab. 25 haben wir die bedeutsamsten Vorbereitungsmaßnahmen zusammengestellt. Je nachdem, in welchem Jobwechselstadium (AKTIV, LATENT, PASSIV) Sie sich befinden, haben unsere Tipps eine unterschiedliche Relevanz für Sie, nämlich:

- Aktuell hohe Relevanz: ***
- Aktuell mittlere Relevanz: **
- Aktuell niedrige Relevanz: *
- Aktuell keine Relevanz: –

Tab. 25 Relevanz von einzelnen Schritten bei der Jobsuche. (Quelle: eigene Erstellung)

	AKTIV	LATENT	PASSIV
1. Arbeitsvertrag auf Kündigungsfrist und Sperren prüfen	***	*	*
2. Lebenslauf/Anschreiben erstellen oder aktualisieren	***	*	
3. (Arbeits-)Zeugnisse/Referenzen zusammenstellen und aktualisieren	***	**	**
4. Den eigenen Marktwert ermitteln	***	**	*
5. Das persönliche „Offline"-Netzwerk informieren	***	*	–
6. Professionelles Online-Profil in Business-Netzwerken	***	***	***
7. Business-Netzwerke aufbauen/nachhaltiges Networking	*	***	**
8. Privatsphäreneinstellungen in Social Media prüfen	***	**	*
9. Online-Reputation aufbauen und pflegen	**	***	**
10. Diverse Kanäle zur Jobsuche aktiv nutzen	***	–	–
11. Bewerbungsgespräch vorbereiten	***	–	–
12. Kommunikation und Verhalten vor der Kündigung	***	**	–
13. Korrekt kündigen	***	–	–
14. Nach der Kündigung: professionelles Abschiedsszenario	***	–	–

1. Prüfen Sie Ihren Arbeitsvertrag auf Kündigungsfrist und Sperrklauseln

Falls Sie gerade dabei sind, sich ernsthaft mit einem Jobwechsel zu beschäftigen, dann werfen Sie als Erstes einen Blick in Ihren aktuellen Arbeitsvertrag. Überprüfen Sie Ihre vereinbarte Kündigungsfrist. Die gesetzliche Kündigungsfrist ist im § 622 des Bürgerlichen Gesetzbuchs (BGB) geregelt. Den gültigen Gesetzestext sowie die dazugehörigen Fristen können Sie schnell durch eine Googlesuche finden.

Neben der Kündigungsfrist sollten Sie herausfinden, ob in Ihrem Arbeitsvertrag Sperrklauseln oder Wettbewerbsverbote stehen, die Ihnen im Falle einer Kündigung von Ihrem Arbeitgeber auferlegt werden könnten.

Das Wort „Sperrzeit" taucht oft nicht explizit im Arbeitsvertrag auf, hat aber dennoch im Falle einer Kündigung Ihrerseits eine hohe Brisanz. Es bedeutet nämlich, dass das Arbeitslosengeld 1 (ALG 1) erst einmal nicht gezahlt werden kann. Wenn Sie also kündigen, weil Ihnen der Job nicht mehr gefällt und Sie (noch) keinen Anschlussarbeitsvertrag haben, raten wir dringend, sich mit der Sperrfristenregelung der Agentur für Arbeit auseinanderzusetzen und sich beraten zu lassen.

Unabhängig davon, in welchem Jobwechselstadium Sie sich befinden, schadet es nicht, wieder einmal einen Blick in Ihren aktuellen Arbeitsvertrag zu werfen. So stoßen Sie möglicherweise auf wichtige Punkte, die von Ihnen einzuhalten sind, die Ihnen aber nicht mehr präsent sind, weil Sie den Vertrag zuletzt vor etlichen Jahren gelesen haben. Das können zum Beispiel sein: Regelungen zur privaten Nutzung von betrieblichem Telefon, Internet oder

Dienstwagen, bestimmte Verschwiegenheitspflichten oder besondere Betriebsvereinbarungen, die Bestandteil des Arbeitsvertrages sind.

2. Aktualisieren oder erstellen Sie Ihren Lebenslauf und ein Anschreiben

Den Lebenslauf sowie das Anschreiben formal korrekt, ansprechend und kreativ zu gestalten, ist eine nicht zu unterschätzende Aufgabe. Kein Wunder, dass sich zahlreiche Autoren dazu ausgelassen haben; über 3500 Ergebnisse liefert allein die Suche bei Amazon. Wir werden uns hier auf die sechs besten Tipps beschränken, die Ralph Dannhäuser in seiner täglichen Recruitingspraxis gesammelt hat. Vorab noch die zwei wichtigsten Regeln:

- Machen Sie immer wahrheitsgemäße Angaben. Falschangaben können in der Probezeit zur sofortigen Kündigung führen. Allerdings gilt auch: Sie müssen nicht alles angeben, was Ihnen eventuell schaden könnte.
- Der Lebenslauf muss von A bis Z schlüssig sein, um nicht schon beim ersten Sondieren des Personalers und später im Bewerbungsgespräch unnötige Fragen aufkommen zu lassen.

Tipp Nr. 1: Aussagekräftiges Anschreiben
Falls Sie ein Anschreiben einreichen, ist das die erste Seite Ihrer Bewerbung und befindet sich vor Ihrem Lebenslauf, Ihren Zeugnissen oder Referenzen. Personalreferenten entscheiden innerhalb von wenigen Minuten, ob Ihre Bewerbung interessant ist oder in den Papierkorb wandert.

Exit-Strategie: So finde ich einen neuen Job

Wir empfehlen Ihnen, eine, maximal zwei Seiten zu schreiben (siehe auch Tipp Nr. 3). Beten Sie nicht noch einmal sämtliche Berufsstationen komplett herunter (dafür haben Sie ohnedies nicht ausreichend Platz), sondern erwähnen Sie nur einzelne, besonders bemerkenswerte Punkte und bringen Sie Beispiele, wie Sie Ihre Fähigkeiten bereits erfolgreich eingesetzt haben. Versuchen Sie zudem, in Ihrem Anschreiben Antworten auf folgende Fragen zu geben:

- Was ist Ihre Motivation, sich auf die ausgeschriebene Stelle zu bewerben? (Reiz und Wechselmotivation)
- Warum sind ausgerechnet Sie der beste Kandidat für diese Position? (Was ist das Besondere an Ihnen?)
- Welchen Mehrwert und Gewinn hätte die Firma mit Ihnen? (Welchen Beitrag würden Sie für Ihren neuen Arbeitgeber leisten? Was hat er davon, wenn er Sie beschäftigt?)

Je konkreter Sie auf die in der Stellenbeschreibung geforderten/erwünschten Fähigkeiten/Kompetenzen eingehen, desto größer ist die Wahrscheinlichkeit, dass Sie zum Interview oder Vorstellungsgespräch eingeladen werden.

Typische Fehler im Anschreiben

https://bewerbung.com/anschreiben/

Tipp Nr. 2: „Amerikanischer Lebenslauf"
Wir empfehlen Ihnen, den sogenannten „Amerikanischen Lebenslauf" zu verwenden. Das bedeutet, dass Sie mit der aktuellen Position und Ihrer aktuellen Tätigkeit beginnen sollten. Aus der Praxis heraus wissen wir, dass sich ein Geschäftsführer oder Personaler eher dafür interessiert, über welche Berufserfahrung, Fähigkeiten und Erfolge Sie aktuell verfügen, als in welche Grundschule Sie gegangen sind.

Der komplette Lebenslauf umfasst somit folgende Hauptbereiche:

1. Persönliche Daten: Name, Geburtstag und -ort, Anschrift, Familienstand, Staatsangehörigkeit
2. Berufserfahrung: Chronologischer Aufbau Ihrer Positionen und Arbeitgeber; Aktuellstes zuerst
3. Ausbildung, Studium: Schule, Ausbildung, Studium; Aktuellstes zuerst
4. Kenntnisse, Fähigkeiten, Qualifikationen: Sprachen, IT-Kenntnisse, Weiterbildungen, sonstige Kenntnisse und besondere Fähigkeiten
5. Interessen (optionale Angabe): Freizeitaktivitäten, Interessen, Hobbys
6. Schluss: Datum, Ort, Unterschrift

Unser Praxistipp: Stellen Sie Ihre aktuelle Position unter den „Berufserfahrungen" etwas ausführlicher dar. So könnten Sie unter anderem folgende Punkte ausführen:

- Aktuelle Positionsbezeichnung
- Branche des Arbeitgebers, Zweck der Firma, Umsatzgröße, Mitarbeiteranzahl, Website

- Berichtslinie
- Aufgaben, die Sie im alten Job erfüllen
- Besondere Erfolge, die Sie vorweisen können, wie etwa die Leitung eines Projekts zur Umstellung der Abläufe im Mahnwesen
- Wechselmotivation auf diese Position

Das gibt einen fundierten Schnellüberblick über das, was Sie momentan konkret machen. Bei allen vorherigen Positionen können Sie es bei folgenden Angaben belassen:

- Positionsbezeichnung
- Arbeitgeber
- Aufgaben

Infos zu Aufbau und Inhalt eines Lebenslaufs

https://bewerbung.com/lebenslauf/aufbau-inhalt/

Tipp Nr. 3: Knackiger und ansprechend gestalteter Lebenslauf

Achten Sie darauf, dass Ihr Lebenslauf nicht länger als zwei Seiten ist. Auch wenn Sie über sehr viel Berufserfahrung in verschiedenen Positionen und Firmen verfügen, sollten sie ihn so kompakt wie möglich halten. Aus Ihrem Lebenslauf muss ein klares Profil hervorgehen. Denken Sie daran, dass sich die meisten Personaler nur wenige Minuten Zeit nehmen (können), um Ihren Lebenslauf zu lesen. Wobei: Lesen ist schon zu viel gesagt. Oft werden Bewerbungen mehr gescannt, als dass sie aufmerksam studiert werden. Diese erste Hürde müssen Sie also nehmen. Werfen Sie Informationsballast, der für die angestrebte Position keine Relevanz hat, aus Ihrem Lebenslauf. Ebenso entbehrlich sind Informationen zu Ihren Eltern, den Berufen Ihrer drei Geschwister, Ihrer Lieblingsserie in Kindheitstagen und Ihrem bevorzugten Nachtisch. Auch Ihre politischen und religiösen Weltanschauungen haben nichts im Lebenslauf zu suchen.

Nicht nur die Kürze des Lebenslaufs ist für den ersten Eindruck entscheidend, sondern auch dessen Gestaltung. Welche Empfehlungen beim Layout beachtet werden sollten, können Sie dem folgenden Link entnehmen.

Tipps zur Gestaltung des Lebenslaufs

https://bewerbung.com/lebenslauf/layout/

Tipp Nr. 4: Individuell angepasstes Anschreiben und Lebenslauf

Passen Sie Ihren Lebenslauf und vor allem Ihr Anschreiben an die angestrebte Position an. Wir erleben immer wieder, dass Bewerber ein Standardanschreiben verwenden und oft sogar die falsche Position oder die falsche Firma im Fließtext steht. Eine Todsünde! Es gibt nichts Schlimmeres, als wenn beim Entscheider der Eindruck erweckt wird, dass es sich um ein Massenanschreiben handelt. Sie sollten Ihre Unterlagen stets so aufbereiten und formulieren, dass sie genau zu der Stelle passen, auf die Sie sich bewerben.

Tipp Nr. 5: Ansprechendes Porträtfoto
Grundsätzlich sind Sie nicht dazu verpflichtet, ein Porträtbild im Lebenslauf oder auf Ihrem Deckblatt einzufügen. Allerdings raten wir dazu, denn neurowissenschaftlich (vgl. Dreisbach 2008) ist bestens belegt, dass Bilder unterbewusst Emotionen wecken. Diese Emotionen sind wichtig für die Entscheidungsfindung, die letztlich intuitiv erfolgt. Etwas konkreter: Stellen Sie sich vor, Sie wären ein Personaler und hätten die Bewerbungen von zehn Kandidaten mit sehr ähnlichen Qualifikationen vor sich auf dem Schreibtisch liegen; die Hälfte mit Bild, die Hälfte ohne Bild. Fünf dürfen Sie einladen. Wer wird das wohl sein?

Das Thema „Sympathie" spielt unterbewusst eine überragende Rolle. Auch wenn sich der Gesetzgeber darum bemüht, das zu verhindern (indem er beispielsweise mit dem Allgemeines Gleichbehandlungsgesetz für Chancengleichheit sorgen will), lassen sich Naturgesetze in der Praxis nicht einfach aushebeln. Allerdings müssen Sie einige Regeln beachten, wenn Sie mit Ihrem Bewerbungsfoto punkten wollen. Da das Profilfoto eine prominente Position in Ihren Unterlagen einnimmt und maßgeblich zum guten ersten Eindruck beiträgt, sollte es Ihnen etwas wert sein.

Investieren Sie etwas Geld und Zeit und gehen Sie zu einem professionellen Fotografen, der sich auf

Bewerbungs- und Profilfotos spezialisiert hat. Das wird sich rechnen, denn Sie können Ihre digitalen Fotos später auch in Business-Netzwerken als Profilbild verwenden. Lassen Sie sich die zeitlich und örtlich unbegrenzten Verwendungsrechte dazu bei der Beauftragung der Dienstleistung geben. Mit der folgenden Übersicht (in Anlehnung an www.bewerbung.com) können Sie sich gut auf ein Foto-Shooting vorbereiten und die schlimmsten Fehler vermeiden.

> **Top 10 der größten Fotopannen bei Bewerbungsfotos**
> 1. **Tiefe Einblicke:** Egal, ob Mann oder Frau, das Outfit auf dem Bewerbungsfoto sollte nicht zu viel Haut zeigen. Machen Sie im Zweifel lieber noch einen Knopf an Hemd oder Bluse zu.
> 2. **Kurze Ärmel:** Die Arme sollten stets bedeckt sein.
> 3. **Knallige Farben:** Genau wie das Make-up sollten die Farben der Kleidung auf dem Bewerbungsfoto dezent sein. Heben Sie sich die rote Lieblingsbluse und das mintgrüne Sakko für andere Anlässe auf.
> 4. **Ganzkörperaufnahmen:** Als Bewerbungsfotos sind nur Porträtaufnahmen geeignet.
> 5. **Blick von oben oder unten:** Schauen Sie gerade in die Kamera, sonst wirken Sie schnell herablassend oder unterwürfig.
> 6. **Schnappschuss:** Manch zufällig entstandenes Foto gefällt einem so gut, dass man es am liebsten für die Bewerbung verwenden möchte. Bilder, die deutlich erkennen lassen, dass sie in der Freizeit entstanden sind, sind trotzdem tabu. So stimmungsvoll das Matterhorn im Hintergrund sein mag, so wenig hat es etwas auf einem Bewerbungsfoto verloren.
> 7. **Partybilder:** Sie sind noch ungeeigneter als Schnappschüsse. Am Ballermann oder auf der letzten Feier geschossene Bilder mögen bei einem selbst angenehme Erinnerungen wecken, beim Personaler sorgen sie eher für Irritationen.

8. **Alte Bewerbungsfotos:** Das Bewerbungsbild soll dem Personaler einen guten Eindruck davon geben, wie Sie aussehen – und zwar jetzt und nicht vor fünf Jahren. Als Bewerbungsfotos kommen nur aktuelle Bilder in Frage.
9. **Unscharfe Bilder:** Verwackelte Bilder sind natürlich niemals eine Option.
10. **Büroklammer:** Ein angeheftetes Bewerbungsfoto auf dem Lebenslauf sieht sehr billig aus. Fixieren Sie es stattdessen mit einem Klebestift.

Weiterführende Infos zum professionellen Bewerbungs- und Profilfoto finden Sie hier:

https://bewerbung.com/lebenslauf/bewerbungsfoto/

Tipp Nr. 6: PDF-Datei

Sofern Sie Ihre Bewerbung digital einreichen: Versenden Sie Ihr Anschreiben, Ihren Lebenslauf und Ihre Zeugnisse immer als PDF-Datei und niemals als Word-Datei. Ihre aufbereitete Formatierung könnte beim Öffnen in fremden Programmen verschoben werden. Wie schon mehrfach bemerkt: Gerade zu Beginn des Bewerbungsverfahrens gilt der gute erste Eindruck in Ihren Unterlagen. Verwenden Sie darüber hinaus eindeutige Dateibezeichnungen wie z. B.:

- Max_Schüller_CV_Zeugnisse 2016-11-25
- Meike_Eisele_Bewerbungsunterlagen 2016-12-03

Führen Sie alle Unterlagen (Anschreiben, Lebenslauf, Zeugnisse bzw. Referenzen) zu einer Datei zusammen, wenn Sie die Unterlagen per E-Mail versenden. Das macht das Öffnen, Abspeichern und ein späteres Weiterleiten beim Adressaten einfacher. Die Gefahr, dass Dateien übersehen werden, minimiert sich. Sollten Sie Ihre Unterlagen online hochladen müssen, kann es allerdings sein, dass einzelne Dateien erforderlich sind.

3. Stellen Sie Ihre Arbeitszeugnisse und Referenzen zusammen

Heute Morgen haben Sie in einer Online-Jobbörse Ihren Traumjob entdeckt und nun wollen Sie sich natürlich schnell bewerben. Aber Mist! Sie besitzen keine aussagekräftigen Arbeitszeugnisse und Referenzen. Bis Sie diese beisammen haben, ist die Bewerbungsfrist längst abgelaufen. Deshalb unsere Empfehlung: Egal in welchem Jobwechselstadium Sie sich befinden, sollten Sie sich regelmäßig Feedback in Form von Zeugnissen und Referenzen geben lassen. Personaler legen vor allem Wert auf aktuelle Zeugnisse und Referenzen. Je älter diese sind, umso mehr verlieren sie an Bedeutung. Vorteilhaft ist es, wenn ihr letztes (Zwischen-)Zeugnis nicht älter als ein bis drei Jahre ist.

Viele Angestellte haben verständlicherweise Angst davor, den Chef nach einem Zwischenzeugnis zu bitten, da dieser vermuten könnte, dass man an einem Jobwechsel interessiert ist. Folgende Anlässe sind plausibel und lassen nicht unbedingt auf einen aktuell geplanten Jobwechsel schließen.

1. **Führungskräftewechsel**
   Sie bekommen eine neue Führungskraft. Ein idealer Anlass, um den bisherigen Chef um ein Zwischenzeugnis zu bitten. Gehen Sie auf ihn/sie zu und bitten Sie ihn/sie, Ihnen eines auszustellen. Da für viele Chefs das Formulieren von Beurteilungen und Zeugnissen eine lästige Angelegenheit ist, können Sie gleich fragen, ob Sie ihm/ihr einen Vorschlag oder eine Stichpunkteliste senden dürfen. Die meisten Chefs sind dafür dankbar.
2. **Beförderung in die nächste Position**
   Ein weiterer idealer Anlass, um nach einem Zwischenzeugnis zu bitten, ist eine interne Versetzung oder Beförderung.
3. **Erfolgreicher Abschluss eines Groß- oder Langzeitprojektes**
   Sie haben ein Großprojekt geleitet oder an einem Langzeitprojekt erfolgreich mitgearbeitet? Sobald dieses Projekt abgeschlossen ist, bitten Sie den Projektleiter oder die disziplinarische Führungskraft im Hinblick auf den Projektabschluss um ein Zwischenzeugnis.
4. **Sie haben in den letzten fünf Jahren kein Zeugnis erhalten**
   Sie sind bereits seit mehreren Jahren bei Ihrem jetzigen Arbeitgeber beschäftigt? Das zeigt Ihre hohe Loyalität gegenüber Ihrem Arbeitgeber. Betonen Sie, dass Sie auch weiterhin sehr gerne in Ihrer Firma arbeiten möchten. Jetzt wird es allerdings höchste Zeit, dass man Ihre Leistungen wertschätzt und diese mit einem qualifizierten Zwischenzeugnis dokumentiert.

5. **Referenzschreiben von Kollegen, Kunden oder Dienstleistern**
Mit jeweils über 20 Jahren Berufserfahrung wissen wir Autoren, dass Referenzenschreiben und schriftliche Empfehlungen nicht vom Himmel fallen. Sie müssen selbst aktiv werden, um das zu bekommen, was Sie wollen. Vielen Menschen fällt es allerdings sehr schwer, andere Menschen um eine Empfehlung zu bitten. Wie können Sie diese Hürde überwinden?

Überlegen Sie sich, wen Sie in Ihrem beruflichen Umfeld gut kennen (Kollegen, Kunden oder Dienstleister) und mit wem Sie sehr gern zusammenarbeiten. Bei wem beruht das auf Gegenseitigkeit? Welche drei Ihrer persönlichen Kontakte fallen Ihnen hierbei spontan ein? Werfen Sie bei einer passenden Gelegenheit im gemeinsamen Gespräch oder im Telefonat einen Blick auf Ihre bisherige Zusammenarbeit. Fragen Sie Ihren Gesprächspartner, was er an Ihnen besonders schätzt und warum er Sie an Dritte weiterempfehlen würde. Die Antworten können Sie nun als Steilvorlage verwenden und ihn fragen, ob er Ihnen das auch schriftlich als Referenz zur Verfügung stellen könnte. Am schnellsten kommen Sie dann zum Ergebnis, wenn Sie die Antworten mitschreiben und dann per E-Mail einen Vorschlag für die Referenz an den Referenzgeber senden. Sie werden es selbst erleben, wie schnell Sie so zu einer aussagekräftigen Referenz gelangen.

4. Den eigenen Marktwert ermitteln

Wie bereits im Kapitel „Gehaltsverhandlung – Ihre Taktik zu mehr Gehalt" beschrieben, ist es auch beim Jobwechsel elementar, den eigenen Marktwert zu kennen. Erstens sollten Sie wissen, wo Sie sich in puncto Gehalt realistisch einordnen können. Zweitens hilft es Ihnen, in entscheidenden Situationen Ihr Selbstbewusstsein zu stärken. Ein Beispiel: Auf der Webseite www.gehalt.de können Sie Ihren Beruf individuell prüfen lassen. Durch die Angabe relevanter Eckdaten, wie zum Beispiel der Unternehmensgröße, der Branche und Ihrer Ausbildung, wird Ihr Marktwert ermittelt.

Darüber hinaus sind Sie dadurch bei Gehaltsangaben im Bewerbungsverfahren deutlich sicherer. Neben den einschlägigen Gehaltsvergleichsportalen empfehlen wir Ihnen, ein paar Testläufe mit Jobbewerbungen zu machen, um Routine zu entwickeln und Optionen zu haben. Diese Optionen werden Sie unbewusst ausstrahlen, wodurch Sie gelassener und selbstsicherer in das Bewerbungsgespräch bei Ihrem Traumjob gehen.

Auf www.gehalt.de können Sie Ihren Beruf individuell prüfen lassen. Durch die Angabe relevanter Eckdaten, wie zum Beispiel der Unternehmensgröße, der Branche und ihrer Ausbildung, wird Ihr Marktwert ermittelt.

http://www.gehalt.de

5. Das persönliche „Offline"-Netzwerk informieren

Mehr als die Hälfte aller Jobs werden über Netzwerke und durch persönliche Empfehlungen besetzt (vgl. Lüdemann und Lüdemann 2007, S. 60). Deshalb sollten Sie unbedingt, wenn Sie aktiv oder latent auf der Jobsuche sind, Ihre direkten und engsten Kontakte über Ihr Jobwechselinteresse informieren. Denn: Nur wer über Ihre Absichten Bescheid weiß, kann Sie über interessante Joboptionen informieren oder Sie wiederum an andere weiterempfehlen. Aber Achtung: Sie müssen sich ganz genau überlegen, wem Sie wie viel erzählen. Über sieben Ecken kennt jeder jeden. Gerade bei Branchenkollegen ist höchste Vorsicht geboten, da sonst Ihre Kollegen und Ihr Chef schneller von Ihrem Jobwechselwunsch erfahren, als Ihnen lieb ist.

6. Professionelles Online-Profil in Business-Netzwerken anlegen/aktualisieren

Egal, in welchem Jobwechselstadium Sie sich befinden, sollten Sie in beruflich genutzten sozialen Netzwerken über einen professionellen Auftritt verfügen. Ihr Business-Profil ist Ihre Online-Visitenkarte und das Abbild Ihrer Leistungen sowie Qualifikationen. Potenzielle Arbeitgeber, Ihre Kollegen, Ihre Kunden oder Ihre Dienstleister können Sie jederzeit online besuchen. Spiegelt der Auftritt Ihre Leistungen und die Art und Weise, wie Sie arbeiten, wider?

Ihr Business-Profil beginnt mit einem professionellen Profilbild. Hier gelten die gleichen Grundsätze wie vorhin beim Thema Lebenslauf beschrieben. Achten Sie darauf, dass sich Ihre beruflichen Stationen im Netz mit denen decken, die Sie in Ihrem echten Lebenslauf erwähnt haben. Bei Abweichungen könnte dies unangenehme Fragen aufwerfen: Warum steht im Papierlebenslauf, dass Sie zwischen Mai 2014 und Januar 2015 eine Fortbildung absolviert haben, aber bei XING schreiben Sie, dass Sie bei der Huber GmbH beschäftigt waren? Sind Sie dort rausgeflogen? Wenn solche Ungereimtheiten auftauchen, werden Sie entweder erst gar nicht eingeladen oder Sie kommen im Gespräch schnell in Bedrängnis.

Interview mit Philipp Mühlenkord, Marketing Manager D-A-CH beim Business-Netzwerk LinkedIn Germany GmbH in München

Herr Mühlenkord, wie haben sich Business-Netzwerke wie LinkedIn.com in den letzten fünf Jahren im deutschsprachigen Raum entwickelt?
LinkedIn ist das weltweit größte Netzwerk für Fach- und Führungskräfte und besteht nun seit mehr als elf Jahren. Hier können sich Professionals weltweit miteinander vernetzen. Für Unternehmen mit internationalen Aktivitäten spielte LinkedIn schon von Anfang an eine große Rolle. Seit September 2009 gibt es LinkedIn auch mit deutscher Bedienoberfläche und hat ab diesem Zeitpunkt auch im deutschsprachigen Raum massiv in der Nutzung, den Mitgliederzahlen und in der Verbreitung von Inhalten von Mitgliedern für Mitglieder zugelegt. Zwischen 2010 und 2015 ist LinkedIn hierzulande im Schnitt mit über 20 % pro Jahr gewachsen. Gründe hierfür liegen unter anderem in der stark wachsenden Digitalisierung von Unternehmen und Mitarbeitern.
Welche Bedeutung haben beruflich genutzte soziale Netzwerke heutzutage für Berufstätige?
Eine traditionelle Karriere mit 25-jähriger Betriebszugehörigkeit findet man kaum noch, da Berufstätige nun deutlich flexibler sind und sich regelmäßig Veränderungen

wünschen. Wir beobachten, dass sich Berufstätige heutzutage regelmäßig in einem Zwei- bis Vierjahresrhythmus verändern und ihren Arbeitgeber wechseln. Im Laufe einer beruflichen Karriere durchlaufen Fach- und Führungskräfte daher diverse Stationen. Hier kann LinkedIn als Katalysator für die Weiterentwicklung effizient eingesetzt werden. Berufseinsteiger knüpfen erste wichtige Kontakte mit dem Wunscharbeitgeber, Fachkräfte aus allen Branchen vernetzen sich und tauschen sich in fachspezifischen Gruppen miteinander aus. Zudem nutzen immer mehr Manager mit Personalverantwortung LinkedIn, um sich als Vordenker innerhalb und außerhalb ihres Unternehmens mit Schwerpunktthemen zu positionieren.

Warum sollten unsere Leser „eine Empfehlung", die sie via LinkedIn erhalten, ihrem eigenen Profil hinzufügen?

Zunächst bestätigt eine Empfehlung von Kollegen, Kunden oder Dienstleistern Ihre persönliche Leistung. Die Empfehlung ist eine vertrauensbildende Maßnahme und erhöht zum einen die Glaubwürdigkeit Ihres Social-Media-Profils und zum anderen stärkt sie Ihre Online-Reputation. Nicht zuletzt erhöhen Sie auch die Wahrscheinlichkeit, dass Sie von Personalern und Recruitern wahrgenommen und aktiv angesprochen werden (Abb. 19).

Abb. 19 Beispiel für eine Empfehlung auf LinkedIn. (Quelle: https://de.linkedin.com/in/dannhaeuser)

7. Business-Netzwerke aufbauen/nachhaltiges Networking

Wie bereits erwähnt, haben Business-Netzwerke im Berufsleben mittlerweile eine sehr hohe Relevanz. Allein im deutschsprachigen Raum nutzen (Stand Sommer 2018) fast 15 Millionen Menschen die größte Businessplattform „XING" – weltweit sind es über 18 Mio. Nutzer (vgl. XING 2018). Bei „LinkedIn" sind es zwölf Millionen in den deutschsprachigen Ländern und weltweit weit mehr als 575 Mio. Mitglieder, Tendenz weiter steigend. (vgl. LinkedIn 2018). Beide Netzwerke sind den Kinderschuhen entwachsen und haben das sogenannte „Plateau der Produktivität" erreicht. Das bedeutet, dass die Vorteile allgemein anerkannt und akzeptiert sind.

Einer der großen Vorteile beruflich genutzter sozialer Netzwerke ist, dass Sie Ihr bestehendes „Offline-Netzwerk" im realen Leben ganz einfach virtuell abbilden können, indem Sie sich online mit Ihren bekannten Kontakten vernetzen. Dabei haben Sie Ihr Adressbuch immer und überall online dabei. Ihre bestehenden Kontakte werden stets aktuell gehalten, da Ihr Netzwerk die eigenen Kontaktdaten selbst pflegt. Darüber hinaus werden Sie durch Aktivitäten (durch das Posten von interessanten Links oder durch Neuigkeiten, Kommentare oder Gruppenbeiträge) innerhalb des Netzwerkes immer wieder auf Ihre bestehenden Kontakte aufmerksam und auch umgekehrt. Im realen Leben ist es schier unmöglich, permanent an seine Kontakte zu denken.

Was bedeutet all das für Sie? Networken Sie nachhaltig und helfen Sie mit Empfehlungen und Tipps Ihren eigenen Netzwerkkontakten. Nachhaltiges Netzwerken bedeutet, dass Sie nicht Tausende von Kontakten aufbauen sollen, sondern sich zunächst auf die Ihnen persönlich bekannten Kontakte konzentrieren und diese pflegen. Die Energie, die Sie in Ihr Netzwerk stecken, wird mittelfristig wieder zu Ihnen zurückkommen. Gerade dann, wenn ein Jobwechsel akut wird, ist ein gut ausgebautes Netzwerk Gold wert. Ihre Kontakte könnten der Türöffner in die neue Firma für Sie sein, weil beispielsweise einer Ihrer Netzwerkkontakte den Personalleiter oder Geschäftsführer der neuen Firma kennt und Sie weiterempfiehlt.

8. Privatsphäreneinstellungen in Social Media prüfen

So vorteilhaft Business-Netzwerke für die Stellensuche sind, so gefährlich können sie auch sein und schnell zu einem Imageschaden führen. Um Sie davor zu bewahren, haben wir im Folgenden die wichtigsten Empfehlungen zusammengestellt; auf das Thema „Online-Reputation" gehen wir im nächsten Schritt noch detaillierter ein.

Privat genutzte soziale Medien wie Facebook, Twitter, Google+ & Co.
Überprüfen Sie generell Ihre Einstellungen in der Privatsphäre des jeweiligen Netzwerkes, das Sie nutzen:

- Welcher Nutzerkreis darf Ihre Inhalte sehen?
- Wer darf kommentieren oder Ihr Gesicht markieren?
- Welche privaten Infos haben Sie von sich preisgegeben?

Achten Sie grundsätzlich darauf, was Sie posten. Vermeiden Sie Social-Media-Pannen, wie etwa, in rüden Worten mitzuteilen, dass Sie gerade gefrustet sind, die Schnauze gestrichen voll haben und den Job am liebsten sofort hinwerfen wollen. Auch sollten Sie sich nicht auf Facebook lauthals über Ihren Chef beschweren oder über die vermeintlich schlechten Arbeitsbedingungen klagen.

Lassen Sie sich zudem via www.google.com/alert automatisch über Eintragungen zu Ihrer Person informieren. So können Sie im Zweifelsfall schnell reagieren bzw. wissen, was im Netz über Sie geschrieben wird.

Geschäftlich genutzte soziale Netzwerke wie XING oder LinkedIn

Falls Sie aktiv oder latent auf der Jobsuche sind und Business-Netzwerke nutzen, werden Sie dort die eine oder andere verräterische Spur hinterlassen, wenn Sie Ihre Einstellungen nicht passend gewählt haben. Ihr Nutzerverhalten liefert Hinweise, die Ihre Kollegen als klares Indiz für einen geplanten Jobwechsel interpretieren könnten. Achten Sie deswegen auf folgende Punkte:

- **Neues aus meinem Netzwerk:** Wenn Sie vermehrt mit Headhuntern oder Personalberatern Kontakt haben, werden diese Ihnen zwangsläufig Ihren XING- oder LinkedIn-Kontakt senden oder Sie werden sich mit Ihnen verknüpfen. Deaktivieren Sie aus diesem Grund zuerst unter dem Punkt „Aktivitäten" die Einstellung „Netzwerk über neue Kontakte informieren". So erhält niemand eine Nachricht, wenn Sie sich mit diesem Personenkreis vernetzen. Würde dies in kurzer Zeit häufiger passieren und anderen würde Ihr geändertes Nutzerverhalten auffallen, so könnten sofort Gerüchte im Kollegenkreis entstehen nach dem Motto: „Herr Kempf hatte jetzt schon einen vierten neuen Headhunter-Kontakt diese Woche. Will er weg?"

- **Kontaktliste sperren:** Außerdem besteht die Möglichkeit, das eigene Kontaktnetzwerk zu verbergen, sodass kein Dritter Ihre Kontakte sehen kann. Dies können Sie entweder „für alle" oder für bestimmte „Kontaktgrade" einstellen.
- **Karrierewünsche angeben:** In der Regel können Sie auch dezidierte Angaben zu Ihren Karrierewünschen angeben. Zum Beispiel bei XING: „Aktiv auf Jobsuche (AKTIV)", „Nicht auf Jobsuche, aber offen für Angebote (LATENT)" und „Kein Interesse an Jobangeboten (PASSIV)". Darüber hinaus können Sie wiederum den Personenkreis definieren, der die Angaben sehen darf, wie etwa „Alle Mitglieder", „Eigene Kontakte" oder „Nur Recruiter mit spezieller Mitgliedschaft".
- **Schlagworte:** Bei XING und LinkedIn können Sie neben Ihren beruflichen Fähigkeiten (Hardskills) auch Softskills in Form von Schlagworten angeben. Diese Schlagworte haben eine hohe Relevanz für die Suchmaschine innerhalb der Netzwerke und je nach Privatsphäreneinstellungen auch außerhalb der Netzwerke. Versetzen Sie sich in die Lage Ihres Chefs und Ihrer Kollegen: Was würden diese denken, wenn Sie folgende Schlagworte lesen: Neue Herausforderungen, Jobwechsel, Jobangebote, neuer Arbeitgeber…? Je nach Jobwechselstadium müssen Sie entscheiden, was Sie wann, wo, wie posten und welche Privatsphäreneinstellungen

Sie aktuell gewählt haben. Postings in sozialen Netzwerken können die gleiche negative Wirkung auf Ihre Kollegen bezüglich eines unausgesprochenen Jobwechsels haben, wie wenn Sie es einem internen Kollegen erzählen und dieser es weitertratscht.

Mit großem Eifer aktualisieren Sie jetzt Ihren Social-Media-Auftritt, laden ein neues, professionelles Profilbild hoch und ergänzen bislang fehlende Informationen. Sie machen sich attraktiv auf der „Jobbühne". Genau an dieser Stelle passiert es! Ihre Kollegen werden misstrauisch, wenn diese aktiv über die „Neuigkeiten aus dem Netzwerk" von Ihrer Generalüberholung erfahren. Aus diesem Grund empfehlen wir Ihnen abschließend, auch die Funktion „Benachrichtigung an Ihr Netzwerk" auszuschalten und schrittweise das Profil aktuell zu halten.

Damit kein falscher Eindruck entsteht: Die Vorteile, die Sie mit Business-Netzwerken haben, überwiegen bei Weitem die möglichen Gefahren, die lauern. Beachten Sie einfach die genannten Tipps, dann vermeiden Sie mögliche Pannen.

9. Online-Reputation aufbauen und pflegen

Bei der Online-Reputation handelt es sich um Ihren (guten) Ruf im Internet, also was andere über Sie sagen oder das was Sie im Internet von sich geben, bewerten, kommentieren und teilen. In diesem Zusammenhang spricht man heutzutage von der neuen „Goldwährung im Internet", da diese immer wichtiger wird und tatsächlich in Geld aufzuwiegen ist. Warum? Weil sich Personaler zunehmend im Internet über Bewerber informieren. Eine Studie des Dimap-Instituts unter 500 Unternehmen hat ergeben:

> Vor allem die großen Firmen schauen vor einem Bewerbungsgespräch gern nach, was das Internet über den Kandidaten so hergibt. 46 Prozent der Unternehmen mit mehr als tausend Mitarbeitern gaben an, in solchen Fällen online zu recherchieren. Bei kleineren Betrieben (20 bis 100 Mitarbeiter) machen das nur 21 Prozent. Besonders in der Industrie und im Dienstleistungssektor will man es genauer wissen, gut ein Drittel dieser Unternehmen schauen [sic], was es über den Bewerber im Netz gibt. Bei den Handwerksbetrieben gaben dagegen nur drei Prozent an, sich vor einem Vorstellungsgespräch online zu informieren. (Kuhr und Olbrisch 2012)

Der „googelnde Personaler" ist also schon längst Realität. In der EU gibt es nach der Datenschutzgrundverordnung (DSGVO) zwar genaue Richtlinien, wer, wo, wann welche Daten zu Recruitingzwecken in sozialen Netzwerken erheben und speichern darf, allerdings wird nach wie vor gegoogelt und gespeichert bis die Tastatur glüht.

Eine gute Online-Reputation aufzubauen, ist eine langfristige Angelegenheit und geht mal nicht eben über Nacht. Haben Sie also Geduld, wenn Sie Ihren digitalen Ruf gestalten bzw. verbessern wollen. Am besten beginnen Sie mit beruflichen Netzwerken wie XING oder LinkedIn. Über Ihr eigenes Profil hinaus können Sie vor allem durch ein Engagement in „Themengruppen" für ein gutes Image sorgen, indem Sie sich als Experte für ein bestimmtes Thema positionieren.

Ein ganz neuer Trend geht in die konkrete, digitale Bewertung der eigenen Person durch Kunden, Kollegen

Exit-Strategie: So finde ich einen neuen Job

oder Dienstleister. Dies kann öffentlich oder anonym erfolgen. Beispielsweise über das Bewertungsportal „ProvenExpert". Stellen Sie sich bitte folgenden Fall vor: Sie machen insgesamt einen super Job. Ihre Kollegen und Kunden attestieren Ihnen dies immer wieder mündlich oder per E-mail. Wie halten Sie aber diese „Referenzen" aus dem Tagesgeschäft dauerhaft fest, um sie beim nächsten Jobwechsel neben dem klassischen Arbeitszeugnis zu Ihren Gunsten mit einfließen zu lassen? Was machen Sie, wenn Ihr Chef Sie nicht gut leiden kann, Sie aber bei Ihren sonstigen Geschäftskontakten hochangesehen und geschätzt sind? Und genau an dieser Stelle kommen solche Bewertungsportale ins Spiel. Bauen Sie dauerhaft und nachhaltig Ihre Online-Reputation geschickt auf und senden Sie Dritten einen Bewertungslink direkt auf Ihr Profil, wenn der Anlass dazu günstig ist. Die Bewertung dauert kaum eine Minute, hilft Ihnen aber über Jahre!

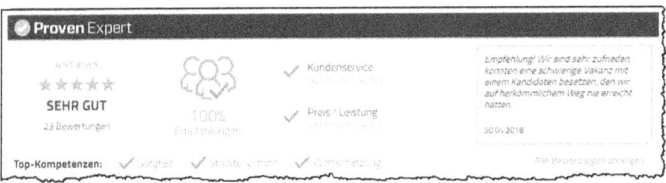

Quelle: https://www.provenexpert.com/de-de/on-connect/, zugegriffen am 31.05.2018

Natürlich können Sie auch mit Facebook, Instagram, Twitter, Google+ und anderen eher privat geprägten Social- Media-Angeboten Ihre Online-Reputation gestalten. Diese Netzwerke haben in der Regel eher privaten Charakter. Dennoch können Sie über diese Kanäle Ihre

Experten- Position ausbauen, indem Sie sich in bestimmten Gruppen engagieren oder regelmäßig Fachbeiträge posten.

Wichtig ist, dass Sie systematisch und strategisch vorgehen, das heißt: Zunächst prüfen Sie die Privatsphären-Einstellungen Ihrer Online-Präsenzen, wie bereits im vorherigen Punkt ausgeführt. Sie legen also fest, wie Ihr Business- Profil aussieht und wer es sehen darf. Anschließend fangen Sie an, Inhalte von anderen zu teilen, selbst zu posten oder zu bloggen.

https://www.provenexpert.com/de-de/

10. Diverse Kanäle zur Jobsuche aktiv nutzen

Nehmen Sie Ihr Glück selbst in die Hand und nutzen Sie diverse Kanäle für Ihre Jobsuche. Im Schritt 3 unserer Exit-Strategie erklären wir ausführlich, welche Kanäle und Beispiele es für Ihre aktive Jobsuche gibt.

11. Das Bewerbungsgespräch vorbereiten

Der Punkt „Vorbereitung des Bewerbungsgespräches" ist eng mit dem Bewerbungsgespräch an sich verbunden. Deswegen werden wir diesen Punkt in Schritt 4 „Bewerbung – Wie überzeuge ich im persönlichen Gespräch" näher erläutern.

12. Kommunikation und Verhalten vor der Kündigung

Angenommen, Sie haben Ihre Online-Profile auf Vordermann gebracht, Ihren Lebenslauf aktualisiert und ein überzeugendes Anschreiben formuliert – Sie sind also bestens gewappnet für die Suche nach einem neuen Job. Vielleicht haben Sie auch schon die ein paar Bewerbungen abgeschickt? Aber noch sind Sie beim alten Arbeitgeber beschäftigt. In dieser Phase des Übergangs gilt es, ein paar Regeln zu beachten, damit die letzten Wochen/Monate im aktuellen Job nicht zur Tortur werden.

Behalten Sie Stillschweigen über Ihre Kündigungsabsichten gegenüber Ihren Kollegen. Erzählen Sie nichts Ihren engsten Verbündeten im Unternehmen, auch unter der Gefahr, dass die ein oder andere Freundschaft bei Bekanntwerden Ihres Weggangs darunter leidet. Möglicherweise könnte doch irgendwo eine „undichte Stelle" sein, die Ihnen im laufenden Jobwechselprozess Schwierigkeiten bereiten könnte. Oder Sie verlieren den Überblick, weil Sie nicht mehr wissen, wann Sie wem was erzählt haben. Auch das hat es schon gegeben: Durch einen internen Jobwechsel wird der beste Freund auf einmal zum Feind und Sie ärgern sich grün und blau, dass Sie ihm 14 Tage vorher etwas „vertraulich" erzählt haben, was nun gegen Sie verwendet werden könnte.

Auch wenn es Ihnen schwerfällt und Sie innerlich schon gekündigt haben, versuchen Sie, Ihre Arbeit mindestens auf dem bisherigen Niveau fortzuführen, damit die Kollegen keinen Verdacht schöpfen. Sie könnten schnell auf die „Abschussliste" gelangen und Probleme bekommen, falls

Ihr Jobwechsel nicht klappt (Vertrauensbruch gegenüber den Kollegen und dem Chef). Seien Sie also weiterhin fleißig, freundlich und hilfsbereit gegenüber Ihren Kollegen.

Vermeiden Sie sämtliche private E-Mail-Korrespondenz auf Ihren Geschäfts-E-Mail-Konten – Sie wissen nie, wer Einblick hat. Schalten Sie Ihr Handy tagsüber stumm, damit Sie nicht Gefahr laufen, vor den Ohren Ihrer Kollegen den Headhunter abwimmeln zu müssen. Springen Sie in einer solchen Situation nicht aufgeregt mit dem Handy aus dem Raum, um das Gespräch flüsternd auf dem Flur fortzuführen. Richten Sie besser eine Mailbox auf dem Handy ein oder verlegen Sie alle Gespräche rund um Ihren Jobwechsel auf die Morgen- oder Abendstunden.

Versuchen Sie, Bewerbungsgespräche nach Feierabend zu führen, um nicht auf einmal öfter einen halben Tag freinehmen oder früher gehen zu müssen, weil Sie einen „Arzttermin" haben. Seien Sie einfach aufmerksam und sensibel. Sie selbst können am besten beurteilen, was bei Ihnen in der Abteilung oder im Büro gang und gäbe ist und wann der kritische Punkt erreicht sein könnte, an dem die Kollegen Verdacht schöpfen könnten.

13. Korrekt kündigen

Wenn Sie in Ihrem bisherigen Job gute bis sehr gute Leistungen gezeigt haben, wird Ihr Chef nicht besonders erfreut sein, dass Sie ihn verlassen wollen. Sofort rattert das Kündigungsszenario bei Ihrem Chef durch den Kopf und Sie werden nach dem Aussprechen Ihrer Kündigung nicht mehr als vollwertiges Teammitglied, wenn auch in vielen Fällen nur unterbewusst, wahrgenommen. Je nachdem, wo oder was Sie arbeiten, hat dies massive Folgen bis hin zur sofortigen Freistellung und Rückgabe aller Arbeitsmittel und -unterlagen. Deshalb gilt folgende goldene Regel:

> Niemals kündigen, bevor auf Ihrem neuen Arbeitsvertrag die Tinte trocken ist!

Darüber hinaus sollten Sie diese Hinweise berücksichtigen:

- **Kündigung schriftlich verfassen:** Prüfen Sie nochmals die Kündigungsfrist in Ihrem aktuellen Arbeitsvertrag und verfassen Sie Ihre Kündigung schriftlich.
- **Informieren Sie Ihren Chef als Erstes:** Ihr Chef hat das Vorrecht, zuerst vor allen anderen von Ihrer Kündigung zu erfahren. Auch wenn Sie mit Ihren Kollegen eng befreundet sind, behalten Sie unbedingt so lange Stillschweigen, bis der Vorgesetzte informiert ist.
- **Vereinbaren Sie einen persönlichen Gesprächstermin:** Professionell verhält sich, wer mit dem Chef einen Gesprächstermin vereinbart und persönlich seine Kündigung ausspricht. Bei dieser Gelegenheit übergeben Sie Ihr Kündigungsschreiben und versuchen, auf die gemeinsame erfolgreiche Zeit zurückzublicken. Sofern es stimmt: Drücken Sie auch im Brief Ihr Bedauern sowie Worte des Dankes aus.
- **Der ideale Zeitpunkt:** Leider gibt es so gut wie nie den idealen Zeitpunkt einer Kündigung. Sie können Ihrem Chef helfen, indem Sie nicht erst am letztmöglichen Termin kündigen. Da Ihr Vorgesetzter in aller Regel einen Nachfolger suchen muss, hilft ihm jeder zusätzliche Tag, an dem Sie noch da sind.

- **Information an Ihre Kollegen:** Nachdem Ihr Chef nun Bescheid weiß, wird es höchste Zeit, auch Ihre Kollegen zu informieren. Klären Sie im Gespräch mit Ihrem Chef kurz ab, wer dies übernehmen soll. In manchen Fällen möchte der Vorgesetzte dies selbst übernehmen, um die Gelegenheit zu nutzen, seine Mannschaft auf den Weggang und die Nachfolge vorzubereiten. Wichtig ist, dass dieser Prozessschritt sehr zeitnah passiert, um der Gerüchteküche und möglichen Spekulationen keinen Raum zu geben.

14. Nach der Kündigung: Professionelles Abschiedsszenario

Hurra! Der neue Arbeitsvertrag ist unterschrieben und Sie haben bei Ihrem Chef gekündigt. Ihre Vorfreude auf den neuen Job ist riesig! Sie würden am liebsten schon morgen anfangen. Doch die Begeisterung findet auf einmal ein jähes Ende, denn Sie müssen noch einige Zeit im alten Job arbeiten. Im schlimmsten Fall ein längerer Zeitraum, weil Ihre vereinbarte Kündigungsfrist z. B. ein halbes Jahr zum Quartalsende beträgt.

Nach dem Motto „Man sieht sich immer zweimal im Leben" gilt es, auch in dieser Zeit professionell zu agieren, um mit dem alten Job richtig abzuschließen und einen guten Eindruck zu hinterlassen. Es zeugt nicht nur von Wertschätzung und Dankbarkeit gegenüber Ihren langjährigen Kollegen, sondern Sie sichern sich auch eine bessere Position für ein gutes Arbeitszeugnis und haben selbst eine angenehmere (Arbeits-)Zeit in den letzten Wochen oder Monaten in der alten Firma. Wenn Sie beispielsweise sieben Jahre einen fantastischen Job in Ihrer Firma geleistet haben und sich nun in den letzten drei Wochen einen faulen Lenz machen, was glauben Sie, an was sich Ihr Chef und Ihre Kollegen am Ende erinnern werden? Schädigen Sie also nicht Ihre tolle Reputation, die Sie sich über Jahre mühevoll aufgebaut haben.

Sich professionell zu verabschieden, hat mehrere Vorteile: Zunächst bleiben Sie bei Ihren Kollegen und Ihrer Führungskraft in guter Erinnerung. Vielleicht treffen Sie auch irgendwann, z. B. auf einer Veranstaltung oder bei gemeinsamen Projekten, wieder aufeinander – da wäre es doch schön, wenn die Atmosphäre entspannter als zwischen Nord- und Südkorea wäre. Wenn Sie freundschaftlich auseinandergehen, dann kann dies zudem eventuell für Ihre Karriere förderlich sein; wer weiß, ob Ihr alter Chef nicht vielleicht auch einmal wechselt und dann Ihr neuer Vorgesetzter wird? Also: Immer alle Türen offen lassen!

Die 11 wichtigsten Regeln für einen professionellen Weggang

1. Kommen Sie pünktlich zu Arbeit und bleiben Sie lieber einen Moment länger.
2. Bringen Sie sich weiterhin aktiv mit guten Ideen ein.
3. Steigern Sie Ihre Leistung noch einmal und lassen Sie nicht nach.
4. Bieten Sie Ihren direkten Kollegen an jedem Tag eine kleine Hilfestellung an.
5. Reden Sie mit Ihren Kollegen nicht negativ über Ihren bisherigen Arbeitgeber.
6. Fangen Sie keine Diskussionen oder Spekulationen über Ihren Nachfolger an.

7. Seien Sie stets freundlich, zuvorkommend und hilfsbereit.
8. Behalten Sie kein Wissen zurück und dokumentieren Sie Ihre Vorgänge.
9. Ordnen Sie Ihren Arbeitsplatz und bereiten Sie eine saubere Übergabe vor.
10. Unterstützen Sie mögliche Vorbereitungen für Ihren Nachfolger aktiv.
11. Führen Sie einen angemessenen Ausstand durch und verabschieden Sie sich mit Würde.

Schritt 3: Jobsuche – Welche Wege gibt es?

In diesem Kapitel geben wir Ihnen einen Überblick über die besten Möglichkeiten, einen neuen Job zu finden. Leider gibt es kein Patentrezept für den schnellsten und besten Weg, da die Jobsuche von vielen Faktoren abhängt, wie z. B. Branche, Berufsbild, Standort oder auch die aktuelle Verfügbarkeit von Vakanzen. Zunächst wollen wir uns jedoch grundsätzlich mit dem Thema Jobsuche beschäftigen und darlegen, wie heute Stellen gesucht werden.

Das Centre of Human Resources Information Systems (CHRIS) an der Universität Bamberg und die Monster Worldwide Deutschland GmbH haben in ihrer Studie „Bewerbungspraxis 2015" untersucht, wie sich Berufstätige in Deutschland bewerben (Weitzel 2015).

Exit-Strategie: So finde ich einen neuen Job

Auszug aus der Studie „Bewerbungspraxis 2015"

Während der Informationsphase des Stellensuchprozesses können Stellensuchende und Karriereinteressierte selbst aktiv nach Informationen über offene Stellen und den potentiellen Arbeitgeber suchen. Für diese aktive Suche verwenden 66,4 Prozent der Befragten Internet-Stellenbörsen, 37,9 Prozent Unternehmens-Webseiten und 36,5 Prozent Karrierenetzwerke. Der Trend der letzten Jahre, wonach Internet-Stellenbörsen und Karrierenetzwerke immer stärker, Unternehmens-Webseiten konstant und Printmedien immer weniger genutzt werden, setzt sich in diesem Jahr fort.

Neben der aktiven Bewerbung besteht die Möglichkeit der passiven Suche, indem Stellensuchende ein Profil in einer Lebenslaufdatenbank oder einer sozialen Netzwerkplattform veröffentlichen und Unternehmen die Möglichkeit geben, sie auf diesem Weg zu finden und anzusprechen. Hierfür haben 71,6 Prozent der Studienteilnehmer einen Lebenslauf in einer Lebenslaufdatenbank in einer Internet-Stellenbörse hinterlegt. Ferner haben 67,0 Prozent ein öffentliches Profil in einem Karrierenetzwerk und 47,6 Prozent einen Lebenslauf in Lebenslaufdatenbanken von Unternehmen. Im Rahmen der passiven Stellensuche sehen sich Stellensuchende und Karriereinteressierte auch Herausforderungen gegenüber. So haben 36,1 Prozent die Befürchtung, der aktuelle Arbeitgeber könnte das öffentliche Profil oder den eigenen Lebenslauf entdecken und 41,9 Prozent geben an, dass der Wunscharbeitgeber nicht in Lebenslaufdatenbanken nach potentiellen Mitarbeitern sucht.

Mit diesem Wissen werden wir Ihnen nun die elf besten Wege aufzeigen, um einen neuen Job zu finden.

1. Nutzen Sie Jobportale, Jobsuchmaschinen und Jobbörsen

Nach wie vor sind Online-Jobbörsen das effektivste Mittel zur Jobsuche in Deutschland. Zunächst wollen wir die

Begrifflichkeiten definieren: Ein Jobportal ist der übergeordnete Begriff für Online-Stellenmärkte (Jobbörsen) und Jobsuchmaschinen. Eine Jobsuchmaschine – auch „Job-Aggregator" oder „Job-Vertical" genannt – trägt alle im Internet auffindbaren Stellenausschreibungen mithilfe eines sogenannten „Crawlers" oder „Spiders" an einem zentralen Ort im Internet zusammen. Die Ergebnisse werden dann in der Jobsuchmaschine wieder ausgegeben – das können Stellenanzeigen von Jobbörsen wie auch Jobangebote von Unternehmensseiten sein.

Eine Jobbörse ist ein Online-Stellenmarkt, auf dem Stellenangebote und/oder -gesuche angezeigt werden. Im Gegensatz zu den Jobsuchmaschinen handelt es sich hier um originäre Interneteinträge. Meistens bezahlen Unternehmen Geld für die Schaltung von Online-Stellenanzeigen. Es gibt Generalisten-, Spezial-, regionale, Nischen- und branchenspezifische Jobbörsen.

Deutschlands beste Jobportale 2015
Mehr als 43.000 Bewerber und über 5700 Arbeitgeber hatten bis zum 15.08.2015 über Deutschlands beste Jobportale abgestimmt. Bei dem Qualitätstest „Deutschlands Beste Jobportale" werden die Kriterien Nutzungshäufigkeit, Zufriedenheit und Ergebnisqualität zugrunde gelegt und für verschiedene Kategorien ausgewertet. Die Gütesiegel für „Deutschlands Beste Jobportale" wurden in drei Jobportal-Gattungen verliehen:

A. Allgemeine Jobbörsen
B. Spezial-Jobbörsen
C. Jobsuchmaschinen

Die Studie „Deutschlands Beste Jobportale" basiert auf Beurteilungen von Jobsuchenden und Arbeitgebern, die in einem gewichteten Gesamtranking zusammengefasst werden. Die Gewinner 2015 (in den einzelnen Jobportal-Gattungen) sind:

A. Allgemeine Jobbörsen:
1. Stepstone
2. Jobware
3. Kalaydo

B. Spezial-Jobbörsen:
1. Jobvector
2. Yourfirm.de
3. Hotelcareer

C. Jobsuchmaschinen:
1. Kimeta
2. Indeed.de
3. Jobsterne.de

Quellen:
http://www.deutschlandsbestejobportale.de/
http://crosswater-job-guide.com/jobborsen-von-a-z

2. Nutzen Sie die Jobsuche auf Karriereseiten von Unternehmen

Viele Unternehmen bieten ihre Stellenangebote auf einer eigenen Karriere-Website an. Falls Sie auf der Website des Unternehmens nicht direkt den Karrierebereich finden, googeln Sie einfach nach dem Unternehmensnamen und fügen die Stichworte „Karriere", „Jobs", „Jobangebote",

„Stellenangebote", „freie Stellen", „Vakanzen" oder Ähnliches ein. Wenn Sie den passenden Job gefunden haben, bereiten Sie alle notwendigen Unterlagen für Ihre Bewerbung vor. Wenn die Möglichkeit besteht, Ihre Bewerbungsunterlagen elektronisch hochzuladen, sollten Sie dies in jedem Fall tun und auf eine Papierbewerbung verzichten. So werden die internen Prozesse beschleunigt.

Bei manchen Unternehmen kann man seine Bewerbung auch initiativ auf die hausinterne Lebenslaufdatenbank hochladen. Oder es gibt Talentpools mit angegliederten Bindungsprogrammen. All diese Maßnahmen dienen einer schnellen Kontaktaufnahme zum späteren Zeitpunkt, wenn das Unternehmen einen entsprechenden Personalbedarf hat und Ihr Profil durch die Suchfilter in den Fokus des Personalers gelangt. Diese Maßnahme ist insbesondere für latent suchende Personen geeignet, die aktuell nicht aktiv auf Jobsuche sind.

3. Nutzen Sie Business-Netzwerke (z. B. XING, LinkedIn)
Werden Sie Mitglied auf XING und/oder LinkedIn. Beide Karrierenetzwerke vereinen die Vorzüge anzeigengestützter Personalsuche mit Web-2.0-Funktionalität und bieten zahlreiche Dialogchancen zwischen Ihnen und Ihrem potenziellen Arbeitgeber. Beachten Sie dabei Folgendes:

a. Schauen Sie nach Stellenanzeigen, wenn Sie aktiv auf der Suche sind. Beide Netzwerke bieten einen Online-Stellenmarkt. Oft wird der zuständige Personalreferent bei den einzelnen Stellenanzeigen aufgeführt. Über den „Verbindungszweck" im Personenprofil können Sie sehen, in welchem Kontaktgrad Sie mit dieser Person verbunden sind. Lassen Sie sich im besten Fall empfehlen oder vernetzen Sie sich mit dieser Person.

b. Legen Sie im Stellenmarkt einen Suchauftrag an und lassen Sie sich automatisch über neue Stellenangebote informieren. Das spart Ihnen Zeit und Energie.

c. Finden Sie Ihren Wunscharbeitgeber und folgen Sie ihm auf der Unternehmens- oder Karriereseite. Sie werden automatisch über Firmen-Updates und neue Jobpostings informiert.

d. Geben Sie Ihre Karrierewünsche an, wenn Sie offen für Jobangebote sind. Bei XING können Sie beispielsweise auch Gehaltsangaben, Umzugsbereitschaft, bevorzugtes Tätigkeitsfeld und die gewünschte(n) Branche(n) angeben.

e. Versetzen Sie sich in die Lage eines Recruiters und platzieren Sie die passenden Schlagworte in Ihrem Personenprofil, um besser gefunden zu werden. In beiden Netzwerken haben die Schlagworte, die Sie aufführen, eine hohe Suchmaschinenrelevanz. Beispielsweise wären für eine Vertriebsposition im Außendienst folgende Schlagworte gut geeignet: Vertrieb, Außendienst, Verkauf, Verkaufsberater, Verkaufsgebietsleiter, Sales, field party, outside work, field service, field staff, field work, sales force etc.

f. Wie wir vorhin schon darlegten: Achten Sie darauf, dass Sie ein vollständiges und professionelles Businessprofil besitzen. Nur so verschaffen Sie Ihrem Profilbesucher einen guten ersten Eindruck. Immer mehr Personalberater, Headhunter und Corporate Recruiter nutzen XING und LinkedIn, um aktiv auf Kandidaten zuzugehen.

4. Fragen Sie aktiv Ihr Netzwerk nach Jobangeboten
Erzählen Sie in Ihrem Freundes- und Bekanntenkreis von Ihren beruflichen Veränderungswünschen. Immer mehr Unternehmen setzen aufgrund des Fachkräftemangels auch auf Mitarbeiterempfehlungsprogramme. Vielleicht haben Sie Glück und bekommen den entscheidenden Tipp aus Ihrem Netzwerk genannt?

Sich im Umfeld umzuhören, sieht die Karriereexpertin Petra Cockrell insbesondere für ältere Arbeitnehmer als eine lohnenswerte Strategie an; sie empfiehlt:

> Erfahrene Manager sollten sich nicht nur auf Annoncen bewerben. Da gibt es zu viele Mitbewerber. Wenn das Netzwerk bröckelt, muss man sich auf verbliebene treue Geschäftsfreunde und Kunden konzentrieren. Mundpropaganda ist wichtig: Vielleicht hört ja irgendwann irgendjemand irgendetwas. Das gilt auch für Verwandte, Freunde, Bekannte. ‚Manche Klienten erfahren beim Friseur von einer freien Stelle', sagt Cockrell. Wichtig: Die Nerven behalten, auch wenn die Jobsuche länger als ein Jahr dauert. (Dahlkamp 2015)

5. Besuchen Sie Job- und Karrieremessen
Job- und Karrieremessen sind in den letzten Jahren wie Nagelstudios aus den Innenstädten geschossen. Nutzen Sie die Chance, um mit Ihrem potenziellen Arbeitgeber und mit dessen Unternehmen in Berührung zu kommen. Prüfen Sie anhand des Messeprogramms, welche Unternehmen für Sie relevant sind, und konzentrieren Sie sich auf eine Handvoll Gespräche, die Sie ernsthaft führen wollen.

Lassen Sie sich am Ende eine Visitenkarte geben. Vernetzen Sie sich anschließend via XING oder LinkedIn mit diesen Personen. So bleiben Sie im Kontakt und haben es zu einem späteren Zeitpunkt deutlich einfacher, „auf dem kleinen Dienstweg" auf den Zuständigen zuzugehen. Auch Industrie- oder Fachmessen bieten eine gute Gelegenheit, interessante Arbeitgeber kennenzulernen und erste Kontakte zu knüpfen.

Übersicht von Jobmessen

https://crosswater-job-guide.com/marktplatz/karriere-events

6. Nehmen Sie die Bundesagentur für Arbeit in Anspruch

Die Bundesagentur für Arbeit ist in den Augen mancher Menschen so sexy wie Toastbrot, hat aber schon vielen Menschen zum passenden Job verholfen. Des Weiteren bietet sie eine Reihe von Services an, die Sie in Anspruch nehmen können, auch dann, wenn Sie noch ein Beschäftigungsverhältnis haben (vgl. Wilke 2015). Die Berufsberatung beispielsweise erstreckt sich auf sämtliche berufs- und arbeitsplatzbezogene Fragestellungen, die im Laufe des Berufslebens auftreten können. Des Weiteren erhalten Sie einen dezidierten Überblick zu Arbeitsmarktinformationen in Ihrer Gegend oder über die Region, in die Sie ziehen wollen. Auch zum Thema „Beschäftigung im Ausland" steht die Bundesagentur beratend zur Seite.

7. Nutzen Sie den Stellenmarkt von Tageszeitung und Fachpresse

Printanzeigen entwickeln sich seit Jahren wie die Wahlergebnisse der FDP. Aber: Gerade in regionalen Zeitungen, Gemeinde- oder Amtsblättern werden von kleineren und mittelgroßen Betrieben immer noch Anzeigen geschaltet. Falls Sie in einer bestimmten Branche arbeiten, lohnt es sich, einen Blick in ein Branchenmagazin zu werfen. Darüber hinaus findet man oft auch auf den Internetseiten von Branchenverbänden Stellenanzeigen.

8. Nutzen Sie Lebenslaufdatenbanken

Neben unternehmenseigenen Lebenslaufdatenbanken gibt es auch professionelle externe Lebenslaufdatenbanken, auf denen Sie Ihren CV hinterlegen können, wie etwa bei Stepstone, Experteer, Monster oder Jobware. Oft sind diese Lebenslaufdatenbanken mit Jobbörsen verbunden. In der Regel können Sie den Grad Ihrer Privatsphäre einstellen, sodass nicht jeder sieht, wer Sie sind. So vermeiden Sie es, dass Sie von Ihrem aktuellen Arbeitgeber „entdeckt" werden, falls dieser auf diesen Plattformen selbst aktiv nach Personal sucht.

9. Nehmen Sie Personalberatungen, Headhunter und Direktsuche (Active Placement) in Anspruch

Einer der großen Vorteile von Personalberatungen und Headhuntern ist, dass Sie zunächst nur mit einem

Ansprechpartner Kontakt haben und er Sie bei passenden Firmen aus seiner Liste mit offenen Stellen vorstellt. Es entfallen zahllose Bewerbungsschreiben für Sie. Renommierte Personalvermittlungen und seriöse Headhunter bieten ihren Service für Sie als Bewerber kostenfrei an. Dafür stehen Sie mit allen Ihren Daten in deren Datenbank. Bei Personalberatungen können Sie Ihren Lebenslauf meistens auch online initiativ hochladen. Wenn Sie interessant sind, werden Sie zeitnah zu einem Interview eingeladen. Dies kann in Form eines persönlichen Vorstellungsgesprächs direkt bei der Personalberatung oder einem Telefonat mit dem Personalberater erfolgen. Auf diese Weise können Sie sich näher kennenlernen und Ihr Profil für die Datenbank sowie späteren potenziellen Arbeitgebern (also die Kunden der Personalberatung) schärfen.

Personalberater suchen bei neuen Besetzungsaufträgen zunächst in der hauseigenen Datenbank nach geeigneten Kandidaten. Wenn Sie als passender Kandidat den Suchkriterien entsprechen, werden Sie kontaktiert, um zu prüfen, ob Ihr Profil für die aktuelle Vakanz passt und umgekehrt. Bitte seien Sie nicht enttäuscht, wenn sich nach einem Telefoninterview oder persönlichen Gespräch nie wieder jemand bei Ihnen meldet. Aus eigener Erfahrung mit Personalberatungen und aus Berichten von Kandidaten wissen wir, dass dies leider sehr oft der Fall ist. Aber natürlich gibt es auch viele positive Beispiele, bei denen die Zusammenarbeit mit einer Personalberatung zu einer Stellenbesetzung geführt hat.

Beim sogenannten „Active Placement" (oder auch Direktsuche) geht Ihr Coach auf die Suche nach einer passenden Firma/Stelle für Sie. Meistens werden Sie über einen

Zeitraum von einem halben bis einem Jahr aktiv gecoacht und begleitet. Unter anderem werden Ihr Karriereplan, Ihr Lebenslauf und ein professionelles Kompetenzprofil erstellt, um Sie bei interessanten Firmen „anzupreisen". Der ganze Prozess ist sehr aufwendig, sodass ein guter Berater maximal acht bis zehn Mandate parallel betreut. Natürlich ist diese Dienstleistung nicht kostenlos. Im Executive-Bereich wird diese Dienstleistung oftmals erst ab einem Jahresgehalt von ca. 100.000 € angeboten.

> Beispiel eines Kostenmodells „Active Placement"
> Brutto-Jahresgehalt: 120.000 Euro
> Kostensatz 10 % = 12.000 Euro
> 40 % des Kostensatzes werden bei Beauftragung fällig = 4.800 Euro
> 60 % des Kostensatzes werden bei erfolgreicher Vermittlung fällig = 7.200 Euro

10. Suchen Sie auch in privat genutzten sozialen Netzwerken nach passenden Angeboten

Immer mehr Unternehmen müssen aufgrund des spürbaren Fachkräftemangels ihre Arbeitgebermarke attraktiv präsentieren, um von Bewerbern wahrgenommen zu werden. Man spricht hier von „Employer Branding" (vgl. Hesse und Mattmüller 2015). Gerade kleinere, unbekanntere Firmen tun sich sehr schwer, da sie oft nicht die finanziellen Personalmarketingmittel wie große Konzerne haben, um beispielsweise eine ganze Seite mit einer Imageanzeige in der Samstagsausgabe der „Süddeutschen Zeitung" zu platzieren. Hier bieten sich für viele Firmen die sozialen Medien an, wie z. B. Facebook, Google+, Twitter, YouTube, Instagram,

Pinterest ... Einer der Gründe für die Attraktivität dieser Plattformen ist, dass Unternehmen dort mit vergleichbar bescheidenen Mitteln einen sehr guten Auftritt als Arbeitgeber realisieren können und bei „Gefallen" auch automatisch von einer dauerhaften Verbreitung im Netzwerk profitieren.

Schauen Sie also auch aktiv nach „Fan-Pages" von Firmen und folgen Sie ihnen. So bekommen Sie nützliche Informationen wie z. B. Unternehmensneuigkeiten, Beiträge von Mitarbeitern oder Stellenpostings automatisch mit. Zudem können Sie über den Kurznachrichtendienst Twitter auch fachlich interessanten Personen folgen. Wenn Ihnen diese Person auch folgt, können Sie mit Direktnachrichten kommunizieren, ohne seine E-Mail-Adresse zu kennen.

11. Durchforsten Sie Arbeitgeberwertungsplattformen
Vermutlich kennen Sie „Holidaycheck" oder haben dieses Bewertungsportal vielleicht sogar schon selbst aufgrund einer geplanten Urlaubsreise zur Recherche benutzt. Eventuell haben Sie sich im letzten Türkei-Urlaub über die alten Matratzen und den vertrockneten Toast beim Frühstück so grün und blau geärgert, dass Sie Ihrem Ärger Luft verschaffen mussten. Da kam Ihnen eine Bewertung auf diesem Portal gerade recht. Ähnliche Bewertungsportale gibt es nun seit ein paar Jahren für Mitarbeiter, Auszubildende und Bewerber, die Ihren (potenziellen) Arbeitgeber anonym bewerten können. Unternehmen müssen daher jetzt und in Zukunft im Netz Farbe bekennen, weil sie auf einmal transparent werden und das interne, wahre Betriebsklima für jeden sichtbar ist. Einige, insbesondere größere, Unternehmen setzen sich schon mit diesen neuen Medien auseinander und sehen dies als Chance. Besuchen Sie also

diese Arbeitgeberbewertungsportale und schauen Sie sich um, bevor Sie sich irgendwo aktiv bewerben.

Suchen Sie sich Ihren Arbeitgeber, der mit seinen Werten, seiner Kultur, seinen Arbeitsbedingungen und seinem Arbeitsklima zu Ihnen passt. Wenn Sie diesen ausfindig gemacht haben, suchen Sie auf den genannten Kanälen mögliche Jobangebote oder nehmen Sie auf Basis Ihrer Erkenntnisse initiativ Kontakt auf – beispielsweise über Business-Netzwerke.

Die fünf bekanntesten deutschsprachigen Arbeitgeberbewertungsportale

- www.kununu.de
- www.jobvoting.de
- www.bizzwatch.de
- www.meinchef.de
- www.companize.com

Heidi Stopper, ehemaliger Personalvorstand bei der ProSiebenSat.1 Media AG, erklärt in einem Interview, dass Frauen deutlich selbstkritischer bei Bewerbungen sind als Männer und sich damit Chancen in ihrer Karriere verbauen (Selig 2015):

> Ich habe das in den 20 Jahren als Personalleiterin gesehen und sehe das jetzt ständig in meiner Arbeit als Coach, dass es da immer noch Stereotype gibt: Männer bewerben sich in der Regel auf einen interessanten Job, wenn sie 50 bis 60 Prozent der in der Ausschreibung genannten Voraussetzungen erfüllen. Frauen zögern, wenn sie 90 Prozent mitbringen und

machen sich wegen der fehlenden 10 Prozent Sorgen: Das habe ich auch als Feedback von Headhuntern ständig gehört. Frauen sind extrem zögerlich, wenn sich neue Chancen auftun. Bei internen Stellenvergaben war das auch ständig so: Die Männer heben selbst die Hand, die weiblichen Talente musste man selbst ansprechen, damit sie sich überhaupt auf die Stelle bewarben.

Die Schlussfolgerung daraus: Bewerben Sie sich auch dann auf einen Job, wenn Sie einige der Anforderungen nicht erfüllen. Kaum jemand, der Karriere gemacht hat, wäre erfolgreich geworden, wenn er sich nur auf Stellen beworben hätte, die er zu 100 % erfüllt hätte. Man hat dann die steilste Lernkurve, wenn man in eine Aufgabe hineinwächst.

Wir wollen das gerade genannte Zitat zum Anlass nehmen, um kurz auf das Thema „Frauen und Karriere" einzugehen. Dr. Claudia Kuller, Dozentin an der FOM Hochschule in Frankfurt/Main, erläutert in ihrem folgenden Gastbeitrag, worauf Frauen besonders achten sollten.

Karrieretipps für Frauen – Oder wie Sie Ihre Karriere erfolgreich beeinflussen können (Gastbeitrag von Dr. Claudia Kuller)

Es gibt keine allgemeingültigen Aussagen darüber, ob Frauen im Job mehr leisten müssen als Männer – Frauen sind aber seit jeher der festen Überzeugung, dass sie Extrahürden auf ihrem Karriere-Pfad überwinden müssen. Zwar hat sich der Anteil von Frauen in Führungspositionen in den letzten Jahren stetig erhöht, jedoch besteht gleichzeitig eine größer werdende Konkurrenz um weniger attraktive Stellen. Zudem erhalten Frauen immer noch ein geringeres Gehalt als Männer. Mit den folgenden Tipps können Frauen ihre Chancen auf beruflichen Aufstieg erhöhen und so glücklicher im Beruf werden.

Tipp 1: Werden Sie sichtbarer und lernen Sie Ihre Stärken kennen.
Tiefstapeln gehört zu den typisch weiblichen Eigenschaften, mit denen sich Frauen selbst ins Abseits stellen: So bleiben zum Beispiel viele Frauen lieber ihren Kollegen gegenüber loyal, als ihre eigenen Interessen konsequent zu verfolgen. Hier können Sie gezielt gegensteuern: Wenn Sie einen Standpunkt haben, sollten Sie ihn vertreten – und zwar auch gegen den Strom. Gerade in den Punkten, in denen Ihre Stärken und Kompetenzen liegen, steht Ihnen eine eigene Meinung sehr gut! Sollten Sie Ihre Stärken nicht genau kennen, können Sie sich in diesem Bereich coachen lassen; es gibt sehr gute Angebote speziell für Frauen. Aber Vorsicht: Die Berufsbezeichnung „Coach" ist nicht geschützt. Gute Business Coaches verfügen nicht nur über psychologisches Wissen, Kenntnisse über Karrierewege, Unternehmensformen und Führungsstile, sondern sie haben auch fundiertes Wissen über frauenspezifische Themen. Professionelle Coaches bieten ein Kennenlerngespräch grundsätzlich kostenlos und unverbindlich an. Schließlich geht es darum, für beide Seiten zu klären, ob eine Zusammenarbeit in fachlicher und zwischenmenschlicher Hinsicht passt. Bevor Sie sich für eine strategische Partnerschaft auf Zeit mit einem Coach entscheiden, lassen Sie sich ein verbindliches Angebot zum Leistungsumfang Ihres Business Coachings erstellen.

Tipp 2: Netzwerken Sie, was das Zeug hält.
Für den beruflichen Aufstieg sind Beziehungen und Netzwerke fast noch wichtiger als die eigene fachliche Kompetenz. Allerdings gibt es Unterschiede: Verschiedene Studien belegen, dass Männer durch Netzwerken leichter im Unternehmen aufsteigen als Frauen – denn Frauen nutzen diese professionelle Art des Beziehungsmanagements deutlich seltener. Und noch aus einem weiteren Grund haben es Männer einfacher: Sie finden in der Unternehmenselite zahlreiche Männer, mit denen sie auf persönlicher Ebene netzwerken können – Frauen sind hier deutlich seltener vertreten. Das sollte Sie jedoch nicht abschrecken. Suchen Sie nach Netzwerk-Partnerinnen, mit denen Sie gemeinsam an Ihren Karrierezielen arbeiten können. Je dichter Ihr

(Frauen-)Netzwerk geknüpft ist, desto leichter wird es, neue Kontakte zu finden.

Tipp 3: Verkaufen Sie die eigenen Kompetenzen optimal.
Trotz hervorragender Abschlüsse, viel Praxiserfahrung und zahlreichen Weiterbildungen stagniert die Karriere bei vielen Frauen. Außerdem sind die heutigen Arbeitszeitmodelle und die Präsenzkultur, die in vielen Unternehmen noch immer vorherrscht, nur schwer vereinbar mit der Gründung einer Familie. Darüber hinaus fehlen vielfach geeignete Angebote für die Kinderbetreuung. Familienbedingte Ausfallzeiten, etwa durch kranke Kinder, werden in den meisten Firmen nur zähneknirschend akzeptiert. Im Resultat werden Frauen oft bei der Karriereplanung benachteiligt.

Wie können Sie dem entgegenwirken? Wie können Sie trotz Teilzeitstelle Karriere machen? Versuchen Sie es einmal mit erfolgreicher Ich-Werbung und sprechen Sie über Ihre Kompetenzen, Ihre Einzigartigkeit und Ihre Wünsche – und zwar umfassend und direkt. Sorgen Sie dafür, dass möglichst viele Menschen von Ihren Ideen und Erfolgen erfahren. Vielleicht gibt es ein Thema, in dem Sie sich besonders gut auskennen? Oder eine Tätigkeit oder Aufgabe, die Sie besonders gut beherrschen? Reden Sie mit Vorgesetzten darüber, was Sie aktuell tun und was Sie bereits geleistet haben. Machen Sie sich sichtbar!

Tipp 4: Tauschen Sie maskulines, rationales Verhalten gegen souveränes, authentisches Auftreten.
Gelten Sie als hart und zickig? Oder eher als empathisch und kompromissfähig? Wenn Sie sich eher ausgleichend verhalten, finden Sie die Kollegen oft zu weich. Und wenn Sie sich für andere einsetzen, werden Sie schnell ausgenutzt. Zahlreiche Studien belegen, dass Frauen zwar ähnliche Verhaltensmuster wie Männer haben, aber das weibliches Handeln anders bewertet wird: Eine direkte, dominante Kommunikation wirkt bei Männern zum Beispiel positiv – doch Frauen, die in diesem Stil kommunizieren, werden oft negativ bewertet. Hören Sie also auf, Männer nachzuahmen: Überlegen Sie sich stattdessen genau, welche sozialen Kompetenzen zu Ihren Stärken zählen und wie Sie diese für Ihren Job und Ihre Karriere nutzen können. Bleiben Sie Sie selbst – dann werden Sie von den Kollegen ernst genommen.

Exkurs: Selbstständigkeit – Prüfen Sie eine mögliche Firmengründung

Für einige Menschen ist der Eintritt in die Selbstständigkeit eine echte Alternative zum Jobwechsel. Da dieses Themengebiet sehr umfangreich ist und zudem viele Bereiche (rechtliche Regelungen, steuerliche Aspekte …) umfasst, müssen wir uns hier freilich auf ein paar zentrale Aussagen beschränken.

Vorne weg: Sich selbstständig zu machen, erfordert erheblichen Mut. Der Weg zum erfolgreichen Unternehmer ist oft steinig und voller Tücken. Viel Geduld und Disziplin sind erforderlich, wenn man sein eigener Chef werden möchte. Dementsprechend sollte man von seiner Idee überzeugt sein und einen langen Atem mitbringen (vgl. Wilke 2015). Nur deshalb in die Selbstständigkeit zu wechseln, weil man mit dem aktuellen Job unzufrieden ist, wird fast zwangsläufig im Fiasko enden. Wenn Sie jedoch schon lange den Wunsch nach (mehr) Freiheit verspüren und zudem eine geniale Geschäftsidee haben, dann ist eine Existenzgründung tatsächlich ein Gedanke, über den es sich nachzudenken lohnt.

Sind Sie ein Gründertyp? Neben einem soliden Geschäftsmodell benötigen Sie eine Menge zeitliche und finanzielle Ausdauer. Einer der wichtigsten Faktoren für eine erfolgreiche Gründung ist darüber hinaus die „Vermarktungspower". Denn: Die beste Produktidee oder Dienstleistung nützt Ihnen nichts, wenn Sie sie am Markt nicht absetzen können. Mehr als das: Je nach geplanter Firmengröße und Cashflow müssen Sie von Beginn an zahlreiche Fähig- und Tätigkeiten selbst abdecken: Geschäftsführung, Produktentwicklung, Administration, Verwaltung, Finanzwesen, Vertrieb und Marketing, um nur die wichtigsten Bereiche zu nennen.

Exit-Strategie: So finde ich einen neuen Job 343

Auf den Punkt gebracht: Selbstständigkeit bedeutet wie der Name schon sagt „selbst" und „ständig". Sie müssen das entfachte Feuer **selbst** in sich tragen und **ständig** dafür sorgen, dass es nicht ausgeht! Falls Sie nach dem Lesen dieser deutlichen Worte immer noch in Erwägung ziehen, eine Gründung ernsthaft zu prüfen, haben wir ein paar zuverlässige Quellen zu weiterführenden Informationen für Sie recherchiert:

Existenzgründertipps der Arbeitsagentur

http://www.arbeitsagentur.de/web/content/DE/BuergerinnenUndBuerger/ArbeitundBeruf/Existenzgruendung/index.htm

Existenzgründertipps der Industrie- und Handelskammern

http://www.ihk.de/existenzgruendung-und-unternehmensfoerderung

Gründerplattform

https://gruenderplattform.de

Schritt 4: Bewerbung – Wie überzeuge ich im persönlichen Gespräch?

Sie haben eine Einladung zum Vorstellungsgespräch und gegenseitigen Kennenlernen erhalten. Bevor wir uns allerdings mit der Frage beschäftigen, wie Sie im persönlichen Gespräch überzeugen und auf was Sie achten sollten, geht es darum, wie Sie Ihren Auftritt optimal vorbereiten. Dazu haben wir eine Checkliste vorbereitet (Tab. 26).

Lassen Sie sich die Gesprächsteilnehmer nennen
Um keine bösen Überraschungen zu erleben, bitten Sie Ihren Ansprechpartner um die Nennung sämtlicher Personen (mit deren Funktionen), die am Gespräch teilnehmen. So können Sie sich im Vorfeld besser darauf einstellen. Nutzen Sie dazu das Internet und versuchen Sie, so viel wie möglich im Vorfeld zu recherchieren, ohne freilich zum „Stalker"

Tab. 26 Checkliste zur Vorbereitung eines Bewerbungsgesprächs. (Quelle: eigene Erstellung)

Maßnahmen	Erledigt
Lassen Sie sich die Gesprächsteilnehmer nennen	☐
Bereiten Sie Ihre Selbstpräsentation gut vor	☐
Bereiten Sie sich auf ein mögliches Assessment Center vor	☐
Simulieren Sie Ihr Bewerbungsgespräch vorab	☐
Beschreiben Sie Ihre Wechselmotivation	☐
Informieren Sie sich über Ihren zukünftigen Arbeitgeber	☐
Nehmen Sie Ihre Bewerbungsunterlagen mit	☐
Wählen Sie die passende Kleidung	☐
Verzichten Sie auf unangenehme Gerüche	☐
Seien Sie pünktlich	☐
Zu guter Letzt – Keep smiling	☐

zu werden. Social-Media-Profile verraten Ihnen Vorlieben und persönliche Interessen. Behalten Sie im Hinterkopf, dass bei einem möglichen Zweitgespräch komplett andere Ansprechpartner das Gespräch mit Ihnen führen könnten.

Bereiten Sie Ihre Selbstpräsentation gut vor

Meistens beginnt der Ansprechpartner beim Gesprächseinstieg, etwas über die Firma zu erzählen. Manchmal kann es auch sein, dass Sie gebeten werden, etwas über Ihren bisherigen Lebenslauf zu erzählen. Bereiten Sie eine kompakte Kurzvorstellung der wichtigsten Stationen vor.

In einer Anekdote unbekannter Herkunft heißt es:

> Auf einem Fest wurde ein Schriftsteller gebeten, eine kurze Ansprache zu halten. „Bedauere", sagte der Mann. „Wenn ich zehn Minuten sprechen soll, muss ich das zwei Wochen vorher wissen." Der Gastgeber fragte verwundert: „Wie lange brauchen Sie denn zur Vorbereitung, wenn Sie eine Stunde sprechen sollen?" – „Drei Tage" – „Und wenn die Rede drei Stunden dauern soll?" – „Da kann ich sofort beginnen."

Also: Je weniger Zeit Ihnen zur Verfügung steht, um sich vorzustellen, desto mehr Aufwand sollten Sie in die Vorbereitung investieren, schließlich muss es Ihnen gelingen, in wenigen Minuten die entscheidenden Themen prägnant anzusprechen. Am Ende sollten die wichtigsten Punkte hängen bleiben, die Sie und Ihre Stärken charakterisieren.

Simulieren Sie Ihr Bewerbungsgespräch vorab
Bitten Sie eine Person Ihres Vertrauens, ein Bewerbungsgespräch mit Ihnen zu üben. Je öfter Sie das machen, desto sicherer und routinierter werden Sie. Allerdings sollten Sie es nicht übertreiben, sonst könnte Ihr Gegenüber im echten Bewerbungsgespräch meinen, Sie hätten schon über 50 Gespräche geführt. Falls Sie einen etwas „holprigen" Lebenslauf haben, halten Sie nachvollziehbare Erklärungen bereit, wenn Sie danach gefragt werden. Beispielsweise könnte man Sie fragen, warum Sie so oft die Firma gewechselt oder warum Sie nur kurze Arbeitsverhältnisse vorzuweisen haben. Sie können diese Unstimmigkeiten auch aktiv ansprechen, dies zeigt, dass Sie nichts zu verbergen haben. Lassen Sie sich auch kritische Fragen im Übungsgespräch stellen. Bereiten

Sie sich auf die typischen Bewerbungsfragen gezielt vor, also Fragen nach Ihren Stärken, Fähigkeiten, soziale Kompetenzen, Qualifikationen, beruflichen Zielen, Gehaltsvorstellungen und Ihre Wechselmotivation.

Typische Fragen im Bewerbungsgespräch sind:

- Wo sehen Sie Ihre Stärken? (und gegebenenfalls Ihre Schwächen)
- Welche besonderen Fähigkeiten besitzen Sie?
- Über welche nützlichen Qualifikationen verfügen Sie?
- Wie würden Sie Ihre Soft-Skills beschreiben?
- Wo sehen Sie sich beruflich in fünf bis zehn Jahren?
- Welche Gehaltsvorstellungen haben Sie?
- Wenn Sie an Ihre letzte Konfliktsituation mit Ihren Kollegen zurückdenken, wie haben Sie diese gelöst?

Beschreiben Sie Ihre Wechselmotivation
Da diese Frage mit eine der wichtigsten von allen ist, wollen wir sie besonders hervorheben. Machen Sie deutlich, warum Sie sich ausgerechnet auf die Stelle beworben haben und warum Sie bei Ihrem neuen Arbeitgeber arbeiten wollen. Worin liegt die Motivation Ihrer Bewerbung? Warum möchten Sie den nächsten Karriereschritt gehen und sich verändern? Welchen besonderen Dienste könnten Sie Ihrem neuen Arbeitgeber leisten? Streit oder Abneigung gegenüber der ehemaligen oder aktuellen Firma sollte niemals eine Begründung sein!

Bereiten Sie sich auf ein mögliches Assessment Center vor!
Das „Assessment Center" (AC) ist ein strukturiertes Personalauswahl- und Personalbewertungsverfahren. In der

Regel treten hier Kandidaten (Bewerber) gegeneinander an. Das Ziel dieses Verfahrens ist es, den oder die am besten geeigneten Kandidaten mit den besten fachlichen und persönlichen Kompetenzen für die vakante Position im Unternehmen zu ermitteln. In der Regel findet es ein paar Tage vor dem eigentlichen Bewerbungsgespräch statt und kann von einem halben bis zwei ganze Tage dauern. Die Aufgaben können vielfältig sein:

- Vorstellungsrunde
- Präsentation
- Gruppendiskussionen
- Fallstudien
- „Postkorbübungen" (Priorisierungsübungen)
- Rollenspiele
- Kompetenztests
- Interview

Manchmal finden Eignungstests auch als reine Online- oder Einzeltests statt. Viele Menschen haben Angst vor solchen Tests. Dem können Sie begegnen, wenn Sie sich auf möglichst viele Arten von Tests vorbereiten. So senken Sie Ihr Stressniveau und erhöhen die Chancen, die Tests erfolgreich zu bestehen. Nachfolgend ein paar Links zu Übungen und Fragen rund um ACs und Eignungstests:

- www.absolventa.de/karriereguide/assessment-center/
- karrierebibel.de/assessment-center-uberzeugen-imauswahlgesprach/
- www.staufenbiel.de/ratgeber-service/bewerbung/assessment-center.html
- www.assessmentcenteracademy.de/

Exit-Strategie: So finde ich einen neuen Job

Informieren Sie sich über Ihren zukünftigen Arbeitgeber
Stellen Sie Recherchen über Ihren potenziellen Arbeitgeber an, bevor Sie in das Vorstellungsgespräch gehen. Dies signalisiert Interesse und Ernsthaftigkeit. Nutzen Sie dazu diverse Quellen, wie die Unternehmenswebsites und -blogs. Durchforsten Sie die wichtigsten Social-Media-Kanäle wie XING, LinkedIn, Facebook, Twitter, Google+ und YouTube.

Insbesondere sollten Sie wissen,

- was das Unternehmen überhaupt macht (Produkt-/Leistungspalette),
- wann es von wem gegründet wurde,
- wem es gehört (Anteilseigner),
- wo es seinen Stammsitz hat und ggf. wo auf der Welt es vertreten ist,
- wie viele Mitarbeiter es hat,
- wie es ihm wirtschaftlich geht,
- wer die Hauptwettbewerber sind und
- welche Strategie es verfolgt.

Nehmen Sie Ihre Bewerbungsunterlagen mit
Nehmen Sie Ihr Anschreiben, Lebenslauf, Referenzen und Zeugnisse in Papierform mit. So haben Sie den Wortlaut Ihres Anschreibens noch mal präsent. Außerdem stellen Sie auf diese Weise sicher, dass Ihren Gesprächspartnern alle relevanten Zeugnisse vorliegen.

Wählen Sie die passende Kleidung
Für Ihr Vorstellungsgespräch sollten Sie angemessene Kleidung wählen – wer sich beispielsweise für eine Stelle mit Kundenkontakt bewirbt, der sollte nicht gerade in Baggy

Jeans oder mit Holzfällerhemd erscheinen. Im Prinzip gelten die gleichen Regeln wie für das Bewerbungsfoto: gepflegte, saubere Kleidung, aber nicht overdressed. Zu luftige, zu weit ausgeschnittene oder zu kurze Teile sind ein No-go. Entscheiden Sie sich für ein Outfit, in dem Sie sich wohlfühlen. Dies führt oft automatisch zu einer positiven Ausstrahlung und einem selbstsicheren Auftreten.

Verzichten Sie auf Alkohol und Knoblauch
Klingt banal, wird aber immer wieder missachtet: Sie sollten frisch geduscht und mit dezentem Deo zum Vorstellungsgespräch erscheinen. Verzichten Sie bereits am Vorabend vor dem Vorstellungsgespräch auf Alkohol, Knoblauch, Zwiebeln und andere Speisen, die auch noch am Tag danach ihren Duft verströmen. Sie müssen ja nicht unbedingt kurz vor dem Gespräch noch einen Döner essen.

Falls Sie Raucher sind, rauchen Sie bitte nicht kurz vor dem Vorstellungsgespräch oder auf dem Firmengelände vor dem Eingang. Achten Sie darauf, dass Sie und Ihre Kleidung nicht nach Rauch riechen, denn es könnte Ihrem Gegenüber (unbewusst) zuwider sein.

Seien Sie pünktlich
Pünktlichkeit zeugt von Respekt, Wertschätzung sowie Ernsthaftigkeit Ihrer Bewerbung und gegenüber Ihren Gesprächspartnern. Auch für Sie selbst ist es angenehmer, wenn Sie mit ausreichend Vorlauf beim Termin erscheinen – so empfinden Sie etwas weniger Stress. Planen Sie die Anfahrt – beispielsweise mit GoogleMaps – und kalkulieren Sie eine extra Zeitreserve, wenn Sie im Berufsverkehr/zu Stoßzeiten unterwegs sind.

Wenn Sie – dank Ihrer Zeitpuffer und ausgebliebener Staus oder Verspätungen – viel zu früh ankommen, dann bleiben Sie noch ein wenig im Auto sitzen. Melden Sie sich etwa fünf Minuten vor dem Termin bei Ihrem Ansprechpartner an. Meistens ist dieser noch mit anderen Dingen beschäftigt und will die Zeit vielleicht noch mit der Vorbereitung auf den Termin nutzen.

Zu guter Letzt – Keep smiling
Auch wenn unsere Hinweise suggerieren, dass man zum Schauspieler werden soll, um im Bewerbungsgespräch zu überzeugen, so sind wir doch genau gegenteiliger Ansicht: Bleiben Sie sich selbst treu und authentisch! Sie können und sollen sich nicht dauerhaft verstellen! Setzen Sie ein freundliches Lächeln auf und überzeugen mit Ihrer Persönlichkeit!

Nun sind Sie also optimal auf Ihr Bewerbungsgespräch vorbereitet und pünktlich angekommen. Gleich werden Sie von Ihrem Ansprechpartner in Empfang genommen. Ihr Herz klopft und der Puls steigt. Es ist ein gutes Zeichen. Sie sind gesund und hellwach! Jetzt gilt es, noch einmal durchzuatmen und Ruhe zu bewahren. Dabei helfen Ihnen unsere Tipps, wie Sie im Bewerbungsgespräch überzeugen.

Der erste Eindruck
Gehen Sie Ihrem Ansprechpartner ein paar Schritte entgegen, wenn er auf Sie zukommt. Ihr Blickkontakt und Ihr Händedruck haben einen großen Anteil an der Wirkung des ersten guten Eindrucks. Geben Sie nicht zu leicht, aber auch nicht zu fest (Schraubstock) die Hand und lächeln Sie

Ihren Ansprechpartner freundlich an. Gleiches gilt für alle weiteren Personen, die am Gespräch teilnehmen werden.

Körpersprache im Gespräch
Nehmen Sie eine aufrechte Sitzposition ein und versuchen Sie, die gesamte Sitzfläche zu beanspruchen; sitzen Sie also nicht nur vorn auf der Kante. Blicken Sie Ihrem Ansprechpartner in die Augen, allerdings nicht zu lange – das wird sonst eher als Bedrohung wahrgenommen. Bei mehreren Ansprechpartnern wechseln Sie immer mal wieder das Blickfeld, um keine der Personen zu vernachlässigen. Zeigen Sie Ihre Hände so, dass die Ansprechpartner sie sehen können, und spielen Sie nicht aufgeregt mit Ihrer Brille oder Ihrem Stift herum.

Gesprächsführung
Interessieren Sie sich für den potenziellen neuen Arbeitgeber, schließlich wollen Sie ja auch das Unternehmen kennenlernen, für das Sie vielleicht schon bald tätig sein werden. Treten Sie in Interaktion mit Ihren Gesprächspartnern und nehmen aktiv am Gespräch teil. Zeigen Sie, dass Sie ein Gesprächspartner auf Augenhöhe sind. Ein Vorstellungsgespräch ist kein „Verhör", sondern ein Dialog. Oft wird man auch aufgefordert, Fragen zu stellen. Darauf haben Sie sich natürlich vorbereitet. Sollte Ihnen partout nichts einfallen, was Sie fragen könnten, dann helfen Ihnen vielleicht diese Überlegungen (entnommen aus Püttjer und Schnierda 2015) weiter:

- Wer ist mein direkter Vorgesetzter beziehungsweise meine direkte Vorgesetzte?
- Wie sieht die übliche Einarbeitung aus?

- Gibt es einen Organisationsplan der Firma?
- Wie groß ist das Team beziehungsweise die Abteilung, in der ich arbeiten werde?
- Kann ich meinen Arbeitsplatz einmal persönlich sehen?
- Wurde die ausgeschriebene Stelle neu geschaffen?
- Wenn nicht: Wie lange war mein Vorgänger/meine Vorgängerin für Sie in dieser Position tätig?
- Mit welchen Kollegen werde ich besonders eng zusammenarbeiten?
- Mit welchen Abteilungen ist die Zusammenarbeit besonders intensiv?
- Wie hoch ist der Anteil der Reisetätigkeit etwa?
- Kann ich als Mitarbeiter Weiterbildungsmöglichkeiten nutzen?
- Wie wird die Arbeitszeit erfasst?
- Gibt es besondere Sozialleistungen?

Sprache und Stimmlautstärke
Sprechen Sie deutlich und langsam. Zum einen wirken Sie so kompetenter und zum anderen kann Ihnen in einer Sprechpause Ihr Gegenüber Zwischenfragen stellen. Allerdings sollten Sie nicht zu langsam werden und hin und wieder das Sprechtempo auch mal erhöhen. Ein monotoner Singsang zeugt nicht gerade von Dynamik. Passen Sie zudem Ihre Stimmlautstärke dem Raum und der Personenzahl an.

Getränkeangebot
Falls Sie gefragt werden, ob Sie etwas trinken möchten, dann nehmen Sie dieses Angebot an. Ablehnung kann

als Abwehrhaltung gewertet werden. Entscheiden Sie sich am besten für Wasser ohne Kohlensäure. Dieses stößt Ihnen nicht ungewollt beim Sprechen auf und Sie können in regelmäßigen Abständen einen eventuell trockenen Mund und Ihre Stimmbänder mit einem Schluck Wasser befeuchten. Trinken Sie langsam und schütten Sie das Glas nicht auf einmal in sich hinein.

Ihr ehemaliger Arbeitgeber

Auch wenn Sie Ihrem ehemaligen Arbeitgeber nicht (mehr) positiv gegenüberstehen, halten Sie sich mit negativen Aussagen über den Ex-Chef und die Ex-Firma zurück. Boshafte oder abwertende Kommentare über ehemalige Arbeitgeber werfen kein gutes Licht auf Sie. Der potenzielle neue Arbeitgeber bekommt einen schlechten Eindruck hinsichtlich Ihrer Loyalität und hat möglicherweise Bedenken, dass Sie bei Beendigung des Arbeitsverhältnisses auch in ähnlicher Weise über ihn reden.

Unseriöse Fragen und Killerphrasen

Einige Standardfragen im Bewerbungsgespräch haben wir Ihnen bereits in der Vorbereitung genannt. Verschiedene Fragen werden zwar immer wieder gestellt, dürften es aber eigentlich nach dem Allgemeinen Gleichstellungsgesetz (AGG) nicht, wie etwa, ob und wann Sie vorhaben, Nachwuchs zu bekommen, welcher Religion Sie angehören, welcher Partei Sie nahestehen oder welche sexuelle Neigungen Sie haben. Professionelle Personaler würden Sie nie in Bedrängnis bringen und solche Fragen erst gar nicht stellen. Mögliche unerlaubte Fragen finden Sie hier:

Unerlaubte Fragen im Bewerbungsgespräch

http://www.bewerbung-tipps.com/bewerbungsgespraech/unzulaessige-fragen.php

Neben den klassischen und unerlaubten Fragen gibt es noch eine ganze Reihe von sogenannten „Killerphrasen", auf die Sie selbst verzichten sollten – eine gute Übersicht finden Sie hier:

Killerphrasen im Vorstellungsgespräch

https://www.staufenbiel.de/onlinemagazin/killerphrasen-im-bewerbungsgespraech.html

Zusammenfassung – Ihr Finale

Wenn Sie am Ende des Gesprächs angelangt sind, dann drücken Sie Ihren Dank für die Einladung aus und fassen noch mal die zwei bis drei wichtigsten Argumente, die für Sie sprechen, zusammen. Fragen Sie auch, wie Sie verbleiben wollen und was der nächste Schritt wäre.

Verabschiedung
Beachten Sie hier wieder die Grundregeln wie bei der Begrüßung. Verabschieden Sie sich per Handschlag von jedem einzelnen Gesprächspartner und sprechen Sie – wenn möglich – auch deren Namen aus. Wenn viele Gesprächspartner am Tisch sitzen, empfehlen wir Ihnen die Namen der Personen in der Reihenfolge, wie sie am Tisch sitzen, auf einen Zettel zu notieren. So können Sie die Namen und die Gesichter entsprechend zuordnen und sich besser einprägen.

Schritt 5: On-Boarding – Wie gelingen mir die ersten 100 Tage im neuen Job?

Herzlichen Glückwunsch! Sie haben einen neuen Job. Der erste Arbeitstag in Ihrer neuen Firma rückt näher und sicherlich freuen Sie sich auf den Neuanfang. Vielleicht sind Sie aber auch ein wenig verunsichert und fragen sich, was wohl genau auf Sie zukommen wird. In einem gut geführten Unternehmen wird dafür gesorgt, dass Ihr Einstieg für Sie so unkompliziert wie möglich verläuft. Das bedeutet, dass Sie einen ordentlich eingerichteten Arbeitsplatz vorfinden und Ihnen alle benötigten Informationen zur Verfügung gestellt werden, schließlich möchte man ja, dass Sie sich wohlfühlen und so schnell wie möglich produktiv sein können.

Leider ist dieser sogenannte „On-Boarding-Prozess" nicht in allen Firmen gut organisiert – hier ist dann Eigeninitiative gefragt. Die folgende Checkliste kann Ihnen dabei helfen (Tab. 27).

Tab. 27 Checkliste für das On-Boarding. (Quelle: eigene Erstellung)

Aufgabe	Erledigt
Hat Ihnen Ihre Führungskraft die Unternehmens- und Abteilungsstruktur erklärt?	❐
Wer sind Ihre direkten Kollegen und für welche Aufgabengebiete sind diese zuständig?	❐
Was sind Ihre konkreten Aufgaben in der ersten Woche und in der Zeit danach?	❐
Haben Sie einen Ansprechpartner bekommen, der Ihnen bei Startschwierigkeiten hilft?	❐
Ist Ihr Arbeitsplatz mit allem ausgestattet, was Sie brauchen?	❐
Kennen Sie Ihre Arbeitszeiten und die Pausenregelung?	❐
Gibt es einen Frühstücksraum oder eine Kantine?	❐
Haben Sie eine Einführung in das Unternehmen erhalten? (Historie, aktueller Stand, Visionen, Wettbewerber, Marktstellung usw.)	❐
Kennen Sie Ihre Aufgaben und Ziele in der neuen Firma?	❐
Wissen Sie, an wen Sie zu berichten haben und in welchen Abständen?	❐
Kennen Sie die Kleiderordnung in Ihrer Abteilung?	❐
Gibt es Sport-/Freizeit- und Kulturangebote der Firma?	❐
Wann findet ein erstes Feedbackgespräch statt?	❐
Kennen Sie die Erwartungshaltung Ihrer Führungskraft und Ihrer Kollegen an Sie?	❐

Zwei Seiten der Medaille

Wie immer gibt es auch beim On-Boarding zwei Seiten. Um Ihrerseits ein erfolgreiches „an Bord gehen" zu gewährleisten, sollten Sie engagiert, motiviert, interessiert, stets verfügbar, lernwillig und flexibel etc. sein. So der Wunsch und sicherlich auch die (berechtigte) Erwartungshaltung Ihres Arbeitgebers. Dieser bezahlt Ihr Gehalt, erteilt Ihnen Ihre Aufgaben und gibt Ihre Ziele vor, die Sie erledigen bzw. erreichen müssen.

Doch auf der anderen Seite sind Ihre Kollegen. Diese waren bereits (lange Zeit) vor Ihnen da. Sie wissen, wie der sprichwörtliche Hase in der Firma läuft und wie der Chef tickt. Über die Jahre haben sich bestimmt auch diverse Abläufe und Formen der Zusammenarbeit etabliert, die eigentlich nicht den Vorgaben der Firma entsprechen – die bekannten „ungeschriebenen Gesetze". Können Sie sich vorstellen, worauf wir hinauswollen? Für Sie stellt sich nun die Frage zwischen absoluter Einhaltung der Vorgaben und Erwartungen Ihres Chefs, um gerade zu Beginn Ihres neuen Jobs gut dazustehen, und dem harmonischen Zusammenarbeiten mit den neuen Kollegen. Das muss sich zwar nicht komplett ausschließen, könnte aber an der ein oder anderen Stelle heikel für Sie werden.

Sie fragen sich also: „Soll ich alles genau so tun, wie der Chef und die Arbeitsanweisungen es von mir verlangen, auch mit dem Risiko, dass ich bei meinen Kollegen anecke und mich vom ersten Tag an unbeliebt mache?" Oder sollten Sie lieber die Arbeitsweise und die Rituale der Kollegen annehmen, selbst auf die Gefahr hin, dass Ihr Chef dies nicht gerne sieht und sich dies schlimmstenfalls in der Leistungsbeurteilung negativ für Sie auswirken wird?

Dazu ein Beispiel aus unserer Praxis: Stellen Sie sich ein sechsköpfiges Vertriebsteam in einem Stuttgarter Verlagshaus vor. Das Team ist für die externe Kundenbetreuung von Finanzinstituten in der Region zuständig. In der Regel sind die Kollegen an zwei Tagen in der Zentrale im Büro, um ihre Termine vor- und nachzubereiten und an drei Tagen vor Ort bei den Kunden. Ein neuer Vertriebsmitarbeiter, der sich noch in der Probezeit befindet, hat in der Nähe des Büros einen Außendiensttermin. Da der Termin bereits um 14.30 Uhr zu Ende ist, entscheidet er sich, anschließend noch ins Büro zu fahren, um die Zeit bis zum Feierabend für Kontaktberichte und Terminvorbereitungen effizient zu nutzen. Im Treppenhaus der Firma kommt ihm um 15.00 Uhr auf dem Weg nach oben ein Teamkollege entgegen und fragt ihn, wo er herkommt und wo er hin wolle. Voller Begeisterung antwortet der neue Außendienstkollege: „Ich komme gerade vom Kunden XY. Ich möchte im Büro die Zeit noch nutzen, um den Kontaktbericht für den Vertriebsinnendienst im CRM-System zu erfassen!" Die Antwort des altgedienten Kollegen: „Wissen Sie eigentlich nicht, wie Außendienst funktioniert …?"

Dieses Beispiel verdeutlicht den klassischen Konflikt: Auf der einen Seite will und muss der neue Mitarbeiter seinem Chef zeigen, dass durch eine effiziente Arbeitsweise die vorgegebenen Terminquoten ohne Probleme einzuhalten sind. Auf der anderen Seite gibt es Mitarbeiter, die nach ortsnahen Terminen lieber nach Hause oder ins Freibad fahren. Diese „Freiheit" sah der langjährige Kollege für sich und seine Kollegen in Gefahr.

Kommen wir nun zurück zu Ihnen und Ihrem neuen Job. Natürlich wollen Sie gerade in der Probezeit zeigen, was in Ihnen steckt. Achten Sie aber darauf, dass Sie durch „Überengagement" Ihre neuen Kollegen leistungsmäßig nicht in ein schlechtes Licht stellen. Fahren Sie nicht die Ellbogen aus, versuchen Sie eher, die alten Kollegen mit Ihrem neuen Elan mitzureißen. Mit den folgenden Tipps wollen wir Ihnen Ihr persönliches On-Boarding in Ihrer neuen Firma erleichtern, sodass Sie einen guten Mittelweg finden und so beiden Parteien gerecht werden.

Der Neustart – Ihr erster Tag
Herzlich willkommen in Ihrer neuen Firma. Ihr neuer Chef oder ein neuer Kollege begrüßt Sie lächelnd am Empfang mit einem Blumenstrauß. Alle stehen Spalier und begleiten Sie anschließend zu Ihrem neuen Arbeitsplatz. Die restlichen Kollegen warten schon alle auf Sie. Im Büro duftet es nach Kaffee und frisch gebackenem Hefezopf. Schön wär's, aber so wird es aller Wahrscheinlichkeit nach nicht ablaufen.

Bereits an Ihrem ersten Tag müssen auch Sie aktiv werden. Zeigen Sie Interesse, indem Sie gezielt Fragen stellen, z. B. an wen Sie sich wenden können, wenn bei der Einarbeitung Unklarheiten auftreten? Hat Ihnen die Firma einen „Paten" zur Seite gestellt? Wer ist Ihr direkter Ansprechpartner bei alltäglichen Belangen? Natürlich ist Ihnen klar, dass Sie wegen eines neuen Radiergummis nicht Ihren Vorgesetzten ansprechen sollten, aber wer ist dann zu fragen?

Bitten Sie Ihren Vorgesetzten um einen Einarbeitungsplan. Welche Aufgaben oder Projekte sind für Sie vorgesehen? Wie lauten Ihre Vorgaben in der ersten Zeit? Sie benötigen außerdem die Information, an wen Sie zu berichten haben und wer Ihnen im Gegenzug Feedback zu Ihrer Arbeit gibt. Fordern Sie dies auch aktiv ein. Wenn Sie das Gefühl haben, dass etwas gut gelaufen ist, umso besser und erfreulicher. Scheuen Sie sich – gerade am Anfang – aber auch nicht, vorsichtig (!) die Dinge anzusprechen, die Ihnen vielleicht negativ aufgefallen sind.

Ihr neuer Arbeitsplatz
Machen Sie sich zunächst mit Ihrem neuen Arbeitsplatz vertraut. Sind alle Arbeitsmittel, die Sie benötigen, vorhanden? Falls Sie an einem Rechner arbeiten, ist dieser für Sie eingerichtet? Haben Sie Zugang zu einem E-Mail-Konto und sind die nötigen Programme installiert? Haben Sie außerdem Zugriff auf sonstige Arbeitsmittel, die Sie zur Ausübung Ihres neuen Jobs brauchen? Falls nicht, erkundigen Sie sich am besten bei einem Kollegen, wer Sie bei Fragen unterstützen oder Ihnen noch fehlende Hardware besorgen kann.

Bevor Sie einen Dschungel an Grünpflanzen oder eine Bildergalerie Ihrer Lieben aufstellen, schauen Sie sich um. Wie sehen die anderen Arbeitsplätze aus? Wir empfehlen Ihnen, sich mit dem Aufstellen von privaten Gegenständen zunächst etwas zurückzuhalten. Im Allgemeinen spricht jedoch nichts gegen ein kleines Bild auf dem Schreibtisch oder am Bildschirm.

Der Einstand
Erkundigen Sie sich am besten bei einem Kollegen oder Ihrer Führungskraft, ob es üblich ist, einen Einstand in der Firma zu feiern. Wenn ja, fragen Sie, zu welchem Zeitpunkt es passen würde und in welchem Rahmen man dies gegebenenfalls von Ihnen sogar erwartet. Wenn Sie dies geklärt haben, sprechen Sie die Einladungen an Ihre neuen

Kollegen aus, dies können Sie zum Beispiel mit einer kurzen E-Mail erledigen. Ein netter Einstand trägt zu einem guten Start in einem neuen Umfeld bei. So haben Sie die Möglichkeit, Ihre neuen Kollegen kennenzulernen und sich auszutauschen.

Die Integration vor Ort
Falls Sie für den neuen Job einen Umzug auf sich genommen haben, stehen Sie außerdem vor der Herausforderung, sich (und Ihre Familie) in einem völlig neuen Umfeld auch außerhalb der Firma zu integrieren. Sprechen Sie Ihre Kollegen an und fragen Sie nach Vereinen oder sonstigen Aktivitäten in der Gemeinde. Wo bekommen Sie eine Übersicht über Sport- oder Musikvereine? Welche Möglichkeiten gibt es für Ihre Familie, sich sozial im neuen Umfeld zu integrieren? Vielleicht haben Sie auch einen guten Draht zu dem ein oder anderen neuen Kollegen, der Ihnen auch privat beim „Einleben" helfen kann. Erkundigen Sie sich in der Personalabteilung, ob die Firma spezielle Freizeit-, Sport- oder Kultur-Aktivitäten anbietet. Größere Firmen haben oft Betriebssportgruppen oder vergünstigte Konditionen im nahe gelegenen Fitnessstudio.

Die Kleiderordnung
Prüfen Sie bestenfalls noch vor Ihrem ersten Arbeitstag die Kleiderordnung in Ihrer Abteilung. Vielleicht gibt es keine strengen Vorschriften, aber es ist Usus, dass bei den Herren Blue Jeans und offene Schuhe zuhause im Schrank bleiben müssen. Für die Damenwelt gelten meist etwas andere „Vorschriften". Der Minirock der letzten Partynacht und die Lack-Pumps sollten besser den Firmeneingang niemals

passieren. Wir empfehlen Ihnen, sich bei diesem Punkt an Ihren Kollegen zu orientieren. Sie werden schnell merken, welche Kleidung angebracht ist.

Die Arbeitszeiten
Die Arbeitszeiten können Sie in Ihrem Arbeitsvertrag nachlesen – theoretisch. Praktisch kann es ganz anders aussehen. Stellen Sie sich vor, in Ihrem Arbeitsvertrag steht die Kernzeit 10 bis 16 Uhr, davor und danach kann flexibel in Gleitzeit gearbeitet werden. Sofern Sie kein Einzelkämpfer oder eine One-Man-Abteilung sind, sollten Sie trotz allem einen Blick nach links und rechts werfen. Warum nur sitzt Ihre neue Kollegin immer schon um 8 Uhr am Schreibtisch und warum ist ein anderer Kollege auch um 19 Uhr noch da?

Sofern Sie in einem Team arbeiten oder andere Kollegen auf Ihre (Zu-)Arbeit angewiesen sind, sollten Sie sich auch zeitlich abstimmen. Stellen Sie sich vor, Sie warten auf eine Auswertung, die ein Kollege für Sie erstellen sollte. Sie brauchen die Ergebnisse noch heute, da Sie morgen Abgabe bei Ihrem Chef haben. Der Kollege ist aber um 16 Uhr nach Hause gegangen. Oder vielleicht haben Sie auch feste Arbeitszeiten von 9 bis 18 Uhr, es ist aber bei den Kollegen üblich, dass man sich immer zehn Minuten vor 9 Uhr trifft und die Projekte des Tages durchspricht.

Die Kommunikation
Reden ist Silber, Schweigen ist Gold. Finden Sie einen Mittelweg. Vor allem im Hinblick auf Ihren neuen Arbeitsplatz. Hören Sie erst einmal zu und verschaffen Sie sich einen Überblick. Wie ticken die Kollegen, wie tickt Ihre Führungskraft? Wie läuft die Kommunikation

untereinander ab? Oft sind (abteilungsinterne) Konflikte auf Missverständnisse und unterschiedliche Kommunikationsarten zurückzuführen.

Falls Sie ein sehr redefreudiger Mensch sind, überfallen Sie Ihr neues Umfeld nicht gleich mit Geschichten aus Ihrer Vergangenheit. Stellen Sie zunächst mehr Fragen, ohne dass es wie ein Verhör wirkt. Zeigen Sie Interesse an Ihren neuen Mitmenschen. Dies wird Ihnen im Gegenzug Freundlichkeit und ein offenes Ohr einbringen. Auch was die zukünftige Zusammenarbeit in der neuen Firma angeht, sollten Sie herausfinden, wie es mit der Kommunikation in Ihrer Abteilung bestellt ist. Gibt es einen Gesprächsführer, der z. B. einen besonders guten Draht zum Chef hat? Bei all dem gilt – wir wiederholen uns: Bleiben Sie sich treu! Uns geht es hier nicht darum, Sie zum „Oberschleimer" zu machen, sondern Sie vor Fettnäpfchen zu schützen. In diesem Sinne: Seien Sie auch vorsichtig bei Klatsch und Lästern. In jeder größeren und kleineren Abteilung gibt es tratschende Kollegen. Achten Sie darauf, bei diesen Personen nicht allzu viele Informationen zu platzieren, die vielleicht privat oder anderweitig brisant sein könnten. Seien Sie sicher, der Flurfunk bringt im Allgemeinen nichts Gutes. Beteiligen Sie sich am besten gar nicht daran.

Seien Sie wachsam in Meetings. Wie laufen diese ab? Wer spricht wann und wie lange? Versuchen Sie, die Abläufe zu verstehen, und hinterfragen Sie diese, falls Ihnen etwas komisch vorkommt. Oft sind die Strukturen so eingefahren, dass es des Blicks eines Außenstehenden bedarf. Aber formulieren Sie eventuelle Optimierungsvorschläge objektiv und höflich, am besten in Form einer Frage.

Fallen Sie nicht mit der Tür ins Haus und stellen Sie nicht gleich am ersten Tag alles auf den Kopf.

Der Umgang mit Kollegen
Hier gilt eine ganz einfache Vorgabe: Behandeln Sie Ihre neuen Kollegen so, wie Sie von ihnen behandelt werden wollen. Dies bedeutet im Normalfall höflich und mit Respekt. Unterstützen und helfen Sie sich auf gleicher Hierarchieebene, dies wird auch den Vorgesetzten beeindrucken, und er erhält eine Rückbestätigung, dass es eine gute Entscheidung war, Sie einzustellen und dass Sie gut in das bestehende Team passen.

Stellen Sie sich vor, Sie haben die Aufgabe, mit anderen Kollegen zusammen ein Großprojekt zu steuern und dieses erfolgreich abzuschließen. Wie würde es auf Sie wirken, wenn einer Ihrer Kollegen ständig auf seiner Meinung beharrt und ausschließlich seine Ideen umsetzen möchte? Andere aus dem Team werden nicht gehört oder übergangen. Vermutlich hätten Sie in Zukunft keine Lust mehr, mit dieser Person zu arbeiten. Stellen Sie sicher, dass Sie nicht diese Person sind!

Was den Umgang mit „schwierigen Kollegen" betrifft, so verweisen wir auf das gleichnamige Kapitel in der Ost-Strategie.

Der Umgang mit der Führungskraft
Im Umgang mit dem Chef ist Fingerspitzengefühl gefragt. Finden Sie heraus, was für ein Typ Ihr neuer Vorgesetzter ist. Führt er die Abteilung mit strenger Hand oder eher als Teamplayer? Je nachdem, ist es ratsam, dass Sie Ihren Umgang und Ihre Kommunikation anpassen,

freilich ohne dabei zum Duckmäuser zu werden. Sie können sich sicherlich vorstellen, dass es einem autoritären Chef schwerfallen wird, wenn auf einmal alle seine Entscheidungen und Vorgaben in Frage gestellt werden. Andererseits erwartet ein Teamplayer von Ihnen, dass gemeinsam an Lösungen gearbeitet wird. Seine Meinung ist nicht in Stein gemeißelt. Jeder Mitarbeiter hat bei ihm die Chance, sich einzubringen und gehört zu werden. Finden Sie einen Weg für einen professionellen und menschlichen Umgang untereinander.

Im Kapitel Ost-Strategie haben wir uns ausführlich mit dem Thema „Wie gehe ich mit schwierigen Chefs um" beschäftigt – lesen Sie dort nach, wenn Sie mit Ihrem neuen Vorgesetzten Probleme haben sollten.

Schlusswort

Ilja Grzeskowitz (2014, S. 81, 163) schreibt in seinem Buch „Die Veränderungsformel":

> Sie können sich gar nicht vorstellen, wie gut Menschen darin sind, die fantasievollsten Ausreden zu finden, warum sie sich am Ende trotz aller Sorgen und Nöte doch nicht verändern wollen […] Die Reiseroute des Lebens ist nicht in Stein gemeißelt und schon gar keine Einbahnstraße. Es ist niemals zu spät, um den Kurs zu korrigieren, neu auszurichten oder sogar ganz umzukehren.

In diesem Sinne wünschen wir Ihnen viel Erfolg bei Ihren Bemühungen, glücklicher im Job zu werden. Belassen Sie es nicht bei der Lektüre dieses Buches, sondern setzen Sie die Ideen, die Sie währenddessen bekommen haben, in die Tat um. Wie Sie gerade gelesen haben: Für eine Kurskorrektur – in welche Richtung auch immer – gibt es keinen falschen Zeitpunkt, sondern eigentlich nur einen richtigen, nämlich: JETZT!

Literatur

Activia. (2014). Activia Wohlfühl-Umfrage: So gut fühlen sich die Deutschen wirklich. http://www.activia.de/files/activia/content/wohlfuehlen/140606_Activia_Wohlfuehl_Umfrage.pdf.

Blech, J. (2013). Meditation: Die lernende Seele. http://www.spiegel.de/spiegelwissen/meditieren-als-mittel-gegen-stress-angststoerungen-depressionen-a-937314.html.

Blodget, H. (2013). This simple ‚Power Pose' can change your life and career. http://www.businessinsider.com/power-pose-2013-5?op=1.

Brandt, M. (2015). Arbeiten und Leben in Deutschland 2015. http://de.statista.com/infografik/3170/xing-umfrage-arbeiten-und-leben-in-deutschland/.

Alle Links zuletzt abgerufen am 2015-11-24.

Branson, R. (o. J.). Have fun, do good, success will come. http://www.virgin.com/richard-branson/have-fun-do-good-success-will-come.

Brost, M., & Wefing, H. (2015). *Geht alles gar nicht* . Reinbek bei Hamburg: Rowohlt Verlag.

Bundesministerium für Familie, Senioren, Frauen und Jugend. (2015). *Familienbewusste Arbeitszeiten* (4. Aufl.). http://www.bmfsfj.de/RedaktionBMFSFJ/Broschuerenstelle/Pdf-Anlagen/Familienbewusste-Arbeitszeiten-Leitfaden,property=pdf,bereich=bmfsfj,sprache=de,rwb=true.pdf.

Bürgel, I. (2015). Krank durch Arbeit? Wie Sie Stress im Büro in positive Energie umwandeln. http://www.focus.de/gesundheit/experten/buergel/die-wahrheit-ueber-stress-teil-2-wieso-arbeitsstress-nicht-schlecht-sein-muss_id_4611994.html.

Burger, C. (2015). Job: Gehen oder bleiben? https://spielraum.xing.com/2015/04/die-idee-von-karriere-wandelt-sich/.

Christoffer, M. (2015). Geld, Chef, Atmosphäre: Das ist den Deutschen im Job wichtig. http://www.focus.de/finanzen/karriere/berufsleben/arbeitsplatz/umfrage-jobzufriedenheit-geld-chef-atmosphaere-das-ist-den-deutschen-im-job-wichtig_id_4435851.html.

Cohen, P. (2015). One company's new minimum wage: $70,000 a year. http://www.nytimes.com/2015/04/14/business/owner-of-gravity-payments-a-credit-card-processor-is-setting-a-new-minimum-wage-70000-a-year.html?_r=3.

Cuddy, A. J. C., Wilmuth, C. A., & Carney, D. R. (2013). The benefit of power posing before a high-stakes social evaluation. Harvard Business School Working Paper, No. 13-027, September 2012.

Däfler, M.-N. (2013). Ergebnisse der Online-Umfrage zu „Konflikte am Arbeitsplatz". http://www.prof-daefler.de/index.php?p=2.

De Botton, A. (2012). *Freuden und Mühen der Arbeit* . Frankfurt a. M.: S. Fischer Verlag.

Deutsche Universität für Weiterbildung. (2011). Kompetenz- und Talentmanagement in deutschen Unternehmen. http://www.duw-berlin.de/fileadmin/user_upload/content/downloads/DUW-Talentmanagement-Studie_Screen.pdf.

Deutsches Grünes Kreuz. (2014). 23 gute Gründe, grünen Tee zu trinken. http://dgk.de/meldungen/praevention-und-antiaging/23-gute-gruende-gruenen-tee-zu-trinken.html.

Dietz, S. (2015). Karriereverweigerer: Glücklich geht auch so. http://karrierebibel.de/karriereverweigerer-gluecklich-geht-auch-so/.

Dreisbach, G. (2008). Wie Stimmungen unser Denken beeinflussen. *Reportpsychologie, 33* (6), 289–298.

Duden. (2015). Definition „Job": http://www.duden.de/rechtschreibung/Job_Arbeit_Anstellung und „Beruf": http://www.duden.de/rechtschreibung/Beruf.

Endres, H. (2015). Deutsche Mittelmanager haben Europas beste Work-Life-Balance. http://www.manager-magazin.de/unternehmen/karriere/work-life-balance-gutes-einkommen-und-viel-frei-fuer-deutsche-a-1026500.html.

Erdal, K. (2014). Fit durch Placeboschlaf. *Harvard Business Manager, 36* (11), 18–20.

Fertik, M. (2015). Warum man nicht zu nett sein sollte. http://www.harvardbusinessmanager.de/blogs/fuehrung-braucht-klare-worte-a-1024125.html.

Fischer, T. (1992, Nachdruck 2005). *Wu wei. Die Lebenskunst des Tao* . Hamburg: Rowohlt Verlag.

Fischer, G. (2018). Das Sicherheitspaket. *brand eins, 3*(20), 4.

Fisher, R., Ury, W., & Patton, B. (2009). *Das Harvard-Konzept – Der Klassiker der Verhandlungstechnik* . Frankfurt a. M.: Campus Verlag.

Flemmer, A. (2009). *Mood-Food – Glücksnahrung*. Hannover: Schlütersche Verlagsgesellschaft.

Förstel, H., & Braunmiller, H. (2009). *Glück, was ist das?* Freiburg im Breisgau: Herder Verlag.

Frankl, V. (2009). *… trotzdem Ja zum Leben sagen: Ein Psychologe erlebt das Konzentrationslager* (6. Aufl.). München: Kösel Verlag.

Fredrickson, B. L., & Losada, M. F. (2005). Positive affect and the complex dynamics of human flourishing. *American Psychologist, 60* (7), 678–686.

Fried, A. (1999). *Die Störenfrieds – Geschichten von Leo und Paulina* . München: Goldmann Verlag.

Friedmann, R. (2015). Fünf Irrtümer über den optimalen Arbeitsplatz. http://www.harvardbusinessmanager.de/blogs/fuenf-irrtuemer-ueber-den-optimalen-arbeitsplatz-a-1028534.html.

Gallup. (2017). Engagement Index Deutschland. http://www.gallup.de/183104/engagement-index-deutschland.aspx

GfK. (2012). Leben und Arbeiten – Alles im Lot? http://www.gfk-verein.org/compact/fokusthemen/leben-arbeiten-alles-im-lot.

Glasl, F. (2011). *Konfliktmanagement* (10. Aufl.). Bern: Paul Haupt Verlag.

Groll, T. (2012). Wie man den Arbeitsalltag besser meistert. http://www.zeit.de/karriere/beruf/2012-02/konzentration-tipps-berufstaetige.

Hagelüken, A. (2015). Forscher warnen vor Abschaffung des Acht-Stunden-Tages. http://www.sueddeutsche.de/karriere/acht-stunden-tag-immer-mehr-1.2620710.

Hänecke, K., Tiedemann, S., Nachreiner, F., & Grzech-Sukalo, H. (1998). Accident risk as a function of hours at work and time of day as determined from accident data and exposure models for the German working population. *Scandinavian Journal of Work, Environment and Health, 24* (Suppl. 3), 43–48.

Harmonika, A. (2015). Mein Baby ist doof. http://andrea-harmonika.de/2015/01/17/mein-baby-ist-doof/.
Heinrich, C., Hürter, T., Schramm, S., & Wüstenhagen, C. (2011). Die Kunst der Entscheidung, ZEIT Wissen Nr. 06/2011. http://www.zeit.de/zeit-wissen/2011/06/Entscheidungen.
Herzberg, F. (1968). One more time: How do you motivate employees? *Harvard Business Review, 46* (1), 53–62.
Hesse, G., & Mattmüller, R. (Hrsg.). (2015). *Perspektivwechsel im Employer Branding – Neue Ansätze für die Generationen Y und Z* . Wiesbaden: Springer.
Heuser, J. (2013). I love my work. http://www.zeit.de/2013/44/glueck-arbeit-zufriedenheit-essay.
Hieronimus, S., & Wilde, B. (2014). *Fuck Your Luck – Ab heute sind Sie der Boss in Ihrem Leben* . München: Südwest Verlag.
von Hirschhausen, E. (2009). *Glück kommt selten allein*. Reinbek bei Hamburg: rororo Verlag.
Hodgkinson, T. (2014). *Anleitung zum Müßiggang* (2. Aufl.). Berlin: Insel Verlag.
Holmer, K. (2015). Glück im Kopf. http://jetzt.sueddeutsche.de/texte/anzeigen/592593/Glueck-im-Kopf.
Hüetlin, T. (2010). SPIEGEL-Gespräch: „Ich bin gern das schlimme Mädchen". http://www.spiegel.de/spiegel/a-736728-2.html.
Ibarra, H. (2015). Mythos Authentizität. *Harvard Business Manager, 37* (4), 20–29.
Kahneman, D., & Deaton, A. (2010). High income improves evaluation of life but not emotional well-being. *Proceedings of the National Academy of Sciences, 107* (38), 16489–16493.
Kals, U. (2014). Die bösen Kollegen. http://www.faz.net/aktuell/beruf-chance/arbeitswelt/umgang-mit-schwierigen-kollegen-13039165.html.
Kelly OCG. (2014). A world at work. http://www.kellyocg.com/uploadedFiles/7-KellyOCG/2-Knowledge/Workforce_Trends/A_World_At_Work.pdf.

Kestel, C. (2015). Bindung steigt, Leidenschaft dümpelt. http://www.harvardbusinessmanager.de/blogs/gallup-index-mitarbeiterbindung-steigt-a-1022614.html.

Kettner, M. (2015). Und tschüss! Gründe, warum Arbeitnehmer ihre Sachen packen. http://www.karriere.at/blog/arbeitnehmer-kuendigen.html.

Kitz, V., & Manuel, T. (2015). Gehaltsverhandlungen: Morgenstund' hat Gold im Mund. http://www.spiegel.de/wirtschaft/service/gehaltsverhandlungen-morgenstund-hat-gold-im-mund-a-795510.html.

Klein, S. (2013). *Die Glücksformel oder Wie die guten Gefühle entstehen*. Frankfurt a. M.: S. Fischer Verlag.

Konfuzius. (1998). *Gespräche (Lun-Yu)*. Ditzingen bei Stuttgart: Reclam.

Kouchaki, M. (2014). Jenseits von Gut und Böse. *Harvard Business Manager, 36* (7), 12–14.

Kruger, J., & Dunning, D. (1999). Unskilled and unaware of it. How difficulties in recognizing one's own incompetence lead to inflated self-assessments. *Journal of Personality and Social Psychology, 77* (6), 1121–1134.

Kuhn, J. (2015). Fehler sind unvermeidbar – und spannend! http://www.sueddeutsche.de/karriere/umgang-mit-der-eigenen-schwaeche-fehler-sind-unvermeidbar-und-spannend-1.2441349.

Kuhr, D., & Olbrisch, M. (2012). Misstrau, schau, wem! http://www.sueddeutsche.de/karriere/googelnde-personaler-misstrau-schau-wem-1.156201.

Le Ker, H. (2015). Körper und Psyche: Wie Entzündungen Depressionen auslösen. http://www.spiegel.de/gesundheit/diagnose/depression-wie-entzuendungen-depressionen-ausloesen-a-1026767.html.

Leipprand, T., & Schwalbach, M. (2014). Inseln der Reflexion. *Harvard Business Manager, 36* (6), 84–89.

LinkedIn. (2015). http://blog.linkedin.com/2015/10/29/400-million-members/.
Lotter, W. (2014). Gute Arbeit. *brand eins, 16* (9), 32–40.
Lubbadeh, J. (2015). Heilfasten: Die grotesken Erwartungen ans Entschlacken – Ein Interview mit Andreas Pfeiffer. http://www.spiegel.de/gesundheit/ernaehrung/heilfasten-entschlackung-wird-ueberbewertet-a-1026515.html.
Lüdemann, C., & Lüdemann, H. (2007). *Bewerben nach der Kündigung: gezielte Strategien für den Neustart.* München: Redline Wirtschaft.
Lyubomirsky, S. (2013). *Glücklich sein: Warum Sie es in der Hand haben, zufrieden zu leben.* Frankfurt a. M.: Campus Verlag.
Maeck, S. (2015). Lebenszufriedenheit: Das Glück ist ein U. http://www.spiegel.de/gesundheit/psychologie/lebenszufriedenheit-hilke-brockmann-erklaert-das-glueck-a-942693.html.
Mahlkamp, S. (2015). Alter Manager sucht Job. So hat's geklappt. http://www.spiegel.de/karriere/berufsleben/bewerbung-50-plus-wie-aeltere-arbeitnehmer-jobs-finden-a-1045086.html.
Mai, J. (2014). Biofeedback: Wie unser Gang auf die Psyche wirkt. http://karrierebibel.de/biofeedback-wie-unser-gang-auf-die-psyche-wirkt.
Mai, J. (2015a). Katharsis-Effekt: Über Arbeitslosigkeit schreiben, erhöht Jobchancen. http://karrierebibel.de/katharsis-effekt-arbeitslosigkeit.
Mai, J. (2015b). Karriere: Spezialist oder Generalist? http://karrierebibel.de/spezialist-generalist/ .
ManpowerGroup. (2014). Jobzufriedenheit 2014. https://www.manpower.de/fileadmin/user_upload/PM_140422_Jobzufriedenheit.pdf.
Manyika, J., Lund, S., Chui, M., Bughin, J., Woetzel, J., Batra, P., ... & Sanghvi, S. (2017). *What the future of work will mean for jobs, skills, and wages.* New York: McKinsey Global Institute.

Marsh, N. (2010). How to make work-life balance wor, Vortrag bei TEDx Sydney, Mai 2010. http://www.ted.com/talks/nigel_marsh_how_to_make_work_life_balance_work/transcript?language=de.

Medizinische Universität Wien. (2014). Arbeitspausen sind wichtig – und erhöhen sogar die Produktivität. http://www.meduniwien.ac.at/homepage/news-und-topstories/?tx_ttnews%5Btt_news%5D=4622&cHash=9a00ee77d897d46d328c4bcd59faf65f.

Merlot, J. (2014). Mythos oder Medizin: Ist Lachen gesund? http://www.spiegel.de/gesundheit/diagnose/ist-lachen-gesund-mythos-oder-medizin-a-1003807.html.

Merlot, J. (2015). Mythos oder Medizin: Macht stickige Luft müde? http://www.spiegel.de/gesundheit/diagnose/macht-stickige-luft-muede-mythos-oder-medizin-a-1025251.html.

Meyer, M. (2015). Gehirnjogging? Bringt nix, Ein Interview von Bärbel Schwertfeger. http://www.spiegel.de/karriere/berufsleben/neuropsychologe-ueber-das-altern-sudokus-helfen-nicht-a-1017774.html.

Michler, I. (2015). Die dunklen Geheimnisse hinter dem Manager-Erfolg. http://www.welt.de/wirtschaft/article139847349/Die-dunklen-Geheimnisse-hinter-dem-Manager-Erfolg.html.

Monster. (2015). Globale Monster GfK Umfrage zur Jobzufriedenheit. http://info.monster.de/GfK_Jobzufriedenheit/article.aspx.

Moritz, B. (2015). Wie PwC Millenials bei der Stange hält. *Harvard Business Manager, 37* (3), 70–75.

Mueller, C. (2015). Arbeitsatmosphäre: So lässt sie sich verbessern. http://karrierebibel.de/arbeitsatmosphaere-so-laesst-sie-sich-verbessern/.

Neumann, M., & Schmidt, J. (2013). *Glücksfaktor Arbeit*. München: Roman Herzog Institut.

Niazi-Shahabi, R. (2013). *Ich bleib so scheiße, wie ich bin* (13. Aufl.). München: Piper Verlag.

Nuber, U. (2005). Resilienz: Immun gegen das Schicksal. *Psychologie heute, 9,* 21.

Ophir, E., Nass, C., & Wagner, A. D. (2009). Cognitive control in media multitaskers. *Proceedings of the National Academy of Sciences, 106* (37), 15583–15587.

O'Rourke, J., & Collins, S. (2008). *Module 3: Managing conflict and workplace relationships.* Cengage Learning.

Owens, M. (2015). Personality type & career achievement. http://www.truity.com/sites/default/files/PersonalityType-CareerAchievementStudy.pdf.

Patalong, F. (2014). Stress im Job: Alles klar im Hamsterrad? http://www.spiegel.de/gesundheit/diagnose/stress-im-job-die-probleme-sind-hausgemacht-a-985400.html.

Piper, A. (2015). Sleep duration and life satisfaction. SOEP papers on multidisciplinary panel data research, 745/2015, Berlin. http://www.diw.de/documents/publikationen/73/diw_01.c.500280.de/diw_sp0745.pdf.

Prammer, E. (2012). *Boreout – Biografien der Unterforderung und Langeweile*. Wiesbaden: Springer VS.

Prophet, I. (2015). Kontern Sie die Killerphrasen der Chefs. http://www.spiegel.de/karriere/berufsleben/gehaltsgespraech-argumente-fuer-mehr-geld-a-1021044.html.

Püttjer, C., & Schnierda, U. (2015). 40 eigene Fragen im Vorstellungsgespräch. http://karriereakademie.de/karriereblog/40-eigene-fragen-im-vorstellungsgespraech.

Römer, A. (2010). Was einer über andere spricht …. http://www.psychologie-heute.de/news/gesundheit-psyche/detailansicht/news/was_einer_ueber_andere_spricht/.

Rothlin, P., & Werder, P. (2007). *Diagnose Boreout: warum Unterforderung im Job krank macht.* München: Redline Wirtschaft.

Rothlin, P., & Werder, P. (2008). *Die Boreout-Falle.* Wie Unternehmen Langeweile und Leerlauf vermeiden. München: FinanzBuch Verlag.

Rothlin, P., & Werder, P. (2014). *Unterfordert*. München: Redline Wirtschaft.

Rütting, B. (2014). *Was mir immer wieder auf die Beine hilft* . München: Wilhelm Goldmann Verlag.

Sabbatjahr. (o. J.). Vorteile eines Sabbatjahres. http://www.sabbatjahr.org/sabbatjahr-vorteile.php.

Sattelberger, T. (2014). Aufbauen statt Auslaufen. *Manager Magazin,* 44(7), 52.

Sauer, J., & Spahn, J. (2012). Kostenfaktor Bore-out. http://www.zeit.de/karriere/beruf/2011-12/gastbeitrag-boreout.

Schäfer, B. (2014). *Die Gesetze der Gewinner* (11. Aufl.). München: Deutscher Taschenbuch Verlag.

Scheuermann, U. (2013). *Wenn morgen mein letzter Tag wär – So finden Sie heraus, was im Leben wirklich zählt*. München: Knaur Verlag.

Schimpf, A. (2015). Verschämt verhandeln oder unverschämt pokern? http://www.spiegel.de/karriere/berufsstart/einstiegsgehalt-wie-bewerber-geschickt-verhandeln-a-1036241.html.

Schlenzig, T. (2013). 85 Fragen, die Du Dir stellen solltest. http://mymonk.de/85-fragen-die-du-dir-stellen-solltest/.

Schlingensiepen, F. (2006). *Dietrich Bonhoeffer: Eine Biographie* (4. Aufl.). München: C. H. Beck.

Seelig, L. (2015). „Wer sich nicht traut, kriegt den Job erst recht nicht" – Interview mit Heidi Stopper. https://editionf.com/heidi-stopper-frauen-bewerben.

Seiwert, L. (2012). Prioritäten setzen. http://www.welt.de/108913897.

Songtexte. (o. J.). Hey Boß, Ich brauch mehr Geld, Songtext von Gunter Gabriel. http://www.songtexte.com/songtext/gunter-gabriel/hey-boss-ich-brauch-mehr-geld-3c97db3.html.

Stahlhut, K. (2014). So viel Gutes zu entdecken. *working@office,* 15 (7), 47–49.

Statistisches Bundesamt. (2015). *Wie die Zeit vergeht – Ergebnisse zur Zeitverwendung in Deutschland 2012/2013*. Wiesbaden:

Statisches Bundesamt. https://www.destatis.de/DE/PresseService/Presse/Pressekonferenzen/2015/zeitverwendung/Pressebroschuere_zeitverwendung.pdf?__blob=publicationFile.

Steinbicker, J. (2011). Die Wissensgesellschaft. In P. F. Drucker (Hrsg.), *Zur Theorie der Informationsgesellschaft* (S. 20–48). Wiesbaden: VS Verlag für Sozialwissenschaften.

Stuff, B. (2015). So wird die Arbeit zur Glücksdroge. http://www.spiegel.de/spiegelwissen/flow-bei-der-arbeit-so-wird-man-im-job-gluecklich-a-1052009.html.

Tepperwein, K. (2006). *Das große Anti-Stress-Buch*. Heidelberg: mvg Verlag.

Tepperwein, K. (2013). *Nichts geschieht umsonst*. Güllesheim: Verlag Die Silberschnur.

Thadeusz, F. (2015). Psychiaterin Kastner über Wut: „Es stirbt keiner, wenn man ihn Trottel nennt". http://www.spiegel.de/panorama/gesellschaft/heidi-kastner-im-interview-ueber-wut-und-aggression-a-1000530.html.

Thorborg, H. (2015). Zeitbomben mit Schlips. http://www.spiegel.de/karriere/berufsleben/fuehrungskraefte-heiner-thorborg-ueber-psychopathen-chefs-a-1001377.html.

Tödtmann, C. (2015). Viele leisten nur noch Dienst nach Vorschrift. http://www.zeit.de/karriere/2015-03/mitarbeiter-motivation-fuehrungskraefte.

Towers Watson. (2015a). Deutschland ist europäischer Spitzenreiter bei Work-Life-Balance. http://www.towerswatson.com/de-DE/Press/2015/03/Deutschland-ist-europaeischer-Spitzenreiter-bei-Work-Life-Balance.

Towers Watson. (2015b). Die Top 5 der betrieblichen Zusatzleistungen. http://www.towerswatson.com/de-DE/Press/2015/01/Die-Top-5-der-betrieblichen-Zusatzleistungen.

Trentmann, N. (2012). Fünf Dinge, die Sterbende am meisten bedauern. http://www.welt.de/vermischtes/article13851651/Fuenf-Dinge-die-Sterbende-am-meisten-bedauern.html.

Universum. (2015). Fachkräfte suchen Jobsicherheit. http://universumglobal.com/de/2015/02/fachkraefte/.
Voß, O. (2009). Multitasking mindert die Konzentrationsfähigkeit. http://www.wiwo.de/erfolg/trends/studie-multitasking-mindert-die-konzentrationsfaehigkeit/5571028.html.
Waechter, C. (2015a). Gehalt macht doch glücklich. http://www.sueddeutsche.de/karriere/jobkolumne-flurfunk-gehalt-macht-doch-gluecklich-1.2439181.
Waechter, C. (2015b). Na, faulenzen Sie auch zu Hause? http://www.sueddeutsche.de/karriere/homeoffice-na-faulenzen-sie-auch-zuhause-1.2540515.
Ware, B. (2013). *Fünf Dinge, die Sterbende am meisten bedauern* (12. Aufl.). München: arkana Verlag.
Warkentin, K. (2015a). Kollegen-Quiz: Zu welchem der 4 Kollegentypen gehören Sie? http://karrierebibel.de/kollegen-quiz-zu-welchem-der-4-kollegentypen-gehoeren-sie.
Warkentin, N. (2015b). Jobzufriedenheit: Die Persönlichkeit entscheidet. http://karrierebibel.de/jobzufriedenheit-die-persoenlichkeit-entscheidet.
Watzlawik, P. (2010). *Vom Schlechten des Guten* (6. Aufl.). München: Piper Verlag.
Wehrle, M. (2013). *Bin ich hier der Depp? Wie Sie dem Arbeitswahn nicht länger zur Verfügung stehen*. München: Mosaik/Wilhelm Goldmann Verlag.
Wehrle, M. (2015). Kommt raus aus der Nettigkeitsfalle. http://www.spiegel.de/karriere/berufsleben/martin-wehrle-sei-einzig-nicht-artig-buchauszug-zu-nettigkeit-a-1055128.html.
Weimann, J. (2013). Kleine Geschenke machen uns spendabel. In: W. von Petersdorff & P. Bernau (Hrsg.), *Denkfehler, die uns Geld kosten* (S. 21–24). Köln: Bastei Lübbe Verlag.
Weitzel, T., et al. (2015). Bewerbungspraxis 2015 – Eine empirische Studie. https://www.uni-bamberg.de/fileadmin/uni/fakultaeten/wiai_lehrstuehle/isdl/Bewerbungspraxis_2015.pdf.

Werner, K. (2015). Gehaltserhöhung mit großer Wirkung. http://www.sueddeutsche.de/wirtschaft/walmart-gehaltserhoehung-mit-grosser-wirkung-1.2377128.
Wilke, F. (2015). Umweg zum Traumjob. http://www.sueddeutsche.de/karriere/beratungsbranche-umwege-zum-traumjob-1.2688180.
Wilson, P. (2000). *Das Buch der Ruhe – Gelassenheit am Arbeitsplatz* (4. Aufl.). München: Heyne Verlag.
Wirl, C. (2011). Überforderung durch zu wenig Arbeit. http://www.magazintraining.com/2011/12/04/bore-out/.
Wirtz, A. (2010). *Gesundheitliche und soziale Auswirkungen langer Arbeitszeiten* . Dortmund: Bundesanstalt für Arbeitsschutz und Arbeitsmedizin.
Wiseman, R. (2013). *Machen, nicht denken!* Frankfurt a. M.: Fischer.
Wolf, D. (2014). Lebe heute – sei heute glücklich – morgen könnte es dafür zu spät sein! http://www.psychotipps.com/im-hier-und-jetzt-leben.html.
Wood, D., & Roberts, B. W. (2006). Cross sectional and longitudinal tests of the Personality and Role Identity Structural Model (PRISM). *Journal of Personality, 74* (3), 779–810.
Wottawa, H. (2015). Seien Sie wütend, trinken Sie Rotwein, lassen Sie sich Zeit. http://www.spiegel.de/spiegelwissen/neustart-nach-scheitern-tipps-vom-wirtschaftspsychologen-a-1021581.html.
XING. (2015a). Kompass Neue Arbeitswelt. https://blog.xing.com/wp-content/uploads/2015/04/RZ_KompassArbeitswelt_Final.pdf.
XING. (2015b). https://corporate.xing.com/no_cache/deutsch/presse/pressemitteilungen/pressemitteilungen-detailansicht/article/xing-im-dritten-quartal-weiter-auf-wachstumskurs.

GPSR Compliance
The European Union's (EU) General Product Safety Regulation (GPSR) is a set
of rules that requires consumer products to be safe and our obligations to
ensure this.

If you have any concerns about our products, you can contact us on

ProductSafety@springernature.com

In case Publisher is established outside the EU, the EU authorized
representative is:

Springer Nature Customer Service Center GmbH
Europaplatz 3
69115 Heidelberg, Germany

www.ingramcontent.com/pod-product-compliance
Lightning Source LLC
LaVergne TN
LVHW010252260326
834688LV00044B/1250